Heinrich August Winkler

Auf ewig in Hitlers Schatten?

Heinrich August Winkler

Auf ewig in Hitlers Schatten?

Über die Deutschen und ihre Geschichte

Verlag C. H. Beck

© Verlag C. H. Beck oHG, München 2007
Satz: Fotosatz Reinhard Amann, Aichstetten
Druck und Bindung: Ebner & Spiegel, Ulm
Gedruckt auf säurefreiem, alterungsbeständigem Papier
(hergestellt aus chlorfrei gebleichtem Zellstoff)
Printed in Germany
ISBN 978 3 406 56214 3

www.beck.de

Inhalt

Vorwort

Auf ewig in Hitlers Schatten? Die Titelfrage dieses Bandes wird heute seltener gestellt als noch vor zwei Jahrzehnten. 1986 bildete sie den Titel meines Beitrags zum «Historikerstreit» über die Einzigartigkeit der nationalsozialistischen Judenvernichtung. Dieser Text ist in dem vorliegenden Band ebenso abgedruckt wie ein selbstkritischer Rückblick auf diesen Disput zehn Jahre danach. Hat Mitte der achtziger Jahre nur die konservative Seite «Geschichtspolitik» betrieben, so fragte ich 1996, oder haben nicht auch wir (gern «linksliberal» genannten) Kritiker der «rechten» Revisionisten manches gesagt und geschrieben, was ebenso zu benennen wäre? Der Begriff «Geschichtspolitik», inzwischen längst ein Schlagwort, ist meines Wissens erstmals im «Historikerstreit» (auch von mir) verwandt worden, um auf die Gefahren einer Instrumentalisierung von Geschichte für politische Zwecke hinzuweisen.

Das wiedervereinigte Deutschland ist Hitlers Schatten nicht losgeworden, und es wird ihn auch nicht loswerden. Nach dem Zweiten Weltkrieg vergingen vier Jahrzehnte, bis der Holocaust in der kollektiven Erinnerung der Deutschen als das anerkannt war, was er ist: das zentrale Ereignis der deutschen Geschichte im 20. Jahrhundert. Aus eben diesem Grund *mußte* der «Historikerstreit» geführt werden. Denn der geschichtliche Ort des deutschen Menschheitsverbrechens war das eigentliche Thema dieser Kontroverse, an deren Beginn ein Versuch stand, die Ermordung der europäischen Juden historisch zu relativieren.

Im ersten Jahrzehnt nach der Wiedervereinigung nahm die Berufung auf Auschwitz dann freilich immer stärker problematische, ja makabere Züge an. Teile der Linken führten den Judenmord ins Feld, um der Bundesrepublik das Recht zu bestreiten, sich an bewaffneten humanitären Einsätzen zum Schutz der Menschenrechte zu beteiligen. Als es 1999 um den Einsatz der Bundeswehr im Kosovo ging, war dann aus den Reihen der rot-grünen Bundesregierung das Umkehrargument zu hören: Gerade wegen Auschwitz gebe es eine Pflicht zum militärischen Eingreifen auf dem Balkan.

Seitdem haben die tagespolitisch motivierten Bezugnahmen auf die Vernichtung der europäischen Juden nachgelassen, und das ist ein Fortschritt. Denn *jede* Instrumentalisierung dieses Verbrechens läuft auf eine Banalisierung hinaus. Ein verantwortlicher Umgang mit der Geschichte zielt darauf ab, verantwortliches Handeln in der Gegenwart möglich zu machen. Daraus folgt zum einen, daß sich die Deutschen durch die Betrachtung ihrer Geschichte nicht lähmen lassen dürfen. Zum anderen gilt es, politische Entscheidungen nicht dadurch zu überhöhen, daß man sie als die jeweils einzig richtige Lehre aus der deutschen Vergangenheit ausgibt.

Die Zeit des Nationalsozialismus bleibt auch im wiedervereinigten Deutschland ein Fluchtpunkt, wenn wir auf die vorangegangene Geschichte blicken. Die Geschichte vor 1933 hat nicht mit Notwendigkeit auf die Machtübertragung an Hitler hingeführt, aber sie hat dieses Ereignis und seine Folgen ermöglicht. Darum geht es in vielen der Essays, die in diesem Band vereinigt sind. Sie setzen im 18. Jahrhundert ein und handeln von den freiheitlichen wie von den obrigkeitsstaatlichen Traditionen, die die deutsche Geschichte des 19. und 20. Jahrhunderts prägten.

Zu den Fluchtpunkten 1933 und 1945 ist mittlerweile aber noch ein weiterer hinzugekommen: 1989/90. Erst seit dem 3. Oktober 1990, dem Tag der Wiedervereinigung, kann man von der Lösung der «deutschen Frage», eines Jahrhundertproblems, sprechen. Warum das so ist und was die «deutsche Frage» eigentlich ausmachte: das ist ein verbindendes Thema mehrerer der folgenden Beiträge. Sie handeln allesamt nicht nur von deutscher, sondern auch von europäischer und westlicher Geschichte, also von den größeren Zusammenhängen, in denen die deutsche Geschichte gesehen werden muß. Und erst in diesen Zusammenhängen werden die Maßstäbe deutlich, die an die neuere deutsche Geschichte anzulegen sind: die Maßstäbe des Westens, zu dem Deutschland historisch gehört, den es mitgeprägt und von dem es sich mehr als einmal, zuletzt mit katastrophalen weltgeschichtlichen Folgen, abgewandt hat.

Die Essays dieses Bandes sind fast ausnahmslos in Tages- und Wochenzeitungen erschienen. Sie richten sich ganz bewußt an ein breiteres, historisch interessiertes Publikum, also nicht nur an Fachleute. Einige Argumente und Zitate tauchen, da sie leitmotivischen Charakter haben, mehr als einmal auf. Wörtliche Zitate sind in den Anmerkungen belegt, die ich aber bewußt sparsam gehalten habe. Leserinnen und Leser, die tiefer in die hier erörterten Probleme eindringen wollen, darf ich auf meine zweibändige deutsche Geschichte des 19. und 20. Jahrhunderts verweisen, die im Jahr 2000 unter dem Titel «Der lange Weg nach Westen» im Verlag C. H. Beck erschienen ist und jetzt in der 6. Auflage vorliegt.

Berlin, im März 2007
Heinrich August Winkler

1 Revolutionen machen in Preußen nur die Könige

Rückblick auf einen untergegangenen Staat

Das formelle Ende war kurz und bündig. Am 25. Februar 1947 löste der Alliierte Kontrollrat in seinem Gesetz Nr. 46 den Staat Preußen mit der Begründung auf, dieser sei «seit jeher Träger des Militarismus und der Reaktion in Deutschland» gewesen und habe in Wirklichkeit zu bestehen aufgehört.[1] Das letztere zumindest war unstrittig. Man konnte allenfalls unterschiedlicher Meinung über den Zeitpunkt sein, seit es den Staat Preußen nicht mehr gab: War es der «Preußenschlag» vom 20. Juli 1932 – dem Tag, an dem Reichspräsident von Hindenburg durch eine Notverordnung die nur noch geschäftsführend amtierende preußische Regierung unter dem sozialdemokratischen Ministerpräsidenten Otto Braun absetzte und den Reichskanzler Franz von Papen zum Reichskommissar für Preußen ernannte? War es die «Gleichschaltung» Preußens durch die Nationalsozialisten am 6. Februar 1933? War es die bedingungslose Kapitulation des Deutschen Reiches am 8. Mai 1945?

Die Behauptung, daß Preußen «seit jeher Träger des Militarismus und der Reaktion in Deutschland» gewesen sei, war nicht aus der Luft gegriffen. Dem Grafen Mirabeau wird ein Wort zugeschrieben, das in Wirklichkeit von einem deutschen Militärschriftsteller des 18. Jahrhunderts, Georg Heinrich von Behrenhorst, stammt: «Die preußische Monarchie ist nicht ein Land, das eine Armee hat, sondern eine Armee, die ein Land hat, in welchem sie gleichsam nur einquartiert steht.»[2] Zu jener Zeit waren zwar alle absolutistisch regierten Länder immer auch Militärstaaten, aber Preußen war es in besonderem Maß. In Österreich etwa war Mitte des 18. Jahrhunderts nur jeder sechzigste, in Preußen hingegen jeder dreizehnte Einwohner Soldat.

Preußens Hang zum Militärischen entsprang nicht bloß einer Laune seiner Herrscher. Die Kurfürsten von Brandenburg aus dem Haus der Hohenzollern regierten, seit ihnen 1618 durch Erbschaft das weltliche Herzogtum Preußen, der ehemalige Staat des Deutschen Ritterordens, zugefallen war, Territorien, die von der Memel im Osten bis zum Rhein im Westen reichten, sie verfügten aber über kein zusammenhängendes Staatsgebiet. Entsprechend stark war das Gefühl von äußerer Bedrohung und der Bedarf an militärischer Sicherheit. Als sich Kurfürst Friedrich III., der Sohn des Großen Kurfürsten, am 18. Januar 1701 mit Zustimmung Kaiser Leopolds I. in Königsberg zum «König in Preußen» krönte, war Brandenburg-Preußen noch keine Großmacht. Aber es hatte einen wichtigen Schritt auf dem Weg zu diesem Ziel getan.

I Deutsche Großmacht

Als Preußen unter Friedrich II., dem Enkel des ersten Hohenzollernkönigs, dann tatsächlich zur Großmacht aufstieg, gab es zwei deutsche Großmächte. Die andere und ältere war Österreich. Anders als die Habsburger in Wien regierten die Hohenzollern in Berlin bis zu den polnischen Teilungen im späten 18. Jahrhundert fast nur über deutsch sprechende Untertanen. Ein anderer wichtiger Unterschied zum Kaiserhaus lag darin, daß die Habsburger Katholiken, die Hohenzollern Protestanten waren. Mit der Glaubenszugehörigkeit der brandenburg-preußischen Herrscher hatte es freilich eine besondere Bewandtnis: Im Jahre 1613 war Kurfürst Johann Sigismund vom lutherischen zum reformierten Bekenntnis übergetreten.

Ein Calvinist, der über lutherische Untertanen regierte: Das war, wie Alfred Müller-Armack, der Schöpfer des Begriffs «Soziale Marktwirtschaft», 1941 schrieb, eine «weltgeschichtlich einmalige Verbindung».[3] Im Jahr 1905 hatte Max Weber seine berühmte Studie über die Zusammenhänge zwischen dem Calvinismus und dem «Geist des Kapitalismus» veröffentlicht. An Weber und den Historiker Otto Hintze anknüpfend, versuchte Müller-Armack das Phänomen Preußen religionssoziologisch zu erklären: Politische Dynamik aus calvinistischem Geist von oben, lutherisch geprägter Gehorsam von unten sind in der Geschichte wirklich nur einmal aufeinandergetroffen – im Staat der Hohenzollern.

Wäre Preußen nur ein Militärstaat gewesen, es hätte sich schwerlich als Großmacht durchgesetzt. Aber schon unter dem Vater Friedrichs II., dem «Soldatenkönig» Friedrich Wilhelm I., galt der absolutistische Hohenzollernstaat in ganz Europa als Modell einer leistungsfähigen Verwaltung. Die Machtpolitik Friedrichs unterschied sich, was die Methoden anging, kaum von der anderer absolutistischer Herrscher. Was freilich im Fall des Preußenkönigs besonders ins Auge fiel, war das krasse Mißverhältnis von Risiken und Ressourcen. Brandenburg-Preußen war um 1740, als Friedrich den Thron bestieg, noch immer ein territorial zersplittertes, fragiles Gebilde. Friedrich setzte in seinen Kriegen immer wieder alles aufs Spiel und wurde schließlich nur durch einen historischen Zufall gerettet, der als «Mirakel des Hauses Brandenburg» in die Geschichte einging: den Tod von Friedrichs gefährlichster Gegnerin, der russischen Zarin Elisabeth, im Januar 1762. In den Krisen des Siebenjährigen Krieges bewies Friedrich Größe. Zu einem Mythos aber wurde er, weil er mit seiner Politik des Alles oder Nichts am Ende Erfolg hatte. Er gab damit ein Beispiel, das katastrophenträchtig war.

Den Beinamen «der Große» hätte Friedrich kaum erhalten und behauptet, wäre er nicht noch anderes gewesen als ein Kriegsherr. Im Europa seiner Zeit galt er zu Recht als Repräsentant, ja als die Verkörperung eines neuen Staatstyps, des aufgeklärten Absolutismus. Vernunft von oben zu verwirklichen: Dieser Vorsatz unterschied sich grundlegend von der Selbstzweckhaftigkeit der üblichen Art absoluter Herrschaft. «Travailler pour le roi de Prusse», für den König von Preußen arbeiten, bedeutete schon zu Friedrichs Lebzeiten, eine Sache um ihrer selbst willen tun. Doch die Sache, um die es ging, mußte im Interesse des Staates, mithin vernünftig sein, und der regierende Philosoph von Sanssouci, der der erste Diener seines Staates sein wollte, schien ebendies zu verbürgen.

«Nicht die deutsche Reaktion, sondern der deutsche Fortschritt hat Deutschland gegenüber dem Westen zurückgeworfen»: In diesem gestochenen Paradoxon hat der Historiker Rudolf Stadelmann 1948 die Ursachen für das Ausbleiben einer erfolgreichen Revolution in Deutschland zu bündeln versucht.[4] Das Verdikt bezog sich auf die Folgen des aufgeklärten Absolutismus im allgemeinen und die des friderizianischen im besonderen. Selbst Immanuel Kant, der Königsberger Philosoph der reinen und der praktischen Vernunft, der den Ideen der Französischen Revolution von 1789 über die Schrekkensherrschaft der Jakobiner hinaus die Treue hielt, konnte sich eine Überwindung des aufgeklärten Absolutismus nur durch «Staatsweisheit», durch eine Revolution von oben, vorstellen. Der Adressat seiner Appelle war also nicht so sehr das Volk als vielmehr der Staat des aufgeklärten Absolutismus.[5]

Der hörte auf Kant, als es fast schon zu spät war – nach den schweren Niederlagen, die Napoleon Preußen 1806 und 1807 beifügte. Die Reformen, die den Namen zweier Wahlpreußen, des nassauischen Reichsfreiherrn Karl vom und zum Stein und des Hannoveraners Karl August von Hardenberg, tragen, beseitigten zwar nicht die absolute Herrschaft. Aber sie trugen dazu bei, die gesellschaftlichen Kräfte freizusetzen, die vier Jahrzehnte später, 1848, die Wahl eines preußischen Landtags erzwangen. Preußen wurde zum Verfassungsstaat: Das war einer der wenigen Erfolge der deutschen Revolution von 1848/49.

I Preußische Schatten

Einheit und Freiheit, die beiden Hauptziele der Revolution, wurden aber nicht erreicht. Bismarck verwirklichte zwei Jahrzehnte später eine dieser Forderungen. Er löste die Einheitsfrage gegen Österreich und Frankreich, weil sie mit ihnen nicht zu lösen war. Die Freiheitsfrage aber löste er nicht, und er konnte sie nicht lösen, weil eine parlamentarisch verantwortliche Regierung mit den Interessen des alten Preußen, der Dynastie, des Junkertums und des Heeres, nicht vereinbar war. Immerhin führte Bismarck, erst 1867 im Zwischengebilde des Norddeutschen Bundes, dann 1871 im deutschen Kaiserreich, das allgemeine, gleiche Reichstagswahlrecht für Männer ein. Das war einer der Gründe, die es rechtfertigen, die preußisch-deutsche Reichsgründung eine «Revolution von oben» zu nennen. Bismarck selbst hatte gegen eine solche Bezeichnung nichts einzuwenden. «Revolutionen machen in Preußen nur die Könige», erklärte er auf dem Höhepunkt des preußischen Verfassungskonflikts der Jahre 1862 bis 1866 gegenüber Napoleon III., dem Kaiser der Franzosen, als ihn dieser vor einer neuen Revolution von unten warnte.[6]

Eine parlamentarisch verantwortliche Regierung erhielt Deutschland erst im Oktober 1918, als feststand, daß das Reich den Ersten Weltkrieg verloren hatte. Die Parlamentarisierung trug manche Züge einer Revolution von oben, und wenn das alte Preußen die Verfassungsreform wirklich gewollt und unterstützt hätte, wäre die Monarchie vielleicht sogar erhalten geblieben. Aber dem war nicht so, und deswegen stürzten im November die deutschen Throne, darunter auch jener der Hohenzollern.

Der Staat Preußen aber blieb auch nach der Ausrufung der Republik bestehen. Er sollte als Klammer zwischen dem Westen und dem Osten des Reiches dienen und Abspaltungen verhindern, die durchaus im Bereich des Möglichen lagen. Das Preußen der Weimarer Republik war ein anderes als das, das die Welt zuvor kennengelernt hatte. Der größte deutsche Staat entwickelte sich zum stärksten Rückhalt der ersten deutschen Demokratie überhaupt. Die Sozialdemokraten, das katholische Zentrum und die linksliberale Deutsche Demokratische Partei bewiesen durch die Art, wie sie zusammen in Preußen Politik machen, daß das parlamentarische System funktionieren konnte, wenn die regierenden Parteien ebenso machtbewußt wie kompromißbereit waren. «Preußen ist eine stolze Feste im Lager der Republik, und unsere Aufgabe kann es nur sein, es zu einer stolzen Feste des Sozialismus zu machen»: Es war Rudolf Hilferding, der «Chefideologe» der Weimarer Sozialdemokratie und zweimalige Reichsfinanzminister, der 1927 auf dem Kieler Parteitag der SPD unter großem Beifall dieses Bekenntnis zum schwarz-rot-goldenen Preußen ablegte.[7]

1932 fiel die «stolze Feste», nachdem sich die Wähler auch in Preußen mehrheitlich gegen die Demokratie entschieden hatten. Gegen die Mehrheit aber war die Demokratie nicht zu retten. Allenfalls der Rechtsstaat hätte mit den Machtmitteln des Reichspräsidenten bewahrt werden können, wenn der Amtsinhaber, Paul von Hindenburg, bis zuletzt entschlossen gewesen wäre, die Nationalsozialisten von der Macht fernzuhalten. Im Januar 1933 aber gab er dem Drängen seiner engsten Berater und Freunde, darunter namhafte Vertreter des ostelbischen Rittergutsbesitzes, nach, die Hitler, den Führer der stärksten Partei, durch Machtbeteiligung «zähmen» wollten. Die Kräfte des alten, vorrepublikanischen Preußen hatten seit langem auf die Abschaffung der Weimarer Demokratie hingearbeitet. Am 30. Januar 1933 schien das Streben von Erfolg gekrönt: Im Kabinett Hitler hatten die Konservativen die Mehrheit.

Sieben Wochen später, am 21. März 1933, feierten Hindenburg und Hitler in der Potsdamer Garnisonkirche die Verbindung von «alter Größe» und «junger Kraft».[8] Anlaß war die Eröffnung des neugewählten Reichstags, der der Reichsregierung das gewünschte Ermächtigungsgesetz bewilligen sollte. Als der greise Feldmarschall allein in die Gruft zum Sarg Friedrichs des Großen hinunterstieg, um stumme Zwiesprache mit dem König zu halten, trat bei vielen Deutschen die gleiche patriotische Rührung ein, die seit Jahren die Fridericus-Filme der Ufa hervorriefen. Doch das alte Preußen erlebte am «Tag von Potsdam» keine Auferstehung. Die neuen Machthaber nahmen nur seinen Mythos in Dienst, um ihrer Herrschaft den Schein einer noch höheren Legitimation zu verschaffen als jener, die sie am 5. März 1933 durch die Wähler empfangen hatten.

Ohne den Appell an den Friedrich-Mythos hätte der katholische Österreicher Adolf Hitler die Deutschen schwerlich zwölf Jahre lang an sich binden können. Aber dieser Mythos war nur einer unter anderen, nicht so wirksam wie der ältere Reichsmythos, der den Deutschen die geschichtliche Sendung zuschrieb, Europa zu führen und das Abendland vor der Herrschaft des Antichrist, nunmehr in Gestalt des Bolschewismus, zu bewahren. Die Vertreter des alten Preußen in Militär, Diplomatie und hohem Beamtentum hatten durchaus ihre Vorbehalte gegenüber dem Emporkömmling aus Braunau am Inn. Aber sie waren zugleich fasziniert von der Konsequenz, mit der Hitler Schritt für Schritt Deutschland von der Schmach der demütigenden Niederlage von 1918 befreite. Die alten Eliten wollten zwar keinen Krieg gegen England (den auch Hitler gern vermieden hätte) und auch nicht gegen Frankreich, weil ein solcher Krieg sich leicht zu einem Weltkrieg ausweiten konnte. Doch von einer preußischen Opposition gegen jedweden Krieg zur Steigerung deutscher Macht konnte keine Rede sein. Keine grundsätzlichen Bedenken gab es in der wilhelminisch geprägten Oberschicht gegen einen Krieg gegen das als schwach eingeschätzte Polen – einen Krieg mit dem Ziel, ehedem deutsche Gebiete wiederzugewinnen und Polen als Machtfaktor auszuschalten. Und wenn ein Krieg Hitlers bei den konservativen Kräften als gerecht galt, war es der gegen das bolschewistische Rußland.

I Preußischer Widerstand

Der konservative, überwiegend preußisch geprägte Widerstand gegen Hitler setzte auf breiter Front erst ein, als die letzten Zweifel am verbrecherischen Charakter des Regimes und, vor allem, am Völkermord an den Juden beseitigt waren. Dann freilich handelten viele Offiziere, Gutsbesitzer und Beamte aus alten preußischen Familien so, wie es ihnen ihr Gewissen befahl – bis zur Selbstaufopferung. Der 20. Juli 1944 war für manche Beteiligten auch ein Versuch der Wiedergutmachung eigener Schuld. Es gehörte moralische Größe dazu, diesen Versuch zu wagen.

Für die Bundesrepublik Deutschland wurde der 20. Juli 1944 bald nach den Feiern zu seinem zehnten Jahrestag eine Art von Ursprungsmythos. Der Widerstand von Adel, Militär, Beamtentum und Kirchen erschien nun als der eigentliche Widerstand gegen Hitler. Was an den Gegenwartsdiagnosen und Zukunftsplänen der konservativen Opposition vor- und antidemokratisch war, wurde so lange retuschiert, bis sich der 20. Juli als Wegbereitung des Grundgesetzes deuten ließ. Aus konservativer Sicht rettete der Anschlag auf Hitler die Ehre Preußens. An dieses Ereignis und nicht an den Beitrag des alten Preußen zur Zerstörung der Weimarer Republik, zur Machtübertragung an Hitler und zur Festigung seiner Herrschaft sollten sich die Deutschen erinnern, wenn fortan von der Rolle Preußens im 20. Jahrhundert die Rede war.

In den achtziger Jahren wurde Preußen auch von der DDR «entdeckt». 1980 ließ Honecker das Reiterdenkmal Friedrichs des Großen, ein Werk des Bildhauers Christian Daniel Rauch, im historischen Zentrum Berlins, auf der Straße Unter den Linden, wieder aufstellen. Ein Jahr zuvor war eine differenziert urteilende, auch das Fortschrittliche am Wirken des Hohenzollernkönigs herausarbeitende Biographie Friedrichs II. von Ingrid Mittenzwei erschienen. 1985 veröffentlichte Ernst Engelberg, wie Mittenzwei ein überzeugter Marxist, den ersten Band seiner Biographie Otto von Bismarcks, in der er die deutsche Einigung als «Revolution von oben» interpretierte und dem Reichsgründer große historische Verdienste bescheinigte. Preußen erschien nun nicht mehr als Verkörperung der Reaktion, sondern als ein Staatswesen mit Licht- und Schattenseiten. Das Motiv der Kurskorrektur lag klar zutage: Wenn die SED ihre ideologische Herrschaftsgrundlage verbreitern wollte, mußten sich auch Nicht-Marxisten im offiziellen Geschichtsbild der DDR wiedererkennen können. Das Erbe der kommunistischen Arbeiterbewegung und der Antifaschismus reichten dafür nicht aus.

Dreihundert Jahre nach der Königskrönung von 1701 ist Preußen ganz und gar Geschichte. Es hat seine Faszination, aber auch seinen Schrecken verloren. Was bis heute nachwirkt, ist sein Beitrag zur Gründung des ersten deutschen Nationalstaates von 1871. Denn ohne den gäbe es auch den zweiten nicht: Am 3. Oktober 1990 fand die Wiedervereinigung des Gebietes statt, das vom Deutschen Reich übrig geblieben war. An Preußen erinnert vor allem seine Hauptstadt, die nun wieder die deutsche Hauptstadt ist. Berlin fordert förmlich dazu heraus, über die Rolle Preußens in der deutschen Geschichte nachzudenken – ohne die alten Vorgaben von Freund und Feind, die entweder auf Verherrlichung oder auf Verdammung hinausliefen.

2 | 1848: Die sperrige Revolution

«Wenn alle Bedingungen erfüllt sind, wird der *deutsche Auferstehungstag* verkündet werden durch das *Schmettern des gallischen Hahns*»: Man schrieb den Januar 1844, als Karl Marx diesen Satz in seinem Pariser Exil zu Papier brachte. Der Begründer des «wissenschaftlichen Sozialismus» war davon überzeugt, daß Frankreich am Vorabend einer neuen Revolution stand, diesmal aber nicht einer «bürgerlichen» Revolution wie 1789 und 1830, sondern einer «proletarischen». Die Entscheidungsschlacht werde freilich nicht in Frankreich stattfinden, wo der Klassengegensatz zwischen Bourgeoisie und Proletariat sich am schärfsten zugespitzt hatte, sondern in Deutschland. Marx' Heimatland hatte die bürgerliche Revolution immer noch vor sich und erschien dem Autor deshalb besonders rückständig. Doch eben darin sah der Dialektiker Marx die Chance *seiner* Revolution. Da Rückständigkeit nur durch radikale Mittel zu kurieren war, mußte die bürgerliche Revolution in Deutschland das unmittelbare Vorspiel einer proletarischen Revolution sein. Das Herz dieser Revolution würde das Proletariat sein, ihr Kopf die Philosophie – genauer gesagt: der deutsche Philosoph Karl Marx.[1]

Vier Jahre nach dieser kühnen Prophezeiung schmetterte der gallische Hahn erneut. Am 24. Februar 1848 kapitulierte der «Bürgerkönig» Louis Philippe vor dem aufständischen Volk von Paris und verzichtete auf den Thron. Drei Tage später übersprang der revolutionäre Funke den Rhein. Badische Liberale und Demokraten verlangten auf einer Volksversammlung in Mannheim Pressefreiheit, Schwurgerichte, konstitutionelle Verfassungen für alle deutschen Staaten und ein deutsches Parlament. Am 28. Februar stellte der liberale Abgeordnete Heinrich von Gagern, der spätere Präsident der deutschen Nationalversammlung, im hessischen Landtag in Darmstadt den Antrag auf Einberufung einer Nationalrepräsentation und auf «Erneuerung des Bundesoberhaupts». Damit war das Programm des Liberalismus abgesteckt: Politische Freiheit und nationale Einheit bildeten den Kern der alsbald in ganz Deutschland erhobenen «Märzforderungen».

Die deutsche Revolution von 1848/49 verlief bekanntlich ganz anders, als Marx erhofft hatte. Die gemäßigten Liberalen dachten gar nicht daran, erst die überkommenen Verhältnisse umzustürzen und dann der revolutionären Arbeiterklasse Platz zu machen. Vielmehr vertrauten die Wortführer des gebildeten und besitzenden Bürgertums darauf, daß sie sich über ihre Forderungen mit den Fürsten friedlich würden verständigen können. Das industrielle Proletariat, damals noch eine kleine Minderheit in der Gesellschaft, erstrebte zwar einschneidende soziale und politische Reformen, traf aber keine Anstalten, die ihm von Marx zugedachte Rolle zu spielen. Die Bauern schließlich, an Zahl den Arbeitern weit überlegen, rebellierten im Frühjahr 1848 vielerorts gegen feudale Ausbeutung und drückende Steuerlasten, kehrten aber, als einige ihrer wichtigsten Forderungen erfüllt waren, ins Lager der beharrenden Kräfte zurück.

Im Dezember 1848, als die Konterrevolution auch in Berlin gesiegt hatte, warf Marx der preußischen Bourgeoisie vor, sie habe von Anfang an zum «Verrat gegen das Volk» geneigt. Er gab damit einer Geschichtsschreibung das Stichwort, die sich auf ihn berief und seinen Urteilen kanonische Geltung zusprach. Seit es die DDR und die Sowjetunion nicht mehr gibt, liest man solche Anklagen kaum noch. Doch die Meinung, das deutsche Bürgertum habe 1848/49 kläglich versagt, ist zählebig, und sie beschränkt sich keineswegs auf die ehemaligen Parteigänger des Marxismus.

Bei schärferem Hinsehen fallen die Urteile über die deutsche Revolution von 1848 meist weniger hart aus. Die Forderungen, vor die sich die Liberalen in der deutschen Nationalversammlung, dem Frankfurter Paulskirchenparlament, gestellt sahen, waren ungleich größer als die der französischen Revolutionäre von 1789. Im westlichen Nachbarland war es Ende des 18. Jahrhunderts «nur» darum gegangen, die privilegierten Stände des Adels und des Klerus zu entmachten und dem Bürgertum, dem «dritten Stand», zur Herrschaft zu verhelfen. Den nationalstaatlichen Rahmen gab es seit Jahrhunderten. In Deutschland hingegen standen 1848 Freiheit und Einheit zur gleichen Zeit auf der Tagesordnung: Der deutsche Nationalstaat, in dem das liberale Bürgertum den Ton angeben wollte, mußte erst noch geschaffen werden. Was Freiheit konkret hieß, darüber gingen die Auffassungen zwischen den Liberalen im engeren Sinn und den Demokraten weit auseinander. Die überzeugten Republikaner um Hecker und Struve in Baden, die die Wahl der Nationalversammlung durch einen Putsch verhindern wollten, bildeten eine kleine Minderheit. Die Mehrheit, die die monarchische Staatsform nicht in Frage stellte, war aber alles andere als einig. Der Streit ging zum einen um die Verteilung der Befugnisse zwischen Parlament und Monarch, zum anderen um die Frage: gleiches oder besitzfreundliches Wahlrecht?

Noch strittiger war die Bedeutung der deutschen Einheit. Die Wahlen zur deutschen Nationalversammlung im Mai 1848 sollten im Gebiet des 1815 gegründeten Deutschen Bundes stattfinden. Zum Deutschen Bund gehörten seit April 1848 auch Ost- und Westpreußen sowie die westlichen, teilweise deutsch besiedelten Gebiete des preußischen Großherzogtums Posen. Bundesgebiet waren aber von jeher auch habsburgische Territorien mit nichtdeutscher Bevölkerungsmehrheit, nämlich Böhmen und Mähren, «Welschtirol» und Triest sowie die slowenischen Wahldistrikte in Kärnten, Krain und der Steiermark.

Daß das deutsche Österreich zu Deutschland gehörte, verstand sich im Frühjahr 1848 für fast alle Beteiligten von selbst. Erst während des «tollen Jahres» formten sich die Lager der «Kleindeutschen» und der «Großdeutschen» heraus, die in ebendieser Frage gegensätzliche Positionen bezogen. Die «Großdeutschen», unter ihnen die meisten katholischen Abgeordneten, die meisten Süddeutschen und die radikaleren Demokraten, konnten sich ein Deutschland ohne Österreich gar nicht vorstellen. Das Habsburgerreich hätte sich aber selbst aufgelöst, wenn es nur mit einem Teil seines Gebiets dem deutschen Nationalstaat beigetreten wäre. Das Wiener Nein zu den entsprechenden Forderungen der Paulskirche verhalf Anfang

1849 den «Kleindeutschen» zum Sieg, die meist Protestanten waren, mit Preußen sympathisierten und ihre stärksten Bastionen nördlich des Mains hatten.

Preußen die Führung eines kleindeutschen Nationalstaates zu übertragen – Anfang 1848 hatten nur wenige Deutsche eine solche Lösung der «deutschen Frage» in Erwägung gezogen. Doch dann kam der erste große außenpolitische Konflikt des Revolutionsjahres, der Krieg um Schleswig. Dänemark hatte sich Ende März das nördliche der beiden Elbherzogtümer einverleibt, das nicht zum Deutschen Bund gehörte, aber eng mit Holstein verbunden war. Schleswig den Dänen zu überlassen war für die Deutschen aller politischen Richtungen undenkbar. Um die Annexion rückgängig zu machen, brauchte man Preußen. Es setzte seine Armee mit Erfolg ein, stimmte allerdings Ende August 1848 unter britischem und russischem Druck einem Waffenstillstandsvertrag mit Dänemark zu, den die Mehrheit der deutschen Nationalversammlung als demütigend empfand. Die Paulskirche mußte lernen, daß sie den Hohenzollernstaat nicht zu einer Politik zwingen konnte, die dieser mit seinen Interessen nicht für vereinbar hielt.

Die Alternative vom Spätsommer 1848 war klar: Hätte Preußen getan, was die Mehrheit der Frankfurter Abgeordneten wollte, wäre ein großer europäischer Krieg wahrscheinlich gewesen. Die Linke schreckte diese Aussicht weder damals noch später: Der Gedanke eines revolutionären Krieges mit dem russischen Zarenreich, dem wichtigsten Rückhalt der europäischen Reaktion, war sogar ausgesprochen populär. Der Zoologe Karl Vogt, ein bürgerlicher Demokrat, hielt in einer von den Linken stürmisch bejubelten Parlamentsrede vom 17. März 1849 den Zeitpunkt für gekommen, zusammen mit Polen und Ungarn den Entscheidungskampf zwischen West und Ost auszufechten. «Meine Herren, dieser heilige Krieg der Kultur des Westens gegen die Barbarei des Ostens, den dürfen Sie nicht herabwürdigen und vergiften durch ein Duell zwischen dem Hause Habsburg und dem Hause Hohenzollern ... Nein, meine Herren, Sie müssen entschlossen sein, diesen Krieg sein zu lassen, was er sein soll, ein Krieg der Völker.»[2]

Marx und Engels sprachen gar vom «Weltkrieg». Marx schrieb in seinem Neujahrsartikel für die *Neue Rheinische Zeitung*, die Revolution werde nur siegen, wenn sie die Gestalt eine europäischen, ja eines Weltkrieges annehme – eines Krieges, der mit dem Sturz der französischen Bourgeoisie beginnen und dann sowohl das kapitalistische England als auch Rußland, die Vormacht der östlichen Barbarei, ergreifen müsse. *«Revolutionäre Erhebung der französischen Arbeiterklasse, Weltkrieg* – das ist die Inhaltsanzeige des Jahres 1849.»[3]

Mangel an Konsequenz kann man der Linken schwerlich vorwerfen: Rußland war der erbitterte Widersacher aller liberalen, demokratischen und sozialistischen Bewegungen in Europa. Doch daß ein revolutionärer Krieg mit dem Sieg der Revolutionäre geendet hätte, ist höchst unwahrscheinlich. Vermutlich hätte sich als Ergebnis eines solchen Krieges die Reaktion in Mitteleuropa in sehr viel stärkerem Maß durchgesetzt, als das 1849/50 geschah. Vor diesem Hintergrund erscheint die Kompromißpolitik der deutschen Liberalen als durchaus plausibel. Die gemäßigten Kräfte hatten gute Gründe, nicht den Kurs der inneren und äußeren Konfrontation einzuschlagen, auf den die Radikalen drängten.

Gemessen an ihrem Doppelziel, Freiheit und Einheit für Deutschland zu erringen, ist die Revolution von 1848/49 gescheitert. Als der preußische König Friedrich Wilhelm IV. im April 1849 die deutsche Kaiserkrone ablehnte, die ihm von der Nationalversammlung angetragen worden war, besiegelte er den Fehlschlag einer Politik, zu der es keine realistische Alternative gab. Die Herausforderung, Einheit und Freiheit zur selben Zeit herzustellen, hatte sich als historische Überforderung der deutschen Liberalen erwiesen.

Die 48er sind jedoch nicht absolut, sondern nur relativ gescheitert. Am Ende des Revolutionsjahres war Preußen ein, wenn auch unvollkommener, Verfassungsstaat. Dadurch verringerte sich der politische Abstand zwischen dem Hohenzollernstaat und den konstitutionellen Mittelstaaten des «dritten Deutschland». Dies war eine der Voraussetzungen für den Erfolg jener «Revolution von oben», mit der Bismarck zwischen 1866 und 1871 die Einheitsforderung der Liberalen verwirklichte. Er tat es im Sinne der «kleindeutschen

Lösung», zu der sich Teile des Liberalismus erst aufgrund der Erfahrungen von 1848 durchgerungen hatten – einer Lösung, die für Europa allemal erträglicher war als alle Spielarten von «Großdeutschland».

1948, als in Deutschland des hundertsten Jahrestages der Revolution gedacht wurde, veröffentlichte der Tübinger Historiker Rudolf Stadelmann einen Essay unter dem Titel «Deutschland und die westeuropäischen Revolutionen». Die Kernthese war in ihrer scharfen Zuspitzung der Kontrapunkt zu Marx' Dialektik der Rückständigkeit: «Nicht die deutsche Reaktion, sondern der deutsche Fortschritt hat Deutschland gegenüber dem Westen zurückgeworfen.»[4] Stadelmann bezog sich auf die revolutionshemmenden Wirkungen des deutschen aufgeklärten Absolutismus, den er als eine «Revolution von oben» charakterisierte. Bismarck stand nach dieser Sichtweise in einer alten deutschen und namentlich preußischen Tradition, als er den Teil der Forderungen von 1848 erfüllte, der mit den Interessen der alten Führungsschichten vereinbar war.

Die Kehrseite der «Revolution von oben» war, was Stadelmann den «Mangel an Befreundung mit der Praxis und den Ideen der westeuropäischen Revolutionen» nannte.[5] Durch den kaiserlichen Obrigkeitsstaat geprägt, empfanden viele Deutsche die parlamentarische Demokratie, die nach der deutschen Niederlage im Ersten Weltkrieg eingeführt wurde, als ein von den Siegern erzwungenes und damit undeutsches System. Daß die Weimarer Republik als parlamentarische Demokratie bereits im Frühjahr 1930, als Rechts- und Verfassungsstaat knapp drei Jahre später, im Januar 1933, zusammenbrach, hat seinen tieferen Grund in der historischen Verschleppung der Freiheitsfrage von 1848.

Es bedurfte der Erfahrung der «deutschen Katastrophe», wie der Historiker Friedrich Meinecke 1946 die nationalsozialistische Herrschaft genannt hat, um dem deutschen Vorurteil gegen die westliche Demokratie einen nachhaltigen Schlag zu versetzen und ihm die populäre Aura zu nehmen.[6] Jedenfalls gilt das für die «rechte» Variante dieses Ressentiments. Falls es noch «linke» Vorbehalte gegenüber der westlichen Demokratie gibt, mögen sich das Scheitern und der

Zusammenbruch der zweiten deutschen Diktatur, der DDR, längerfristig ähnlich auswirken.

Im wiedervereinigten Deutschland sind Freiheit und Einheit, die beiden Hauptforderungen der 48er, verwirklicht. Daß diese Ziele nicht schon vor 150 Jahren erreicht wurden, hat Gründe, die weit in die deutsche Geschichte zurückreichen. Es ist eines, sich die fatalen Folgen klarzumachen, die der Ausgang der Revolution für das politische Selbstbewußtsein des deutschen Bürgertums hatte. Ein anderes ist die räsonierende Unterstellung, durch mehr revolutionären Elan hätten die Deutschen sich und der Welt die Katastrophen des 20. Jahrhunderts erspart. Die Revolution von 1848 bleibt ein sperriges Ereignis. Ein Bild von ihr zu zeichnen, das ihre Widersprüchlichkeit glättet oder unterschlägt, würde der Mythenbildung dienen und nicht der Aufklärung.

3 | Ein Junker als Revolutionär

Zum 100. Todestag Otto von Bismarcks

Ort der Handlung: die zweite preußische Kammer. Zeitpunkt: der 3. Dezember 1850. Das Haus der Abgeordneten erörtert die Lage nach dem Vertrag von Olmütz, durch den Preußen einen Krieg mit Österreich vermieden oder, so sehen es die Liberalen, sich in schmachvoller Weise unter das Joch der Habsburger begeben hat.

Der konservative Abgeordnete Otto von Bismarck sieht es nicht so. Der märkische Junker hält an diesem Tag nicht seine erste, aber die erste große Parlamentsrede. Er verteidigt Olmütz. Die «einzig gesunde Grundlage eines großen Staates» sei der «staatliche Egoismus und nicht die Romantik», und eben dadurch unterscheide sich der große Staat wesentlich von einem kleinen Staat. Ein preußisches Nein zu den österreichischen Forderungen wäre, so räumt er ein, populär gewesen, aber kein überzeugender Kriegsgrund. «Es ist leicht für einen Staatsmann, sei es in dem Kabinette oder in der Kammer, mit dem populären Winde in die Kriegstrompete zu stoßen und sich dabei an seinem Kaminfeuer zu wärmen oder von dieser Tribüne donnernde Reden zu halten und es dem Musketier, der auf dem Schnee verblutet, zu überlassen, ob sein System Sieg und Ruhm erwirbt. Es ist nichts leichter als das, aber wehe dem Staatsmann, der sich in dieser Zeit nicht nach einem Grunde zum Krieg umsieht, der auch nach dem Kriege noch stichhaltig ist.»[1]

Den Deutschen haben sich andere Äußerungen Bismarcks stärker eingeprägt als diese. Da war jenes Bekenntnis vor der Budgetkommission des preußischen Abgeordnetenhauses vom 30. September 1862, in dem viele Gegner und Bewunderer die Quintessenz des Denkens und Tuns dieses Staatsmannes sahen: «Nicht durch Reden und Majoritätsbeschlüsse werden die großen Fragen der Zeit entschieden – das ist der große Fehler von 1848 bis 1849 gewesen –, sondern durch Eisen und Blut ...»² Und da war jene Reichstagsrede vom 6. Februar 1888, in der der «Eiserne Kanzler» die Parole ausgab: «Wir Deutschen fürchten Gott, aber sonst nichts in der Welt ...» Die Fortsetzung des Halbsatzes wurde nicht zum geflügelten Wort: «... und die Gottesfurcht ist es schon, die uns den Frieden lieben und pflegen läßt.»³

Unter Bismarck, dem Ministerpräsidenten der Jahre 1862 bis 1871, hat Preußen drei Kriege geführt: 1864 zusammen mit Österreich gegen Dänemark, 1866 gegen Österreich, 1870/71 mit den anderen deutschen Staaten gegen Frankreich. In jedem dieser drei Fälle gab es eine Kriegspartei nicht nur in Berlin, sondern auch auf der anderen Seite: 1864 in Kopenhagen, 1866 in Wien, 1870 in Paris. Bismarck führte die Kriege nicht als «Romantiker», sondern aus Gründen des «staatlichen Egoismus», das heißt der preußischen Staatsräson, so wie er sie verstand.

Er löste die deutsche Frage im kleindeutschen Sinn, also ohne Österreich. Er verwirklichte damit das nationale Programm, auf das sich die deutsche Nationalversammlung in der Frankfurter Paulskirche im März 1849 nach harten Kämpfen festgelegt hatte. Die kleindeutsche Lösung war dem übrigen Europa allemal eher zumutbar als die großdeutsche, der lange Zeit auch die Sympathie der Paulskirche gehört hatte. Denn einem Großdeutschland, das die deutschen Teile der Habsburgermonarchie, womöglich unter Einschluß von Teilen von Böhmen und Mähren, umfaßt hätte, wäre in viel höherem Maß die Hegemonie in Europa zugefallen, als das vom deutschen Kaiserreich von 1871 galt.

Bismarck war kein kriegerischer Politiker wie Napoleon III., der Kaiser der Franzosen, von dem er als Innenpolitiker viel gelernt hat. Als Reichskanzler hielt er spätestens seit der von ihm inszenierten «Krieg-in-Sicht-Krise» von 1875 Deutschland für «saturiert», also für keiner weiteren Ausdehnung bedürftig. Seine Bündnispolitik war hochkompliziert und in sich so widersprüchlich, daß er sie am Ende selbst nicht mehr beherrschte. Aber eine Prestigepolitik, wie seine wilhelminischen Nachfolger sie betrieben, lehnte er ab – am eindringlichsten in seiner schon zitierten Reichstagsrede vom 6. Februar 1888: «Jede Großmacht, die außerhalb ihrer Interessensphäre auf die Politik der anderen Länder zu drücken und einzuwirken und die Dinge zu leiten sucht, ... die treibt Machtpolitik und nicht Interessenpolitik, die wirtschaftet auf Prestige hin.»[4]

Der Innenpolitiker Bismarck war dem Außenpolitiker Bismarck, was Geschick und Weitsicht angeht, deutlich unterlegen. Durch innere Maßnahmen untergrub er sogar mehr als einmal den Erfolg seiner Diplomatie. Die Schutzzölle für Getreide, die er 1879 einführte, wurden zu einer schweren Belastung des Verhältnisses zu Rußland, das er gleichzeitig umwarb und durch den Rückversicherungsvertrag von 1887 an Deutschland zu binden gedachte. Bismarck verschlechterte die deutsch-russischen Beziehungen – trug also wesentlich zu dem bei, was er nach seinem Sturz im März 1890 den Nachfolgern vorwarf: der Ermöglichung eines Zweifrontenkrieges gegen Frankreich und Rußland.

Bismarcks Innenpolitik begann mit einem Verfassungsbruch. Am 28. September 1862 berief König Wilhelm I. den damaligen preußischen Gesandten in Paris zum Ministerpräsidenten, um das Abgeordnetenhaus zur Räson zu bringen, das dem Monarchen die Mittel für die von Wilhelm dringlich gewünschte Heeresreform verweigerte. Bismarck berief sich, um die Reorganisation des Militärwesens *gegen* das Parlament durchzuführen, auf die sogenannte «Lückentheorie». Dieser Interpretation zufolge war der Fall, daß das Abgeordnetenhaus etwas anderes wollte als die anderen beiden Gesetzgebungsfaktoren, König und Herrenhaus, in der Verfassung nicht vorgesehen. Die bereits begonnene Heeresreform sei aber nicht mehr rückgängig zu machen, weshalb die Regierung den Staatshaushalt so lange ohne parlamentarisch bewilligtes Budget führen müsse, bis beide Kammern die während dieser Zeit getätigten Ausgaben genehmigen würden. Dieses Vorgehen war ein Staatsstreich – und Bismarck damit erstmals in die Fußstapfen Napoleons III. getreten.

«Revolutionen machen in Preußen nur die Könige», bemerkte Bismarck gegenüber Napoleon III., als dieser ihn während des Verfassungskonfliktes vor einer Revolution in Preußen warnte.[5] Der Ministerpräsident sollte recht behalten. Bürger und Arbeiter lehnten sich gegen das verfassungswidrige Regime der Jahre 1862 bis 1866 nur mit Worten und dem Stimmschein, aber nicht hinter Barrikaden und mit Gewehren auf. Nach Preußens Sieg über Österreich 1866 sprachen alle politischen Lager von Bismarcks «Revolution von oben»: die Altkonservativen tadelnd, die Liberalen und Sozialisten bewundernd. Noch im Abstand von fast zwei Jahrzehnten schrieb Friedrich Engels 1884 an August Bebel: «1866 war eine vollständige Revolution.» Preußen habe das Deutsche Reich nur durch Umsturz des Deutschen Bundes und Bürgerkrieg zustande gebracht. «Nach dem Sieg stürzte es drei Throne von ‹Gottes Gnaden› um und annexierte die Gebiete nebst dem der ex-freien Stadt Frankfurt. Wenn das nicht revolutionär war, so weiß ich nicht, was das Wort bedeutet.»[6]

«Revolutionär» wirkte nicht nur der Sturz der Throne von Hannover, Kurhessen und Nassau, sondern auch eine von Napoleon III. abgeguckte, schon von den Zeitgenossen als «bonapartistisch» bezeichnete Herrschaftstechnik: das allgemeine, gleiche und direkte Wahlrecht für Männer, das nicht in Preußen und den anderen Mitgliedstaaten des 1866 gegründeten Norddeutschen Bundes, wohl aber bei den Wahlen zum Norddeutschen Reichstag angewandt wurde. Bismarck wollte sich auf diese Weise an das Volk direkt wenden, das er für königstreuer hielt als das gebildete und besitzende, vom preußischen Dreiklassenwahlrecht begünstigte Bürgertum, das meist liberal wählte.

Der Junker aus der Altmark hatte in erster Linie wohl die Landarbeiter seiner Güter vor Augen, wenn er an das Volk dachte. Die industriellen Proletarier der großen Städte aber waren Arbeiter eines anderen Kalibers. Das allgemeine gleiche Wahlrecht hatte folglich andere als die von Bismarck erhofften Wirkungen: Es förderte den Aufstieg der Sozialdemokratie, und die hörte zunehmend auf August Bebel und Wilhelm Liebknecht, die Gefolgsleute der Internationalisten Karl Marx und Friedrich Engels in London, und immer weniger auf die Botschaft eines toten «nationalen» Sozialisten, des

1864 im Duell gefallenen Ferdinand Lassalle, mit dem Bismarck sich bei einigen Gesprächen gut verstanden hatte.

Bismarcks wichtigste parlamentarische Stütze waren zwischen Ende 1866 und dem Sommer 1878 die Nationalliberalen. In dieser Partei sammelte sich der rechte Flügel des deutschen Liberalismus, der zur Zusammenarbeit mit dem preußischen Ministerpräsidenten und Bundeskanzler des Norddeutschen Bundes bereit war. Die Gründungsakte des Paktes war das «Indemnitätsgesetz», mit dem das preußische Abgeordnetenhaus im September 1866 Bismarck die erbetene Absolution für das budgetlose Regime der Jahre 1862 bis 1866 erteilte. Eine Zusicherung, er werde gegebenenfalls in Zukunft nicht wieder so handeln wie in der Zeit des preußischen Verfassungskonflikts, erhielten die Parlamentarier von Bismarck nicht. In der Verfassung des Norddeutschen Bundes und des Deutschen Reiches lebte ein Stück Absolutismus fort: Die königliche Kommandogewalt blieb der parlamentarischen Kontrolle und der Verantwortung der zivilen Regierung entzogen. Die Nationalliberalen konnten sich mit Bismarck auf Reformen im Rechtssystem und in der Wirtschaftsordnung verständigen. Das erstrebte Übergewicht des Parlaments über die Exekutive erreichten sie nicht. Es wäre falsch, sie rundum zu den Verlierern von 1866 zu zählen. Aber Bismarck blieb in jenem Entscheidungsjahr auch innenpolitisch Sieger.

Es hätte auch der Logik der «Revolution von oben» widersprochen, wenn es anders gekommen wäre. Bismarck erfüllte die Einheitsforderung von 1848, die mit der preußischen Staatsräson durchaus in Einklang zu bringen war. Was die andere Forderung von 1848 anging, das Verlangen nach Freiheit, so verwirklichte er davon nur soviel, als sich mit den Interessenten der altpreußischen Führungsschichten, Dynastie, Adel, Militär und hohes Beamtentum, vereinbaren ließ – das heißt: viel weniger, als der Liberalismus wollte. Preußen-Deutschland *durfte* kein parlamentarisches System im westlichen Sinne werden: Nur um diesen Preis war die deutsche Einheit unter Bismarck zu haben.

«Ist denn die Einheit nicht selbst ein Stück Freiheit?»: Mit dieser rhetorischen Frage tröstete sich und seine Anhänger im Dezember

1866 ein nationalliberaler Kandidat für den Norddeutschen Reichstag, der ehemalige Achtundvierziger Ludwig Bamberger.[7] Zu jener Zeit war die nationale Parole noch immer ein Schlachtruf des liberalen Bürgertums im Kampf gegen die Zersplitterung Deutschlands und ihren Nutznießer, den landsässigen Adel. Bald nach der Reichsgründung von 1871 wandelte sich die Bedeutung des Begriffs «national». Während des «Kulturkampfs» der siebziger Jahre sprachen die Liberalen mit Bismarck den romtreuen deutschen Katholiken die nationale Gesinnung ab. Dem Angriff auf die «schwarzen Reichsfeinde» folgte der Kampf gegen die «roten»: 1878 stimmten die Nationalliberalen, von Bismarck hart bedrängt, einem Ausnahmegesetz gegen die «gemeingefährlichen Bestrebungen» der Sozialdemokratie zu, das rechtsstaatlichen Prinzipien hohn sprach.

Dann kamen die Liberalen selbst an die Reihe. Im Zeichen einer Kampagne für den «Schutz der nationalen Arbeit» sahen sie sich dem Vorwurf ausgesetzt, durch Festhalten am Freihandel die Interessen Deutschlands zu schädigen. Spätestens seit dem Sozialistengesetz von 1878 und der Einführung von Schutzzöllen für Getreide und Eisen im Sommer 1879 hieß «national» sein nicht mehr liberal und antifeudal, sondern in erster Linie anti-international und sehr häufig auch bereits antisemitisch sein.

Der Bruch mit den «Manchesterliberalen», den Bismarck Ende der siebziger Jahre vollzog, verhalf dem Reichskanzler zu einer neuen Karriere: als Sozialreformer. Es bedurfte der Kampfansage an die Gegner von Staatseingriffen in die Wirtschaft, um jene Gesetze über die Krankenversicherung von 1883, die Unfallversicherung von 1884 und die Alters- und Invalidenversicherung von 1889 über die parlamentarische Bühne zu bringen, die Deutschland zum Pionierland der modernen Sozialversicherung machten.

Es gibt nichts daran zu deuten, daß Bismarck die Arbeiter auf patriarchalische Weise bevormunden und von der Sozialdemokratie weglocken wollte. Doch er selbst hat in einer Randglosse einmal bemerkt: «Motiv ändert die Wirkung nicht».[8] Die Wirkung der Sozialversicherungsgesetze war fortschrittlich, und es war vor allem Bismarcks Verdienst, daß diese Wirkung eintrat. Der Reichskanzler war vom schließlichen Erfolg seines Vorhabens überzeugt. «Der Staatssozialismus paukt sich durch», äußerte er im Juni 1881. «Jeder, der diesen Gedanken wieder aufnimmt, wird ans Ruder kommen.»[9]

Soziale Sicherheit statt politischer Freiheit: Der Reichsgründer war nicht der letzte deutsche Politiker, der nach dieser Devise handelte. Die Sozialdemokratie zu schwächen oder gar auszuschalten aber gelang Bismarck nicht – weder durch die Peitsche des Sozialistengesetzes noch durch das Zuckerbrot der Sozialversicherungsgesetze. Bei den Reichstagswahlen vom Februar 1890 stiegen die roten «Reichsfeinde» zur stärksten Partei auf. Mit dem neuen Reichstag zu regieren, in dem seine Gegner das Übergewicht hatten, war dem fast 75 Jahre alten Kanzler unmöglich. Er dachte wieder einmal an einen Staatsstreich und sogar an die Auflösung des Reiches und seine Neugründung durch die Fürsten. Aber dazu war der junge Kaiser Wilhelm II., der 1888 auf den Thron gelangt war, nicht bereit. Am 20. März 1890 entließ er Bismarck. Deutschland blieb eine schwere Staatskrise, vielleicht ein Bürgerkrieg erspart.

Schon während seiner Kanzlerschaft war der Reichsgründer zu einem lebenden Mythos geworden. Nach dem endgültigen Rückzug auf sein Schloß Friedrichsruh bei Hamburg wurde er es noch mehr. Die peinlichen Blößen, die sich Wilhelm II. und seine Paladine gaben, bildeten die dunkle Folie, vor der die Heldengestalt des «Alten im Sachsenwald» um so heller erstrahlte. Als Bismarck am 30. Juli 1898 starb, galt er vielen, wenn nicht den meisten Deutschen fast als unfehlbar. Als Reichsschmied wurde er gefeiert, als Recke aus deutschem Urgestein, als Vollender des Werkes Friedrichs des Großen.

Zu den großen Deutschen gehörte er gewiß. Er war der bedeutendste Staatsmann der deutschen Geschichte, ein Politiker, der auch im Triumph maßzuhalten verstand, der im Sommer 1866, im Augenblick des Sieges über Österreich, bereits den Grund für ein Bündnis mit der geschlagenen Großmacht zu legen begann. Er dachte so sehr vom Staat und so wenig von der Nation her, daß es unmöglich ist, ihn einen deutschen Nationalisten zu nennen. Er war zu religiös und zu konservativ, um je zu einem Abenteurer nach der Art Napoleons III. werden zu können. Er war ein Meister des geschriebenen und des gesprochenen Wortes, unübertrefflich im bildhaften Ausdruck und in der Pointe. Aber er war auch ein großer Hasser, und in seinem Haß oft sehr klein. Als sein liberaler Widersacher Eduard Lasker im Januar 1884 bei einem Besuch in den Vereinigten Staaten in New York starb, weigerte sich der Kanzler, die Beileidsbotschaft des amerikanischen Repräsentantenhauses an den Reichstag weiterzuleiten.

Seine größte Leistung bleibt die Lösung der deutschen Frage im kleindeutschen Sinn – eine Lösung, die hundert Jahre nach Bismarcks Sturz, im Zwei-plus-Vier-Vertrag von 1990, eine späte Bestätigung durch die vier Siegermächte erfahren hat. Zum Verhängnis für die Deutschen wurde Bismarck, weil er sie in der Gewohnheit bestärkte, alles Große von «oben» zu erwarten, also nicht für sich selbst verantwortlich zu sein. Er gewährte ihnen zwar das allgemeine gleiche Männerwahlrecht und damit ein kräftiges Stück Demokratie, aber keine dem Parlament verantwortliche Regierung. Die erhielten sie erst im Gefolge der Niederlage im Ersten Weltkrieg, was sich zur schwersten Vorbelastung der Weimarer Republik auswuchs. Daß Hitler später mit Erfolg an beides appellieren konnte, an den Teilhabeanspruch des Volkes in Gestalt des allgemeinen Wahlrechts und an die massiven Vorbehalte gegenüber der westlichen Demokratie, verdankte er dem folgenreichsten Widerspruch von Bismarcks «Revolution von oben»: der frühen Demokratisierung des Wahlrechts und der verspäteten Demokratisierung des Rangsystems.

«Bismarck hat der Nation das Rückgrat gebrochen ...», schrieb der Historiker Theodor Mommsen am 3. Januar 1902, knapp zwei Jahre vor seinem Tod, an den Nationalökonomen Lujo Brentano.[10] Mommsen, der als liberaler Abgeordneter Bismarck erst bekämpft, dann unterstützt und schließlich wieder bekämpft hatte, zog damit die Summe aus den 28 Jahren, in denen der Mann aus der Altmark der Lenker der preußischen und der deutschen Politik gewesen war. Man kann Bismarcks Größe anerkennen und Mommsen doch recht geben. Hundert Jahre nach Bismarcks Tod ist es an der Zeit, die Widersprüche auszuhalten, von denen der Reichsgründer und sein Werk geprägt waren.

4 | Ein Attentat als Alibi

Wie das Jahr 1878 zur historischen Zäsur wurde

I.

Dem Kanzler des Deutschen Reiches wurde die Nachricht im Park von Friedrichsruh überbracht: Soeben sei in Berlin wieder auf den Kaiser geschossen worden. Bismarcks erste Reaktion entsprach dem Bild, das man sich vom «Eisernen Kanzler» machte. Er fragte nicht nach dem Befinden des Einundachtzigjährigen, sondern rief, seinen Eichenstock vor sich in die Erde stoßend: «Jetzt lösen wir den Reichstag auf!»[1]

Der Mordanschlag des Dr. Nobiling vom 2. Juni 1878 wurde zu einem Wendepunkt der deutschen Geschichte. Anders als wenige Wochen zuvor bei dem Attentat des Klempnergesellen Hödel, am 11. Mai, wurde Wilhelm I. schwer verletzt. Der Kanzler hatte schon nach dem ersten Anschlag versucht, im Reichstag eine Gesetzesvorlage gegen die Sozialdemokratie durchzubringen – ein Gesetz, das dem Bundesrat die Befugnis gab, «Druckschriften und Vereine, welche die Ziele der Sozialdemokratie verfolgen», zu verbieten. Doch der Entwurf war mit 251 gegen 57 Stimmen abgelehnt worden: Noch äußerten die Nationalliberalen durch ihren Führer, Rudolf von Bennigsen, schwerste Bedenken gegen ein «Ausnahmegesetz», das grundsätzliche Freiheitsrechte erheblich einschränke und mit liberalen Prinzipien nicht vereinbar sei.[2] Nach dem zweiten Attentat schlug die Stimmung im Bürgertum um.

Zwar war es im Fall des Dr. Karl-Eduard Nobiling noch schwieriger, der Sozialdemokratie eine geistige Urheberschaft an der Tat zu unterstellen als im Fall des Max Hödel: Dieser hatte, anders als jener, immerhin für kurze Zeit der Partei angehört, bis sie ihn seiner anarchistischen Neigungen wegen ausschloß. Aber den unversöhnlichen Gegensatz zwischen dem individuellen Terror von Anarchisten und dem «wissenschaftlichen Sozialismus» der Marxisten wollte rechts von der Sozialdemokratie kaum jemand wahrhaben. Seit Bebel 1871 im Reichstag, die Wirkungen seiner Worte und die gesellschaftlichen Kräfteverhältnisse gleichermaßen verkennend, die Niederwerfung der Pariser Kommune «nur ein kleines Vorpostengefecht» genannt und davon gesprochen hatte, «daß die Hauptsache in Europa uns noch bevorsteht» – seitdem reimten sich für Bürger und Junker die Begriffe «Sozialdemokratie» und «Gewalt».[3]

In Wirklichkeit war die «Sozialistische Arbeiterpartei» schon damals in ihrem Selbstverständnis, nach Karl Kautskys späterem Wort, eine revolutionäre, aber keine Revolutionen machende Partei.[4] Weil außerhalb der Arbeiterbewegung nur wenige diesen gewichtigen Unterschied erkannten oder erkennen wollten, bestritt kaum jemand grundsätzlich die Richtigkeit der These Bismarcks, daß die politische Schuld für die Attentate bei den Sozialdemokraten liege. Und viele, die nach dem ersten Anschlag noch in Ausnahmegesetzen die falsche Methode zur Bekämpfung falscher Ideen gesehen hatten, dachten nach dem 2. Juni um. Die Berliner *National-Zeitung*, das einflußreichste Blatt der Nationalliberalen, warnte nun nicht mehr wie im Mai, mit Verboten nach Art der Regierungsvorlage habe auch die Reaktion im Jahre 1849 angefangen, «und wo endet sie!»[5] Neun Tage nach dem Attentat des Dr. Nobiling gab die gleiche Zeitung ihrer Erwartung Ausdruck, daß die Nationalliberale Partei «in der gefährdeten Lage des Landes Bereitwilligkeit zur Gewährung außerordentlicher Vollmachten gegen staatszerstörerische Ausschreitungen an die Spitze ihres Wahlprogramms stellt».[6]

Bismarck verstand die Zeichen der Zeit zu lesen. Er wußte, daß viele der nationalliberalen Wähler so dachten wie er. Neuwahlen mußten ihm einen besseren Reichstag bringen – ein Parlament, das vielen seiner lang gehegten Gesetzgebungspläne, nicht nur dem Sozialistengesetz, eher zustimmen würde als der alte Reichstag. Deswegen benutzte er nach der Auflösung der Volksvertretung den Wahlkampf zur nationalen Mobilmachung. Über die offiziöse «Provinzialkorrespondenz» rief er die «patriotisch gesinnten Wähler» auf, sich «vollzählig um das kaiserliche Banner zu sammeln» und sich darüber zu informieren, «inwieweit die verschiedenen Parteien und Wahlkandidaten genügend Bürgschaften für die Unterstützung der Regierung in der Lösung ihrer großen Aufgaben gewähren».[7] Die *Norddeutsche Allgemeine Zeitung*, Bismarcks Hausorgan, wollte nur solche Kandidaten gewählt sehen, von denen man überzeugt sein könne, «daß sie dem Kaiser und seinen Räten eine zuverlässige, nur auf nationale, nicht auf private und Parteiinteressen bedachte Stütze sein werden».[8] Die *Kreuz-Zeitung* schließlich, das Organ der altpreußischen Konservativen, die Bismarck lange Zeit als Revolutionär beargwöhnt hatten, wurde noch deutlicher: «Der Sozialismus ist die konsequente Fortbildung des Liberalismus – das bedarf nachgerade für Augen, die sehen können, keines Beweises mehr. Wer also den Sozialismus bekämpfen will, muß bei dem Liberalismus den Anfang machen.»[9]

Der Appell an die nationalen Instinkte war erfolgreich. Die beiden konservativen Parteien gewannen 37 Mandate hinzu und verfügten nun über 115 Sitze. Die Nationalliberalen verloren 29 von ihren bisherigen 127 Sitzen; die Mandatszahl der linksliberalen Fortschrittspartei sank von 35 auf 26. Angesichts ihrer abbröckelnden Basis waren die Nationalliberalen nun bereit, einem Sondergesetz gegen die Sozialdemokratie zuzustimmen. Auf ihrem äußersten rechten Flügel gab es sogar Stimmen, die sich gegen die zeitliche Befristung eines solchen Gesetzes aussprachen. In der Zeitschrift *Die Grenzboten* sah ein anonymer Autor die Mehrheitsverhältnisse in künftigen Reichstagen für so unsicher an, daß man jetzt die Gelegenheit nutzen müsse, «die Sozialdemokratie für immer von den Marken unseres Reiches fern zu halten. Mit dieser Notwendigkeit ist ein befristetes Gesetz unvereinbar. Was dem Jesuiten recht ist, ist dem Sozialisten billig.»[10]

Der Historiker Heinrich von Treitschke, der als nationalliberaler Abgeordneter dem Reichstag angehörte, hatte schon vor der Wahl an seinem Votum keinen Zweifel gelassen. In den «Preußischen Jahrbüchern» nannte er die Sozialdemokratie eine «Schule des Verbrechens» und zitierte einen Mann, der liberaler denke als er selbst: «Wichtiger als der Bestand irgendeiner Fraktion ist uns der Bestand der bürgerlichen Gesellschaft.»[11]

II.

Die Attentate vom Mai und Juni 1878 haben in dreierlei Hinsicht langfristige Folgen gehabt.

Die Mordanschläge Hödels und Nobilings wurden *erstens* der unmittelbare Anlaß einer Ausnahmegesetzgebung, die den Prinzipien eines liberalen Rechtsstaates strikt widersprach. Indem die Nationalliberalen dem (auf ihren Druck hin auf zweieinhalb Jahre befristeten) «Gesetz gegen die gemeingefährlichen Bestrebungen der Sozialdemokratie» zustimmten, wichen sie von dem liberalen Grundsatz ab, daß individuelle Schuld nur nach allgemeinen Strafgesetzen zu ahnden ist und der Ausdruck einer Gesinnung noch keine strafbare Handlung sein kann. Die Zustimmung der Nationalliberalen zum Sozialistengesetz bedeutete ein Stück «Kapitulation des Liberalismus» vor Bismarck wie vor dem von ihm entfesselten plebiszitären Druck von unten. In der sozialdemokratischen Arbeiterbewegung verstärkte sich während der Geltungsdauer des Sozialistengesetzes, von 1878 bis 1890, das Bewußtsein, in einem politischen und sozialen Ghetto zu leben. Dieses Bewußtsein war der Nährboden für die Verbreitung einer vulgärmarxistischen Erlösungsideologie, die für die SPD über das Kaiserreich hinaus zu einer schweren Hypothek wurde.

Zweitens diente die Empörung über die Attentate dazu, bei den Reichstagswahlen vom 30. Juli 1878 einen Rechtsruck herbeizuführen, der dem Kanzler eine parlamentarische Mehrheit für seine Zoll- und Finanzreform sicherte. Erst der neugewählte Reichstag ermöglichte 1879 mit der Einführung von Getreide- und Eisenzöllen jene Koalition zwischen «Rittergut» und «Hochofen», die sowohl den Übergang vom Agrar- zum Industriestaat als auch den Strukturwandel innerhalb der Industrie, vom alten Montansektor hin zu den neuen Branchen der Elektrotechnik und Chemie, verzögerte und erschwerte. Die Allianz zwischen Agrariern und Zechenherren diente über das Jahr 1918 hinaus allen antidemokratischen Bestrebungen von rechts als fester gesellschaftlicher Rückhalt. Wenngleich Interessengegensätze zwischen Schwerindustrie und Großgrundbesitz die Zusammenarbeit immer wieder gefährdeten, war in Krisenzeiten das Gefühl gemeinsamer Bedrohung doch regelmäßig stark genug, um die Konstellation von 1879 zu erneuern. Die künstliche Erhaltung der preußischen Rittergutsbesitzerklasse, der wichtigste Effekt der Getreidezölle, gehört zu den schwersten strukturellen Vorbelastungen der Weimarer Republik und den wesentlichsten Gründen ihres Scheiterns.

Drittens wurde die Furcht vor Sozialismus und Revolution in den Jahren 1878/79 endgültig zum integrierenden Bestandteil eines spezifisch «rechten» Nationalismus. Noch während des preußischen Verfassungskonflikts von 1862 bis 1866 war die nationale Parole eine Waffe des liberalen Bürgertums im Kampf gegen den Feudaladel, den Träger der partikularstaatlichen Zersplitterung, gewesen. Seit den späten siebziger Jahren richtete sich der Nationalismus nicht mehr gegen die Rechte, sondern gegen die Linke – gegen den wirklichen oder vermeintlichen Internationalismus in Linksliberalismus und Sozialdemokratie. Die sozialen Träger dieses neuen Nationalismus waren zum einen Teil Gruppen, die der nationalen Bewegung bisher eher fern gestanden hatten – neben den preußischen Junkern wettbewerbsmüde Handwerker und Kleinhändler –, zum anderen Gruppen, die angesichts der seit 1873 andauernden wirtschaftlichen Krise und aus Angst vor sozialen Unruhen ihrem liberalen Credo abschworen und mit der militärisch-feudalen Machtelite Preußens eine Art gesellschaftlichen Rückversicherungsvertrag schlossen. Zu den letztgenannten Gruppen gehörten neben den schutzzöllnerischen Industriellen erhebliche Teile des deutschen Bildungsbürgertums.

Niemand hat den Funktionswandel des Nationalismus plastischer beschrieben als 1888 der freisinnige Reichstagsabgeordnete Ludwig Bamberger – einer der nationalliberalen Sezessionisten, die 1880 mit Bismarck und ihrer Partei gebrochen hatten: «Das nationale Banner in der Hand der preußischen Ultras und der sächsischen Zünftler ist die Karikatur dessen, was es einst bedeutet hat, und diese Karikatur ist ganz einfach so zustande gekommen, daß die überwundenen Gegner sich das abgelegte Gewand des Siegers angeeignet und dasselbe nach ihrer Fasson gewendet, aufgefärbt und zurechtgestutzt haben, um als die lachenden Erben der nationalen Bewegung darin einherstolzieren zu können.»[12]

Der Sieg des «rechten» über den «linken» Nationalismus war der ideologische Ausdruck des Umschwungs von 1878/79 und zugleich sein bleibendes Ergebnis. Die Macht, die der neue Nationalismus über das Bewußtsein von Massen wie von Führungsschichten ausübte, überdauerte die wirtschaftliche Krise, aus der er ursprünglich hervorgegangen war.

III.

Eine «Kapitulation des deutschen Liberalismus» haben manche Autoren schon 1848/49, andere 1866 stattfinden lassen. Aber die gemäßigten Liberalen hatten anders als die radikalen Demokraten die Revolution von 1848 gar nicht gewollt und schon vor dem «tollen Jahr» ihre Bereitschaft bekundet, Reformen im Bund mit den Fürsten, nicht gegen sie durchzusetzen. Am Ende des preußischen Verfassungskonflikts, nach Preußens Sieg über Österreich bei Königgrätz, gaben die «Nationalliberalen» (wie sich die zur teilweisen Unterstützung Bismarcks bereiten Liberalen nun nannten) ebenfalls keine Prinzipien preis. Sie hatten ein System angestrebt, das man «De-facto-Parlamentarismus» nennen kann. Sie wollten der Volksvertretung so viele Kontrollrechte sichern, daß es für die Regierung unmöglich wurde, sich über längere Zeit in Fragen von grundsätzlicher Bedeutung über den Willen der parlamentarischen Mehrheit hinwegzusetzen. An diesem Ziel hielten die meisten Nationalliberalen bis in die späten siebziger Jahre fest.

Allerdings waren sich die Sprecher des liberalen Bürgertums seit 1866 weniger als zuvor sicher, ob sie wirklich das waren, was sie zu sein beanspruchten: Vertreter des «allgemeinen Standes», der «Nation» schlechthin. Es gab konkurrierende Volksbewegungen, und das 1867 im Norddeutschen Bund, 1871 im Deutschen Reich eingeführte allgemeine Wahlrecht gab solchen Bewegungen zusätzlichen Auftrieb. Der gefährlichste Gegner waren vor 1878 nicht die sozialdemokratisch wählenden Arbeiter; sie beunruhigten die Liberalen eher weniger als die Bevölkerung des platten Landes in «Ostelbien», in der man nicht ohne Grund ein Stimmenreservoir der Konservativen sah.

Die bei weitem größte Gefahr indessen drohte auf Reichsebene von den Katholiken, die sich unter dem – von Bennigsen so genannten – «evangelischen Kaisertum» der Hohenzollern in die Diaspora versetzt fühlten.[13] Unzufriedenheit mit der liberalen Wirtschaftspolitik, mit der Gewerbefreiheit und der Freizügigkeit im besonderen, trieb der katholischen Bewegung Bauern, Handwerker und Kleinhändler in Massen zu, und die Liberalen sahen in dieser Abwanderung von Teilen ihrer sozusagen «natürlichen» Wählerbasis eine existentielle Herausforderung.

Der Kulturkampf wurde von den Liberalen in der Absicht aufgenommen, sich als die einzige legitime Volksbewegung zu behaupten. Diese Auseinandersetzung stand einerseits noch ganz in der Tradition liberalen Aufklärungs- und Fortschrittsdenkens und wurde subjektiv als Kampf gegen mittelalterliche Rückständigkeit empfunden. Andererseits wurden die liberalen Prinzipien gerade durch die Machtmittel befleckt, mit denen man den politischen Katholizismus bekämpfte. Insofern war der Kulturkampf durchaus ein Vorspiel zur Unterdrückung der sozialdemokratischen Bewegung nach 1878.

Für Bismarck bot der Kulturkampf die Chance, die Liberalen von der Verfolgung ihrer verfassungspolitischen Ziele, von ihrem Drängen nach mehr Parlamentsrechten, abzulenken. Gewiß war der Kanzler den Liberalen in der Rechts- und Wirtschaftspolitik stark entgegengekommen, so daß die Gesetzgebung der Jahre 1866 bis 1878 eher fortschrittliche als konservative Züge trägt. Aber Bismarck wollte den Einfluß des Reichstages nicht weiter steigern, sondern mindern. Wenn das Reich nach innen und außen Bestand haben sollte, mußten die Parlamentarier, die «Männer ohne Halm und Ar», ihre Ansprüche zurückschrauben, mußte die Regierungsgewalt verstärkt werden. Wenn der linke Flügel der Nationalliberalen sich dieser «inneren Reichsgründung» widersetzte, war ein Bruch mit ihnen unvermeidbar. Als staatserhaltend konnte in Bismarcks Augen nur noch gelten, wer die konservative Wendung mitvollzog – und das war zwar die Mehrheit der Nationalliberalen, aber nicht die ganze Partei.

Die Minderheit, die 1878 noch dem Sozialistengesetz, aber im Jahr darauf den Schutzzöllen nicht mehr zustimmte, wußte, daß sie sich durch weitere Kompromisse mit Bismarck nur weiter kompromittieren konnte. Die «Sezessionisten», die in ihrer Mehrheit Vertreter des Bank- und Handelskapitals sowie von Teilen des Bildungsbürgertums der altpreußischen Provinzen, kehrten 1880 in die Opposition zurück, weil *mit* Bismarck liberale Politik zu treiben nicht länger möglich war. Die Linksliberalen wollten die verkrusteten Strukturen des von den Junkern politisch beherrschten Obrigkeitsstaates aufbrechen; sie wollten dem Bürgertum zu dem politischen Einfluß verhelfen, der seiner wirtschaftlichen Stellung entsprach. Aber es ist bezeichnend, daß sie seit den späten neunziger Jahren dieses Ziel ohne den Umweg über eine prestigeträchtige deutsche «Weltpolitik» nicht mehr glaubten erreichen zu können. Nichts belegt die Selbstbehauptungskraft des deutschen Ancien Régime schlagender als die Kampfmittel, zu denen seine «entschieden liberalen» Kritiker ihre Zuflucht nahmen.

IV.

Hundert Jahre nach der deutschen Tendenzwende von 1878/79 ist fast nichts mehr so, wie es damals war. Es gibt kein Reich, keinen Kaiser und keine preußischen Junker mehr. Den Kanzler im westdeutschen Rest des Reiches stellt jene Sozialdemokratie, die 1878 mit einem Ausnahmegesetz verfolgt wurde und vernichtet werden sollte. Aus einer sozialrevolutionären Bewegung ist eine staatstragende Partei geworden. Der Nationalismus hat, in Deutschland mehr als irgendwo sonst in Westeuropa, als rechte Sammlungsideologie ausgedient: Er ist wirtschaftlich «konterproduktiv» geworden und durch die Erfahrung des Nationalsozialismus und von zwei Weltkriegen diskreditiert.

Im Deutschland des Jahres 1878 gab es den *organisierten* Terrorismus nur in der Einbildung der bürgerlichen Gesellschaft; 1978 ist er eine Realität. Er wird nicht getragen von einer Massenbewegung, sondern ist unter anderem eine Reaktion darauf, daß die Arbeiterbewegung aufgehört hat, ein revolutionäres Subjekt zu sein. Eine selbsternannte Elite der Terroristen erklärt diesen Vorgang durch faschistische Manipulation, und sie muß die Bundesrepublik und den «Spätkapitalismus» ganz allgemein als faschistisch beschreiben, um dem Terror den Schein einer Rechtfertigung zu geben. Der Kampf gegen den Terrorismus von heute ist, solange er innerhalb der Grenzen des Rechtsstaates geführt wird, ein Kampf für die Erhaltung der Demokratie; das Sozialistengesetz von 1878 war ein Mittel im Kampf gegen die Demokratisierung des kaiserlichen Deutschland. Den Sozialdemokraten vor hundert Jahren ging es darum, eine Demokratie zu schaffen; wer 1978 wörtlich Extremist ist, will die bestehende Demokratie abschaffen.

Aber neben den grundlegenden Unterschieden zwischen den Situationen von 1878 und 1978 gibt es auch bemerkenswerte Ähnlichkeiten. Wer die «Große Depression» der Jahre 1873 bis 1896, eine Zeit stark verminderten Wirtschaftswachstums, häufiger Krisen und einer vorwiegend pessimistischen Wirtschaftsmentalität, studiert, findet vieles, was er aus der Gegenwart kennt. Der wirtschaftliche Protektionismus ist zwar weithin supranational geworden, aber das Interesse, sich auf Kosten der Verbraucher schützen zu lassen, ist in manchen Branchen so stark wie in der Zeit, als die Forderung nach dem «Schutz der nationalen Arbeit» laut wurde. Die Neigung, den Kreis der «eigentlichen» Urheber terroristischer Gewalt möglichst weit zu ziehen, ist heute kaum minder ausgeprägt als damals. Daß der Liberalismus im tieferen Sinn die Schuld an den Attentaten trage und die «weichliche Zärtlichkeit unserer Strafgesetzgebung» zur «Zerrüttung unserer Zustände» beigetragen habe: Das klingt vertraut. Es stand am 7. Juni 1878 in der *Kreuz-Zeitung*.[14] Daß radikale Ideologien mit Verboten wirksamer bekämpft werden können als mit politischen Argumenten: das glaubten die Konservativen schon damals, und sie fanden dafür Beifall. Obwohl das politische System der Bundesrepublik objektiv viel stabiler ist als das des Kaiserreiches und das der Weimarer Republik, ist die subjektive Angst vor krisenhaften Erschütterungen nach wie vor groß. Die Folge war und ist ein verbreiteter Hang zur Illiberalität.

Soviel sich in der gesellschaftlichen Wirklichkeit zwischen 1878 und 1978 geändert hat – was seine politischen Verhaltensweisen angeht, ist sich Deutschland in mancher Hinsicht also doch gleich geblieben. Das gilt nicht nur für die Bundesrepublik. «Der Staat, welcher Ruhe als die erste Bürgerpflicht betrachtet, gewinnt entschieden dadurch, daß die unruhigen Geister, welche zu Hause nicht gut tun, außer Landes gehen»: Das ist kein Zitat aus einer Sitzung des Ministerrates der DDR, sondern stand im Sommer 1878 in dem – aus Bismarcks «Reptilienfonds» gespeisten – *Grenzboten*.[15] Es gibt, wie sich zeigt, in der deutschen Geschichte der letzten hundert Jahre nicht nur Brüche, sondern auch eine gewisse Kontinuität.

5 | Die Revolution als Gegenrevolution

Von Marx zu Lenin oder:
Warum 1917 kein neues 1789 wurde

Wenn ein epochales Ereignis vierzig Jahre zurückliegt, kommen Versuche der historischen Einordnung gewiß nicht zu früh. 1957 waren seit der russischen Oktoberrevolution von 1917 vier Jahrzehnte vergangen. Der Historiker Richard Nürnberger nahm das zum Anlaß für die These, daß «das Selbstverständnis der Menschen im neunzehnten Jahrhundert von der Art und Weise ihrer Auseinandersetzung mit der Französischen Revolution so entscheidend mitbestimmt wurde, wie für die Menschen im zwanzigsten Jahrhundert die Art ihrer Auseinandersetzung mit der bolschewistischen Revolution bestimmend ist».[1] François Furets letztes Buch «Das Ende der Illusion», 1995 auf französisch und im Jahr darauf auf deutsch erschienen, ist eine eindringliche Bestätigung dieser Beobachtung.[2]

Furet hat vor allem Frankreichs linke Intelligenz im Blick: Sie sah in der zweiten russischen Revolution des Jahres 1917 lange Zeit eine den Bedürfnissen der Gegenwart angepaßte Wiederaufführung *ihrer* historischen Revolution, der Revolution von 1789 oder, genauer gesagt, von 1793. Die «terreur» der Jakobiner ließ den Terror Lenins, Trotzkis und Stalins nicht nur verständlich, sondern notwendig erscheinen: So und nicht anders mußte eine von innen und außen bedrohte Revolution verfahren, wenn sie sich behaupten wollte. Und sie mußte sich behaupten, damit die Geschichte ihren vorgegebenen Sinn nicht verlor: den Sieg des Fortschritts über den Rückschritt.

Die Akteure an Newa und Moskwa interpretierten ihre Rollen in den nämlichen historischen Perspektiven wie ihre wohlwollenden Beobachter an der Seine und anderswo. «Die französische Revolution des achtzehnten Jahrhunderts, die ihren gigantischen Schwung dem Andrang der gequälten Massen verdankt, vertiefte und verschärfte ihre Leiden für eine längere Zeit außerordentlich», schrieb Leo Trotzki, damals Volkskommissar für Verteidigung, im Frühjahr 1920 im Vorwort zu einer gegen den deutschen Unabhängigen Sozialdemokraten Karl Kautsky gerichteten Broschüre.[3] Er brauchte die Parallele zur Gegenwart gar nicht zu ziehen, um von den Parteigängern und Sympathisanten der Bolschewiki verstanden zu werden: Was die russischen Revolutionäre den Massen ihres Landes zumuteten, war genauso legitim und unvermeidlich, wie die Härten und Entbehrungen, die das revolutionäre Frankreich auf sich genommen hatte, um die innere und äußere Konterrevolution niederzuwerfen.

Die Erfahrungen der Französischen Revolution wurden nicht etwa nur herangezogen, um den Gang der russischen Revolution nachträglich zu rechtfertigen. Die Revolution der Bolschewiki war vielmehr von Anfang an der Versuch, eine Theorie zu verwirklichen, in deren Zentrum die Annahme stand, «1789» und «1793» müßten sich auf einer höheren Stufe der geschichtlichen Entwicklung wiederholen. Damit sind wir beim deutschen Beitrag zur russischen Oktoberrevolution – nicht dem praktischen Beitrag in Gestalt der Unterstützung, die Reichsleitung und Oberste Heeresleitung den Bolschewiki angedeihen ließen, um Rußland aus dem Kreis der Kriegsgegner herauszubrechen, sondern dem theoretischen Beitrag. Der eine Beitrag war so notwendig wie der andere. Ohne Ludendorff hätte die Revolution vom 6. und 7. November 1917, dem wahren Datum der Oktoberrevolution, nicht stattfinden können, aber ohne Marx und Engels war sie im Wortsinn undenkbar.

I Die Revolution beginnt im Gehirn des Philosophen

«Es genügt nicht, daß der Gedanke zur Verwirklichung drängt, die Wirklichkeit muß sich selbst zum Gedanken drängen», heißt es in einer von Marx' Frühschriften, der Einleitung zur Kritik der Hegelschen Rechtsphilosophie von 1843/44.[4] Die russische Wirklichkeit von 1917 war revolutionsträchtig, aber nicht reif für eine *proletarische* Revolution im Sinne von Marx und Engels. Das vordringlichste soziale Problem war noch immer die Landarmut, nicht die Ausbeutung des vergleichsweise kleinen industriellen Proletariats. Auf *diese* russische Herausforderung gab Lenin mit seinem Aufruf zum revolutionären Bündnis der Arbeiter und Bauern und der Hinnahme einer «wilden» Agrarrevolution eine unorthodoxe, aber schlüssige Antwort. Die Abweichung von Marx und Engels bestand darin, daß Lenin, um die Bolschewiki an die Macht zu bringen, eine ganze historische «Gesellschaftsformation», die bürgerlich-kapitalistische, übersprang.

Am Anfang der Marxschen Revolutionstheorie steht keine wissenschaftliche Analyse, sondern ein politischer Willensakt. In der schon zitierten Einleitung zur Kritik der Hegelschen Rechtsphilosophie vergleicht Marx die «deutschen Zustände von 1843» mit denen in Frankreich am Vorabend der Revolution von 1789. Er kommt zum Ergebnis, daß der deutschen Rückständigkeit nur durch eine radikale Revolution abgeholfen werden kann. Die deutsche Revolution wird so gründlich sein, daß die Emanzipation des Deutschen mit der Emanzipation des Menschen zusammenfällt. «Der *Kopf* dieser Emanzipation ist die *Philosophie,* ihr *Herz* das *Proletariat.*» Die Rolle der Philosophie ist durch die deutsche Geschichte vorgegeben. «Deutschlands *revolutionäre* Vergangenheit ist nämlich theoretisch, es ist die *Reformation.* Wie damals der *Mönch,* so ist es jetzt der *Philosoph,* in dessen Hirn die Revolution beginnt.»[5] Der Philosoph, der Luthers Platz einnehmen und zugleich Luther überwinden wollte, hatte einen Namen: Karl Marx.

Was Marx hier vorträgt, mutet wie eine moderne Abwandlung der mittelalterlichen Lehre von der «translatio imperii» an: So wie dieser Doktrin zufolge das römische Kaisertum im Jahre 800, bei der Kaiserkrönung Karls des Großen, von den oströmischen Griechen auf die Franken oder Deutschen, also in ost-westlicher Richtung, übertragen wurde, so jetzt die Revolution von West nach Ost, von den Franzosen auf die Deutschen, wobei sich jedoch im Zuge dieser «translatio revolutionis» der Charakter der Revolution ändert. Die Franzosen haben 1789 die klassische bürgerliche Revolution hervorgebracht. Wenn der «gallische Hahn» demnächst erneut schmettert, wird er, da sich die Gesellschaft inzwischen weiterentwickelt hat, eine andere Revolution ankündigen: die proletarische. Sie wird in Frankreich ihren Ausgang nehmen, aber die Entscheidungsschlacht findet in Deutschland statt. Hier kann die bürgerliche Revolution «nur das unmittelbare Vorziel einer proletarischen Revolution sein». So formulierten es Marx und Engels zwar erst um die Jahreswende 1847/48 im «Manifest der Kommunistischen Partei», aber sie wiederholten damit nur die Pointe der vier Jahre älteren «Einleitung».[6]

Wie ein «Leninist» argumentierte der junge Marx in drei wesentlichen Punkten. Erstens postulierte er einen «dialektischen» Zusammenhang zwischen der Rückständigkeit eines Landes und der Radikalität seiner Revolution. Zweitens übersprang er im Falle des vormärzlichen Deutschland faktisch die bürgerliche Revolution ebenso, wie das Lenin später in Rußland tat. Drittens kannte Marx bereits eine revolutionäre Avantgarde: die kritische Intelligenz.

Ihren Analogieschluß von der bürgerlichen auf die proletarische Revolution zu revidieren, sahen Marx und Engels bis zuletzt keinen Grund. Selbstkritik übten sie nur an ihren vormärzlichen Prognosen, den Zeitpunkt der proletarischen Revolution betreffend: Die Verhältnisse waren 1848 eben noch nicht reif gewesen für die Ablösung der Bourgeoisie durch die Arbeiterklasse, aber seitdem schritt der revolutionäre Reifungsprozeß dank der industriellen Entwicklung unaufhaltsam voran, und selbst das Scheitern aller bisherigen proletarischen Erhebungen war, dialektisch gesehen, ein Unterpfand künftiger Erfolge. Man mußte nur daraus lernen.

Was Marx aus dem Revolutionsjahr 1848/49 gelernt hatte, legte er 1850 in seiner Schrift «Die Klassenkämpfe in Frankreich» dar. Die wichtigste Lektion bestand demnach darin, daß das Proletariat die einmal eroberte Macht nur festhalten konnte, indem es die Klassengegner systematisch unterdrückte. Er gab seine eigene Auffassung wieder, wenn er die Position des «revolutionären Sozialismus» oder «Kommunismus» wie folgt umriß: «Dieser Sozialismus ist die *Permanenzerklärung der Revolution*, die *Klassendiktatur* des Proletariats als notwendiger Durchgangspunkt *zur Abschaffung der Klassenunterschiede* überhaupt ...«[7]

Die Analogie zur «terreur» der Jakobiner war offenkundig, auch wenn Marx an dieser Stelle nicht auf das Vorbild von 1793 verwies. Damals mußte, so hatte er schon 1847 geschrieben, «die Schreckensherrschaft ... nur dazu dienen, durch ihre gewaltigen Hammerschläge die feudalen Ruinen wie vom französischen Boden wegzuzaubern. Die ängstlich-rücksichtsvolle Bourgeoisie wäre in Dezennien nicht mit dieser Arbeit fertig geworden. Die blutige Aktion des Volkes bereitet ihr also nur die Wege.»[8]

Jahrzehntelang hatten Marx und Engels erwartet, daß die Revolution des Proletariats von den entwickelten kapitalistischen Ländern und nicht etwa von einem rückständigen Agrarland wie Rußland ausgehen werde. In den achtziger Jahren aber kamen Engels Zweifel an dieser Annahme. Im Februar 1882 äußerte er erstmals die Überzeugung, daß in Rußland «die Avantgarde der Revolution zum Schlagen kommen wird».[9] Drei Jahre später, am 23. April 1885, vermutete er in einem Brief an die russische Revolutionärin Vera Sassulitsch zur Lage in Rußland, «daß man sich dort seinem 1789 nähert». Rußland sei «einer der Ausnahmefälle, in denen es einer Handvoll Leute möglich ist, eine Revolution zu *machen*», und «wenn es jemals der Blanquismus – die Phantasie, eine ganze Gesellschaft durch eine kleine Verschwörergruppe umzuwälzen – eine gewisse Daseinsberechtigung gehabt hat, dann sicherlich in Petersburg». In Rußland würden alle gesellschaftlichen Widersprüche «von der Urgemeinschaft bis zur modernen Großindustrie und Hochfinanz» durch einen Despotismus ohnegleichen gewaltsam zusammengehalten. «Wenn dort das 1789 einmal begonnen hat, wird das 1793 nicht auf sich warten lassen.»[10]

I Kautsky warnte vor der «Diktatur über das Proletariat»

War Lenin also doch der Testamentsvollstrecker von Marx und Engels, als der er sich verstand? Er war es, und er war es nicht. Er griff von den Aussagen der beiden Klassiker auf, was sich in sein revolutionäres Konzept einfügen ließ, und er ignorierte, was nicht hineinpaßte. Keinen Raum hatte in Lenins Theorie und Praxis Engels' Credo von 1865, daß «bürgerliche Freiheit, Pressefreiheit, Versammlungs- und Vereinsrecht» die Freiheiten waren, ohne die sich die Arbeiterpartei nicht frei bewegen konnte, ihr «eigenes Lebenselement», die «Luft, die sie zum Atmen nötig hat».[11] Ebensowenig nahm Lenin auf, was Marx und Engels über die Möglichkeit eines gewaltlosen Übergangs zum Sozialismus mehr angedeutet als ausgeführt hatten. Die Lehre von der Notwendigkeit der «Diktatur des Proletariats» aber eignete er sich an – um sie umzudeuten.

Marx und Engels hatten unter «Diktatur des Proletariats» eine revolutionäre Übergangsphase verstanden, in der die Arbeiterklasse ihren Anspruch auf die volle Macht gegen den Widerstand der bisher herrschenden Klasse durchsetzte. Beide gingen davon aus, daß das Proletariat zu diesem Zeitpunkt bereits die überwältigende Mehrheit der Mitglieder der Gesellschaft in sich vereinigte. Für Lenin war die «Diktatur des Proletariats» die «Organisierung der Avantgarde der Unterdrückten zur herrschenden Klasse zwecks Niederhaltung der Unterdrücker.» Die Avantgarde jedoch war die kommunistische Partei – genauer gesagt: ihre Führung. Wenn Lenin seit 1917 als einen Marxisten nur noch gelten lassen wollte, wer die Anerkennung des Klassenkampfes auf die Anerkennung der Diktatur des Proletariats erstreckte, war *sein* Begriff dieser Diktatur gemeint.[12]

Lenin bekam die Gelegenheit, sein Modell zu verwirklichen. Das Ergebnis war, wie Karl Kautsky schon 1921 feststellte, nicht eine «Diktatur des Proletariats», sondern eine «Diktatur über das Proletariat».[13] Was aus einer Diktatur im Sinne von Marx geworden wäre, hätte «seine» Revolution irgendwo stattgefunden, darüber kann man nur Mutmaßungen anstellen. Die Übergangsphase konnte, je nach der Stärke des Widerstandes, lange währen, und selbst wenn die Diktatur tatsächlich nur den Willen der Mehrheit vollzog, konnte sie sich zum Despotismus entwickeln. Das «imperative Mandat», wie Marx es in seiner Schrift über die Pariser Kommune feierte, bot keinerlei Bürgschaft für die Bewahrung demokratischer Entscheidungsprozesse (von der Bewahrung individueller Freiheitsrechte ganz zu schweigen).[14] Vielmehr war damit zu rechnen, daß die revolutionäre Führung versuchen würde, alle Macht bei sich zu konzentrieren.

Die Konstellation von 1789 (oder, allgemeiner gesprochen, der «bürgerlichen Revolution») war historisch singulär und nicht wiederholbar. Das hinderte die Bolschewiki und ihre Gefolgsleute innerhalb und außerhalb Rußlands nicht daran, vom Gegenteil auszugehen – und *insoweit* orthodoxe Marxisten zu bleiben. Es blieb Stalin vorbehalten, einen wesentlichen Unterschied zwischen 1789 und 1917 scharf herauszuarbeiten und damit Marx gewissermaßen auf den Kopf zu stellen. Im Gegensatz zur Staatsmacht des revolutionären Bürgertums, erklärte er 1926, finde die Staatsmacht des revolutionären Proletariats die sozialökonomischen Bedingungen der neuen Gesellschaftsformation nicht einfach vor, sondern müsse sie erst hervorbringen.[15] Das war eine Umkehrung der Marxschen Lehre vom Verhältnis von Basis und Überbau, aber wohl auch noch etwas anderes: eine weitere Steigerung jener Dialektik von Rückständigkeit und Radikalität, zu der schon der junge Marx seinen Beitrag geleistet hatte.

Ohne die Mitwirkung von Millionen Arbeitern und landarmen Bauern hätte die russische Oktoberrevolution nicht stattfinden können, aber eine «proletarische Revolution» war sie nicht. Sie war, blickt man auf die Führungskader, mehr als alles andere eine Revolution der revolutionären Intelligenz. Sie war eine Gegenrevolution: eine Revolution *gegen* die «bürgerlichen» Revolutionen des Westens, *gegen* die Ideen von 1789 und damit *gegen* die Menschenrechte, die schon Marx 1844 als die «Rechte des *Mitglieds der bürgerlichen Gesellschaft, das heißt* des egoistischen Menschen, des vom Menschen und vom Gemeinwesen getrennten Menschen» heruntergestuft hatte.[16] Die Revolution der Bolschewiki war Gegenrevolution gegen 1789 auf radikal andere Weise als die faschistischen Bewegungen, aber auch ein gemeinsamer Gegensatz ist eine Gemeinsamkeit. Kommunismus und Faschismus waren, um den Soziologen Rainer Lepsius zu zitieren, die «beiden großen Bewegungen des zwanzigsten Jahrhunderts gegen die parlamentarische Demokratie, gegen das Projekt der Zivilgesellschaft».[17]

Daß es auch ohne den Ersten Weltkrieg zur Revolution der Bolschewiki gekommen wäre, darf man wohl ausschließen. Lenins Parole vom November 1914, es gelte den imperialistischen Krieg in den Bürgerkrieg zu verwandeln, ist von ihrem Urheber befolgt worden, soweit es in seinen Kräften stand. Seine «Dritte Internationale» spaltete die europäische Arbeiterbewegung und gab durch ihre Bürgerkriegspropaganda extremen Gegenbewegungen von rechts Auftrieb. Infolgedessen kann nicht einmal der «Antifaschismus» zur nachträglichen Legitimation der Oktoberrevolution herangezogen werden. Aus Lenins Revolution ging das erste der totalitären Regimes des 20. Jahrhunderts hervor, und aus der Vorgeschichte des anderen, des faschistischen und nationalsozialistischen, ist der Oktober 1917 nicht wegzudenken.

Als Michail Gorbatschow im Januar 1987 seine Politik der «Perestrojka» damit begründete, daß die Sowjetunion die Demokratie so nötig habe wie die Luft zum Atmen (und damit, wohl ohne es zu wissen, Engels zitierte), gab er sich einer Illusion hin: Ohne Bruch mit Lenin das von ihm gegründete System demokratisieren zu wollen, kam der Quadratur des Kreises gleich. Die Sowjetunion war nicht zu reformieren.[18]

Spätere Historiker werden möglicherweise zu dem Ergebnis kommen, daß der Zusammenbruch der Sowjetunion ähnlich alternativlos war wie die Machtergreifung der Bolschewiki. Die erste russische Revolution des Jahres 1917, die Februar- oder (nach dem Gregorianischen Kalender) Märzrevolution, war im Herbst jenes Jahres jedenfalls in einem Maß gescheitert, daß man von einem weitgehenden Zusammenbruch der bestehenden Ordnung sprechen muß. In den Worten des Historikers Manfred Hildermeier: «Bei Licht besehen, bedurfte es der von Lenin zitierten ‹Kunst des Aufstands› gar nicht, um dem wankenden Regime den ‹Todesstoß› zu versetzen.»[19]

Der Unterschied zu 1789 ist abermals offenkundig. «1793 hat 1789 nicht vergessen gemacht, aber der Oktober hat den Februar ausgelöscht», urteilt François Furet.[20] Als Lenin am 19. Januar 1918 die freigewählte Konstituierende Nationalversammlung mit militärischer Gewalt sprengen ließ, war Rußlands Weg in die Diktatur unwiderruflich beschritten. Es war eine katastrophenträchtige Wendung.

6 | Angst vor dem Bürgerkrieg

Warum 1918/19 in Deutschland keine große Revolution stattfand

Am 10. November 1918 erschien im linksliberalen *Berliner Tageblatt* ein Artikel, der vor Superlativen nicht zurückschreckte. Der Chefredakteur, Theodor Wolff, beschrieb die Ereignisse des Vortages, den Sturz der Hohenzollernmonarchie und die Ausrufung der Deutschen Republik durch Philipp Scheidemann, als «die größte aller Revolutionen»; niemals zuvor sei «eine so fest gebaute, mit so soliden Mauern umgebene Bastille in einem Anlauf» genommen worden. «Es gab noch vor einer Woche einen militärischen und zivilen Verwaltungsapparat, der so verzweigt, so ineinander verfächert, so tief eingewurzelt war, daß er über den Wechsel der Zeiten hinaus seine Herrschaft gesichert zu haben schien. Durch die Straßen von Berlin jagten die grauen Autos der Offiziere, auf den Plätzen standen wie Säulen der Macht die Schutzleute, eine riesige Militärorganisation, in den Ämtern und Ministerien thronte eine nur scheinbar unbesiegte Bürokratie. Gestern früh war, in Berlin wenigstens, das alles noch da. Gestern nachmittag existierte nichts mehr davon.»[1]

Einiges war doch geblieben. Am nämlichen 10. November, einem Sonntag, gingen wie der Religionsphilosoph Ernst Troeltsch notierte, wie gewöhnlich die Bürger im Grunewald spazieren. «Keine eleganten Toiletten, lauter Bürger, manche wohl absichtlich einfach angezogen. Alles etwas gedämpft wie Leute, deren Schicksal irgendwo weit in der Ferne entschieden wird, aber doch beruhigt und behaglich, daß es so gut abgegangen war. Trambahnen und Untergrundbahnen gingen wie sonst, das Unterpfand dafür, daß für den unmittelbaren Lebensbedarf alles in Ordnung war. Auf allen Gesichtern stand geschrieben: Die Gehälter werden weitergezahlt.»[2]

Von einer «großen Revolution» sprach in der Tat schon bald nach dem 9. November 1918 niemand mehr. Der Kaiser, die Könige und andere Fürsten hatten ihre Kronen verloren; ein politisches Regime war durch ein anderes ersetzt worden, die Gesellschaftsordnung aber war noch dieselbe wie zuvor. Die überwältigende Mehrheit der Deutschen ersehnte im Herbst des letzten Kriegsjahres vor allem einen raschen Waffenstillstand und einen gerechten Frieden. Um dieses Ziel zu erreichen, mußte Deutschland eine Demokratie werden. Denn nur ein demokratisches Deutschland durfte hoffen, daß ihm die siegreichen westlichen Demokratien, an ihrer Spitze die Vereinigten Staaten von Amerika unter Präsident Woodrow Wilson, bei den Friedensbedingungen entgegenkommen würden. Gewiß gab es auch Deutsche, die mehr erstrebten als einen politischen Regimewechsel, nämlich eine soziale Revolution zwecks Abschaffung des Kapitalismus, und andere, die den Sturz der Throne als Frevel empfanden. Aber das waren Minderheiten. Die meisten wollten, nachdem das Haupthindernis des Friedens, die Monarchie, beseitigt war, in freier Wahl entscheiden, wie es mit Deutschland weitergehen sollte.

Das war auch die Meinung der Sozialdemokraten um Friedrich Ebert, die am 9. November 1918 unverhofft in den Besitz der politischen Macht gelangt waren. Sie hatten die Revolution ebensowenig gewollt wie siebzig Jahre zuvor, im Frühjahr 1848, die gemäßigten Liberalen. Beide sprangen im letzten Augenblick auf den Zug der Revolution, weil er führerlos war und zu entgleisen drohte, wenn sie ihn nicht unter ihre Kontrolle brachten. Daß Ebert und seine Freunde jedwede Spielart von «Diktatur des Proletariats» ablehnten, verstand sich von selbst. Deutschland hatte zwar bis zur Verfassungsänderung vom Oktober 1918 kein parlamentarisches System gekannt, wohl aber das allgemeine gleiche Wahlrecht für Männer, das Bismarck 1867 im Norddeutschen Bund und 1871 im Deutschen Reich eingeführt hatte. Gegen Ende des Ersten Weltkrieges konnte es daher in Deutschland nur um mehr Demokratie gehen: um die Parlamentarisierung des Regierungssystems, die Einführung des Frauenwahlrechts, die Demokratisierung des Wahlrechts in den Einzelstaaten und Kommunen. Die Sozialdemokraten, die Vorkämpfer der Demokratisierung des Kaiserreichs, hätten ihre politische Glaubwürdigkeit verloren, wären sie 1918 von dieser Linie abgewichen.

Die Sozialdemokratie war um diese Zeit freilich nicht mehr dieselbe wie vor dem Krieg. Am 4. August 1914 hatte die SPD im Reichstag den von der Regierung beantragten Kriegskrediten zugestimmt – nicht, weil sie Deutschland für unschuldig am Kriegsausbruch hielt, sondern weil sie, nachdem der Krieg eine Tatsache war, alles tun wollte, um einen Einmarsch russischer Truppen zu verhindern. Über den Kriegskrediten spaltete sich die Partei 1917 in Mehrheits- und Unabhängige Sozialdemokraten. Zu den letzteren gehörte auch die radikale Linke, die sich Ende 1918 in der Kommunistischen Partei zusammenschloß.

Die Spaltung der Arbeiterbewegung war eine schwere Vorbelastung der Weimarer Republik, aber, so paradox es klingt, auch eine ihrer Vorbedingungen. Denn eine parlamentarische Demokratie setzte eine Zusammenarbeit zwischen den gemäßigten Kräften in Arbeiterschaft und Bürgertum voraus. Die marxistische Vorkriegssozialdemokratie hatte eine solche Politik abgelehnt, weil sie dem Dogma des Klassenkampfes widersprach. Nur weil mit den Gegnern der Kriegskredite auch die dogmatischen Marxisten die Partei verlassen hatten, konnte die SPD zur Staatsgründungspartei der ersten deutschen Demokratie werden.

Wenige Kapitel in der Geschichte der deutschen Sozialdemokratie sind so umstritten wie die Rolle, die sie in der Phase des revolutionären Übergangs zwischen dem Sturz der Monarchie am 9. November 1918 und der Wahl der Verfassunggebenden Nationalversammlung am 19. Januar 1919 gespielt hat. Die regierenden Sozialdemokraten fühlten sich nicht als Gründerväter einer Demokratie, sondern, wie Ebert, seit dem 10. November Vorsitzender des Rates der Volksbeauftragten, es am 6. Februar 1919 vor der Nationalversammlung ausdrückte, als «Konkursverwalter des alten Regimes».[3] Die Sozialdemokraten hielten das Reich zusammen und, soweit es ging, Ruhe und Ordnung aufrecht. Der erstrebten parlamentarischen Demokratie ein festeres gesellschaftliches Fundament zu geben, erschien ihnen hingegen nicht vordringlich. So unterblieben vorbeugende Eingriffe, wie sie die gemäßigten Unabhängigen Sozialdemokraten forderten und auch viele Historiker rückblickend für durchsetzbar erachten: gezielte Umbesetzungen in Schlüsselpositionen des öffentlichen Dienstes, in denen nach wie vor Verfechter des alten Obrigkeitsstaates saßen, die Schaffung einer Volkswehr zur Verteidigung der Republik und die von vielen Arbeitern verlangte Sozialisierung des Steinkohlebergbaues, einer Hochburg der industriellen Demokratiegegner.

Die Sozialdemokraten hätten, soviel ist richtig, weniger bewahren müssen und mehr verändern können. Aber man sollte ihren Handlungsspielraum auch nicht überschätzen. Die SPD mußte, um ein allgemeines Chaos zu vermeiden, mit Unternehmern, höheren Beamten und der Obersten Heeresleitung zusammenarbeiten. Sie konnte nicht die Konfrontation mit dem gesamten Bürgertum suchen, ohne den Bürgerkrieg zu provozieren. Und sie mußte den deutschen Bürgerkrieg schon deshalb vermeiden, weil er sich durch das Eingreifen der Alliierten sofort zum europäischen Bürgerkrieg ausgeweitet hätte.

Die Vermeidung des Bürgerkrieges: Für die deutsche Sozialdemokratie wurde das spätestens 1918 zur obersten Maxime ihrer Politik, ja zu einem kategorischen Imperativ. Rußland nach der Revolution der Bolschewiki vom Oktober (beziehungsweise, nach dem Gregorianischen Kalender, November) 1917 war das abschreckende Beispiel schlechthin. Aus der Revolution einer Minderheit war eine Diktatur hervorgegangen, und zwar nicht eine «Diktatur des Proletariats» im Sinne von Marx, sondern, wie der Parteitheoretiker Karl Kautsky, damals Mitglied der Unabhängigen Sozialdemokraten, 1918 formulierte, eine «Diktatur eines Teiles des Proletariats über einen anderen Teil».[4] Die Folge war ein blutiger Bürgerkrieg. Diese Erfahrung wollten die Sozialdemokraten Deutschland ersparen. Als Ebert seine Partei am 23. September 1918 zum Eintritt in die erste parlamentarische Regierung des Kaiserreichs, das Kabinett des Prinzen Max von Baden, drängte, war der Hinweis auf den russischen Bürgerkrieg sein stärkstes Argument: «Wer die Dinge in Rußland erlebt hat, der kann im Interesse des Proletariats nicht wünschen, daß eine solche Entwicklung bei uns eintritt.»[5]

Demokratie oder Bürgerkrieg: So hart stellte sich die Alternative, und genau an dieser Stelle verlief die Trennungslinie zwischen Sozialdemokraten und Kommunisten. Bereits im November 1914 hatte Lenin die «proletarische Losung» ausgegeben: «Umwandlung des gegenwärtigen, imperialistischen Kriegs in den Bürgerkrieg».[6] Kautsky, von Lenin als «Renegat» bekämpft, sah dagegen im Bürgerkrieg eine Katastrophe. «Im Bürgerkrieg», schrieb er 1918, «kämpft jede Partei um ihre Existenz, droht dem Unterliegenden völlige Vernichtung. Dieses Bewußtsein macht Bürgerkriege leicht so grausam ...».[7] Rosa Luxemburg, die Lenins Methoden kritisierte, stand in der Frage des Bürgerkrieges gleichwohl den Bolschewiki näher als den Mehrheits- und den gemäßigten Unabhängigen Sozialdemokraten. «Der Bürgerkrieg, den man aus der Revolution zu verbannen sucht, läßt sich nicht verbannen», schrieb sie am 20. November 1918 in der «Roten Fahne», dem Organ der Spartakusgruppe. «Denn Bürgerkrieg ist nur ein anderer Name für Klassenkampf, und der Gedanke, den Sozialismus ohne Klassenkampf, durch parlamentarischen Mehrheitsbeschluß einführen zu können, ist eine lächerliche kleinbürgerliche Illusion.»[8]

Wenige Wochen später wurde aus der abstrakten Erörterung blutiger Ernst. Am 4. Januar 1919 begann der (mit fragwürdigem Recht oft auch «Spartakusaufstand» genannte) Berliner Januaraufstand. Vordergründig ging es den Initiatoren – den Revolutionären Obleuten aus der Metallindustrie, dem Vorstand der Berliner USPD und der Zentrale der neugegründeten KPD – um die Wiedereinsetzung des Berliner Polizeipräsidenten Emil Eichhorn, der zum linken Flügel der Unabhängigen gehörte. Das wirkliche Ziel aber war die Verhinderung der Wahlen zur Verfassunggebenden Deutschen Nationalversammlung, die durch Beschluß des Ersten Allgemeinen Kongresses der Arbeiter- und Soldatenräte Deutschlands auf den 19. Januar 1919 festgelegt worden waren. Die Delegierten des Gründungsparteitages der KPD hatten, gegen den Protest Rosa Luxemburgs, den Boykott dieser Wahlen beschlossen. Als Karl Liebknecht am 5. Januar die Parole «Sturz der Regierung Ebert-Scheidemann» ausgab, war die strategische Richtung klar: Die deutschen Kommunisten und anderen Linksradikalen wollten nicht wie die Bolschewiki in Rußland ein Jahr zuvor, am 19. Januar 1918, die freigewählte Konstituante gewaltsam auseinanderjagen, sondern erreichen, daß die Wahl gar nicht erst stattfand.[9]

Der Rat der Volksbeauftragten mit Ebert an der Spitze konnte den Versuch, die Mehrheit der Deutschen politisch zu vergewaltigen, nicht hinnehmen: Er mußte den Aufstand niederschlagen. Daß er dies mit Hilfe neugebildeter, mehrheitlich rechtsstehender Freikorps tat, war auch eine Folge eigener Unterlassungen in den ersten Wochen nach dem 9. November: Eine republikanische Volkswehr gab es bislang so gut wie gar nicht (wobei durchaus fraglich ist, ob Arbeiter entsprechenden Aufrufen der Volksbeauftragten in hinreichender Zahl gefolgt wären).

Zu den Opfern der Freikorps gehörten die beiden wichtigsten Führer der jungen KPD, Karl Liebknecht und Rosa Luxemburg, die am 15. Januar brutal ermordet wurden. Der Mehrheitssozialdemokrat Gustav Noske, der für Militärpolitik zuständige Volksbeauftragte, war für die Gewaltexzesse mitverantwortlich. Seine Aufgabe wäre es gewesen, dem regulären und irregulären Militär gegenüber den Primat der Politik durchzusetzen und darauf zu drängen, daß den Aufständischen gegenüber der Grundsatz der «Verhältnismäßigkeit» beachtet wurde. Noske tat das nicht, weil er ein Exempel statuieren wollte. Doch die Verantwortung der toten wie der überlebenden Anführer des Aufstands wird dadurch nicht gemindert: Die Januarerhebung war ein antiparlamentarischer Putsch, geboren aus der Verachtung des Mehrheitswillens, die nur in Bürgerkrieg und Diktatur münden konnte.

In der deutschen Revolution von 1848 hatte es ebenfalls einen Versuch gegeben, die Wahl der Konstituante gewaltsam zu verhindern: den Hecker-Putsch in Baden. Seine Urheber warfen den Liberalen und Demokraten dasselbe vor wie siebzig Jahre später die Kommunisten den Sozialdemokraten: Sie hätten die Revolution verraten. In Wirklichkeit hätten die gemäßigten Kräfte in beiden Fällen gegen ihre Überzeugung gehandelt, wenn sie dem Umsturzversuch einer radikalen Minderheit nicht entgegengetreten wären. Mit dem Vorwurf des «Verrats an der Revolution» mußten im 19. Jahrhundert die Liberalen und müssen im 20. Jahrhundert die Sozialdemokraten leben. Die Berliner Republik aber tut gut daran, sich bewußt zu machen, unter welchen Bedingungen Deutschland vor 80 Jahren eine demokratische Republik wurde – und warum Demokraten zögern sollten, in die Klage vom Ausbleiben einer «richtigen» Revolution im Jahre 1918 und in der deutschen Geschichte einzustimmen.

7 | Die verdrängte Schuld

Warum die Weimarer Sozialdemokraten auf den moralischen Bruch mit dem Kaiserreich verzichteten

Man schrieb den 24. Juli 1914. Knapp vier Wochen nach der Ermordung des österreichischen Thronfolgerehepaares in Sarajevo hatte sich die Gefahr eines großen europäischen Krieges immer mehr zugespitzt. Deshalb rief jetzt die SPD, getreu ihrem Bekenntnis zur internationalen Solidarität der Arbeiterklasse, die Massen auf die Straße: Eine halbe Million Menschen demonstrierte für den Frieden. Wenige Tage später aber, am 4. August 1914, stimmten die Sozialdemokraten, zusammen mit allen anderen Fraktionen des Reichstags, für die von der Regierung Bethmann Hollweg verlangten Kriegskredite.

Sie taten es nicht, weil sie durchweg von der Behauptung des Kanzlers überzeugt gewesen wären, daß Deutschland alles getan habe, um den Frieden zu erhalten, dann aber doch von Rußland und Frankreich zum Krieg gezwungen worden sei. Ausschlaggebend war vielmehr das Bewußtsein, daß der Krieg jetzt eine «eherne Tatsache» war, daß feindliche Invasionen, ja ein Sieg des verhaßten «russischen Despotismus» drohten. Deshalb wollten die Sozialdemokraten, wie der Parteivorsitzende Hugo Haase vor dem Reichstag erklärte, «in der Stunde der Gefahr das Vaterland nicht im Stich lassen».[1] Das Ja zu den Kriegskrediten und damit zu einer Politik des «Burgfriedens» setzte die SPD einer schweren innerparteilichen Belastungsprobe aus. Als erster sozialdemokratischer Reichstagsabgeordneter stimmte am 2. Dezember 1914 Karl Liebknecht gegen die Kriegskredite. Am 24. März 1916 lehnten weitere 18 Abgeordnete die Kriegskredite ab und wurden daraufhin aus der SPD ausgeschlossen. Im April 1917 gründeten die Gegner der Kriegskredite eine neue Unabhängige Sozialdemokratische Partei Deutschlands (USPD).

Unmittelbar nach dem Ende des Ersten Weltkrieges begannen die Sozialdemokraten das Studium der deutschen Akten zum Kriegsausbruch. Wenige Monate später stand fest: Die Reichsleitung hatte das deutsche Volk vier Jahre lang systematisch irregeführt. Deutschland war nicht in einen Verteidigungskampf hineingezwungen worden; seine politische und militärische Führung hatten die Julikrise von 1914 bewußt angeheizt und damit die Hauptverantwortung für den Ausbruch des Krieges übernommen.

Vor allem von den Sozialdemokraten, der stärksten Regierungspartei im Koalitionskabinett Philipp Scheidemann, hing es im Frühjahr 1919 ab, ob die historische Wahrheit ans Tageslicht kommen sollte oder nicht. Entschied sich die SPD für die Offenlegung der Tatsachen, so bedeutete das den moralischen Bruch mit dem untergegangenen Kaiserreich. Eine solche Entscheidung wäre ein Politikum erster Ordnung gewesen, ein wirklicher republikanischer Neubeginn.

Siebzig Jahre ist es her, daß Reichspräsident Friedrich Ebert seinen regierenden Genossen riet, diesen Weg zu gehen. Am 22. März 1919 nahm er sogar an der Sitzung des Reichskabinetts teil, was nicht eben häufig vorkam. An diesem Tag mußte sich die Regierung Scheidemann darüber klar werden, ob sie auf die Friedensverhandlungen in Paris mit einer Erklärung zur Kriegsschuldfrage einwirken wollte. Ebert war dafür. Da England den deutschen Vorschlag abgelehnt habe, die Kriegsschuld von 1914 durch eine neutrale Kommission klären zu lassen, müsse Deutschland selber diese Prüfung vornehmen, bemerkte er. Auf dreierlei kam es ihm an: die «Sünden der alten Regierung aufs schärfste (zu) verurteilen», die Haltung der neuen Regierung in einer Denkschrift niederzulegen und einen Staatsgerichtshof zu bilden, der die Schuld der maßgebenden Personen am Krieg feststellen solle.

Den deutschen Anteil am Kriegsausbruch von 1914 offenlegen wollten an diesem Märztag die meisten Mitglieder der Regierung – mit einer bezeichnenden Ausnahme. Reichsfinanzminister Eugen Schiffer, der früher zu den Nationalliberalen gehört hatte und im November 1918 zur neugegründeten Deutschen Demokratischen

Partei (DDP) gestoßen war, warnte vor einem «Schuldbekenntnis, das unserem Volk (die) letzte Selbstachtung nimmt und (die) Gegner triumphieren läßt». Den Weltkrieg wertete Schiffer als «Präventivkrieg», und in dem Versuch Deutschlands, aus der «Einkreisung» auszubrechen, «die uns in ein bis zwei Jahren (die) Schlinge um den Hals legen sollte», vermochte er kein «Verschulden» zu erblicken. Eine Veröffentlichung deutscher Dokumente zum Kriegsausbruch werde «uns im Innern und draußen nur schaden».

Ihm widersprach sein sozialdemokratischer Kollege, der Reichsminister Eduard David. Was in den deutschen Dokumenten an Belastendem enthalten sei, kenne die Entente, die Allianz der Siegermächte, ohnehin schon. Aber «wenn wir mit Schiffer (einen) Präventivkrieg zugeben, geben wir alles zu, was uns (die) Entente vorwirft».

Der sozialdemokratische Reichsministerpräsident Philipp Scheidemann schwieg sich aus und überließ seinem Parteifreund Ebert das Fazit: Die Veröffentlichung der deutschen Aktenstücke zum Kriegsausbruch wurde vertagt, bis man von den Dokumenten habe Kenntnis nehmen können. In der Zwischenzeit sollte eine Erklärung zur Schuldfrage für die Friedensverhandlungen in Paris vorbereitet werden. Gegen die Einsetzung eines Staatsgerichtshofes gebe es keine Einwände.²

Noch im November 1918 hatte die Revolutionsregierung, der von Ebert geleitete Rat der Volksbeauftragten, beschlossen, die deutschen Aktenstücke vom Juli/August 1914 zu sammeln und herauszugeben. Beauftragt mit dieser Arbeit wurde Karl Kautsky. Vor 1914 der führende Theoretiker der Sozialdemokratie, war Kautsky nach dem Sturz der Monarchie als Vertreter der USPD zum «beigeordneten Staatssekretär» im Auswärtigen Amt ernannt worden.

Die Nervosität, mit der das Reichskabinett dem Ergebnis von Kautskys Arbeiten entgegensah, war nicht grundlos. Bereits Ende November 1918 hatte der bayerische Ministerpräsident Kurt Eisner, wie Kautsky ein Mitglied der USPD, auszugsweise einige Berichte des bayerischen Gesandten in Berlin aus der Zeit von Juli und Anfang August 1914 veröffentlicht, aus denen hervorging, daß die Reichsleitung nach der Ermordung des österreichischen Thronfolgers Franz

Ferdinand in Sarajevo die Wiener Regierung zu einem harten Kurs gegen Serbien angehalten hatte. Zwar hatten dilettantische Weglassungen die Münchner Publikation um einen guten Teil ihrer aufklärenden Wirkung gebracht, aber für Augen, die sehen wollten, war doch spätestens jetzt klar, daß man die deutsche Politik am Vorabend des Weltkrieges alles andere als friedfertig nennen mußte.

Das Material, das Kautsky Ende März 1919 dem Kabinett Scheidemann überreichte, übertraf die schlimmsten Erwartungen. Es enthielt zahllose handschriftliche Randbemerkungen, die der ehemalige Kaiser Wilhelm II. auf Vorlagen seiner Diplomaten geschrieben hatte. Sie entlarvten den letzten Hohenzollern als bramarbasierenden Scharfmacher, der sich im Falle Serbiens an die Devise hielt: «Nur feste auf die Füße des Gesindels getreten!» und darüber hinaus befand: «Österreich muß auf dem Balkan präponderant werden den anderen kleineren (Staaten) gegenüber auf Kosten Rußlands, sonst gibt's keine Ruhe.»[3]

In schlechtes Licht gerückt wurde die offizielle deutsche Politik insgesamt. Bis Ende Juli 1914 hatte die Reichsleitung nicht nur alles getan, um den Konflikt zwischen Österreich und Serbien zu schüren, sondern auch gelassen die Ausweitung des regionalen Streites zu einem Krieg der beiden Mittelmächte – Deutschland und Österreich-Ungarn – mit Rußland und Frankreich ins Auge gefaßt. Erst als der Wilhelmstraße klar wurde, daß sich Italien nicht auf die Seite der Mittelmächte schlagen und England voraussichtlich nicht neutral bleiben würde, suchte Reichskanzler von Bethmann Hollweg am 28. Juli den Anschein zu erwecken, als wolle er mäßigend auf Wien einwirken. Aber nun war es zu spät: Die Kriegserklärung Österreichs an Serbien war bereits ergangen, und sie löste die Serie der Mobilmachungen aus, die binnen weniger Tage in den großen Krieg mündeten.

Am 8. April 1919 diskutierte das Kabinett Scheidemann über Kautskys Aktensammlung. Der Berichterstatter, Reichsjustizminister Bell vom Zentrum, war gegen die Veröffentlichung der Dokumente: Sie würden ein einseitiges, für Deutschland ungünstiges Bild ergeben, denn sie beträfen nur die letzten kurzen Abschnitte vor Kriegsbeginn.

Das meiste sei aber nur zu verstehen aus der weiteren Vorgeschichte: der «Einkreisungspolitik» Englands, der «Revanchepolitik» Frankreichs, der panslawistischen und der großserbischen Politik.

Der Mitberichterstatter Eduard David setzte sich für die Publikation ein, denn unter den gegenwärtigen Umständen helfe nur «völlige Klarheit und Wahrheit». Man müsse sich darauf berufen, «daß die jetzt an der Regierung beteiligten Personen das Material bei Ausbruch des Krieges und während seiner Dauer nicht gekannt hätten und daß Deutschland das alte System restlos beseitigt habe». Im übrigen meinte er, daß die Vorgeschichte den Präventivkrieg zwar nicht rechtfertige, aber wenigstens erkläre.

Scheidemann, der in die Debatte wiederum nicht eingegriffen hatte, empfahl am Ende, gegen den Widerspruch Davids, «von der Veröffentlichung der Dokumente zur Zeit abzusehen».[4] Statt dessen erschien im Juni 1919 ein offizielles «Weißbuch betr. die Verantwortlichkeit der Urheber am Kriege», das nach dem begründeten Urteil Kautskys «alles andere eher als einen Bruch mit der Politik des gestürzten Regimes erkennen ließ».[5]

Der von Ebert angeregte Gesetzentwurf der Reichsregierung in Sachen außerordentlicher Staatsgerichtshof wurde am 16. August 1919 vom Verfassungsausschuß der Nationalversammlung abgelehnt. Berufen wurde jedoch ein parlamentarischer Untersuchungsausschuß, der sich den Ursachen des Krieges und seiner Verlängerung sowie den Gründen der deutschen Niederlage widmete.

Kautskys Aktensammlung, herausgegeben vom Auswärtigen Amt und mit einer entschärfenden Vorbemerkung versehen, erschien im Dezember 1919 – zu spät, um am mittlerweile verfestigten deutschen Geschichtsbild noch etwas zu ändern. Die gängige Meinung war längst, daß die These von der deutschen Kriegsschuld eine Lüge der Sieger sei – in die Welt gesetzt zu dem alleinigen Zweck, das geschlagene Deutschland moralisch zu ächten und Reparationen herauszupressen. Diesen Eindruck vermochte auch Kautskys ausgiebig dokumentierte Schrift «Wie der Weltkrieg entstand» (Ende 1919) nicht mehr zu erschüttern.

Im Frühjahr 1919 war es gewiß nicht einfach, die innen- und außenpolitischen Rückwirkungen abzuschätzen, die zu erwarten waren, wenn die Reichsregierung freimütig eine sehr erhebliche deutsche Schuld am Kriegsausbruch von 1914 einräumte. Konnte man wirklich erwarten, daß die Entente ein deutsches Schuldeingeständnis mit milderen Friedensbedingungen honorierte? Sprach nicht alles dafür, daß sich die Sieger durch eine rücksichtslose Selbstkritik der Deutschen zu noch mehr Härte, namentlich bei den Reparationen, ermuntert fühlen mußten? Und würde sich nicht in jedem Fall die Empörung großer Volksteile gegen diejenigen richten, welche man beschuldigen konnte, die deutsche Position willentlich oder fahrlässig verschlechtert zu haben? Schließlich: Wie würde das Volk überhaupt reagieren, wenn es erfuhr, daß es vier Jahre lang sinnlos gekämpft und gelitten hatte? Würde es sich gegen diejenigen wenden, die daran schuld waren, oder gegen die Boten, die ihm die Kunde brachten?

Solche Zweifel und Bedenken waren es, welche die meisten Politiker nicht nur der bürgerlichen Mitte, sondern auch der Mehrheitssozialdemokraten vor einer vollen Enthüllung der historischen Wahrheit zurückschrecken ließen. Die SPD konnte sich freilich weniger als ihre bürgerlichen Koalitionspartner damit begnügen, die Kriegsschuldfrage aus einer Perspektive nationaler Zweckmäßigkeiten zu betrachten. Von ihrer Antwort hing ihr künftiges Verhältnis zu den sozialistischen Parteien des Auslands ab. Nicht nur die Arbeiterparteien der Siegermächte, sondern auch die meisten Sozialisten der neutralen Länder warfen den deutschen Mehrheitssozialdemokraten vor, sie hätten seit 1914 mit ihrer Politik des «Burgfriedens» und der Bewilligung der Kriegskredite die Sache des internationalen Proletariats verraten, während sich die USPD als Hüterin der sozialistischen Tradition erwiesen habe.

Gleich auf der ersten internationalen Konferenz sozialistischer Parteien nach dem Krieg (Anfang 1919 in Bern) forderte der französische Sozialist Albert Thomas, die deutschen Mehrheitssozialdemokraten als Mitschuldige an Kriegsverbrechen aus der Internationale auszuschließen. Er fand damit zwar keinen Anklang, aber um so größer war das Echo, als Kurt Eisner erklärte, er habe nichts ge-

mein mit der Auffassung, «daß der Kapitalismus diesen Krieg gemacht habe, daß hüben wie drüben Sünder seien, also reichen wir
uns die blutbefleckten Hände, als wäre nichts geschehen ... Ich halte
es für unmöglich, daß wir ohne klare Erkenntnis dessen, was war,
ohne noch einmal in das Entsetzen zurückzublicken, ohne mit den
Wimpern zu zucken, vorwärts kommen.»[6]

Eisners Aufforderung an die Mehrheitssozialdemokraten, ihre
Irrtümer einzugestehen, kamen die Angesprochenen jedoch nur
halbherzig nach. Sie erklärten, der Weltkrieg sei «im allgemeinen
eine Folge der imperialistischen Politik des vergangenen Jahrhunderts»; als unmittelbar kriegsauslösende Faktoren nannten sie «in
erster Linie das österreichische Ultimatum an Serbien, die allgemeine russische Mobilmachung und die hierauf erfolgte Kriegserklärung Deutschlands an Rußland und Frankreich». Zur völligen
Klärung der Schuldfrage sollten alle beteiligten Länder die einschlägigen Dokumente veröffentlichen. Das größte Zugeständnis der
SPD bestand darin, daß sie den deutschen Einmarsch in das neutrale
Belgien, den Anlaß für die britische Kriegserklärung, als einen Völ-
kerrechtsbruch bezeichnete und «volles Verständnis» für die dadurch «in der ganzen Welt erzeugte Stimmung» äußerte.[7]

Dieser gewundenen Stellungnahme zum Trotz waren die deutschen Mehrheitssozialdemokraten die eigentlichen Konferenzgewin-
ner von Bern. Ohne ein wirkliches Schuldbekenntnis erhielten sie
die Absolution der wiedererstehenden Zweiten Internationale. Das
lag nicht nur daran, daß ihnen – mit sehr zweifelhaftem Recht – die
deutsche Revolution gutgeschrieben wurde, sondern mehr noch an
ihrer Gegnerschaft zum Kommunismus. Die Streitfragen der Gegenwart begannen bereits kurz nach Kriegsende, die Bewältigung der
Vergangenheit in den Hintergrund zu drängen.

Das zeigte sich auch auf dem ersten Nachkriegsparteitag der SPD
Mitte Juni 1919 in Weimar. Die Kriegsschulddebatte stand ganz im
Schatten der Entscheidung über Annahme oder Ablehnung des Frie-
densvertrags von Versailles – einer Entscheidung, die wenige Tage
später in der Nationalversammlung fallen mußte. Otto Wels, der auf
dem Kongreß neben Hermann Müller zu einem der beiden Partei-

vorsitzenden gewählt wurde, sprach, nach dem Beifall zu schließen, den meisten Delegierten aus dem Herzen, als er Aussagen über die Schuld am Krieg bis in die Zeit nach Öffnung der Archive vertagt sehen wollte – um dann fortzufahren: «Wir haben die Überzeugung, daß ein vollgerüttelt Maß von Schuld auf den Schultern der alten Gewalthaber in Deutschland liegt, und nichts soll jene vor ihrem Richter bewahren. Aber niemand wird mir die Überzeugung beibringen, daß Deutschland allein der Sündenbock ist, der das Unheil über die Welt gebracht, und daß der Zar ein blütenreines Unschuldslämmlein ist ... Niemals werde ich mich dazu bekennen, daß die französischen Revanche-Ideen keinen Teil an diesem Kriege haben.»

Die Deutschen wollten, so Wels weiter, jetzt nicht für eine Politik, die vor fünfzig Jahren *(beim deutsch-französichen Krieg von 1870/71, H.A.W)* gemacht worden sei, in Sack und Asche Buße tun. «Nein, auch auf dem internationalen Gebiet erwirbt sich Achtung nicht der, der sich duckt und der unterwürfig im aschgrauen Büßerhemd dasteht. Kein Franzose, kein Engländer hätte je anerkannt, daß die Schuld allein bei seinem Volke läge, in der Hoffnung, dadurch bessere Friedensbedingungen zu erhalten. So stark ist der Nationalstolz in jenen Völkern entwickelt, der Nationalstolz, der die Gefahr des Chauvinismus in sich birgt und doch etwas Großes und Gewaltiges ist. Wir Deutschen müssen lernen, deutsch zu fühlen, und wir können das lernen von Franzosen, Engländern und anderen Nationen.»

Es war ein Mann des linken Parteiflügels, der Redakteur der *Fränkischen Tagespost* und Abgeordnete der Nationalversammlung, Adolf Braun, der Wels zu den von ihm angeschlagenen «nationalen Tönen» beglückwünschte. «Die nationale Welle aus dem wilhelminischen Zeitalter, der Nationalismus der alldeutschen und nationalliberalen Imperialisten und Kapitalisten soll», erklärte er, «an unserem Nationalismus zerschellen. Unser Nationalismus steht nicht im Widerspruch mit dem Internationalismus ... Reden wir nicht mehr über die Ursachen des Krieges von 1914, diese Erörterungen stärken nicht die Partei ... Was wir getan haben, ist von der Geschichte und nicht von den Politikern von heute zu werten; wir sollten nicht mehr darauf zurückkommen.»

Reichsministerpräsident Scheidemann ging der Kriegsschuldfrage auch auf dem Parteitag aus dem Weg. Dafür widmete sich diesem Problem um so intensiver sein Koreferent in Sachen Außenpolitik, Eduard Bernstein. Der Vater des sozialdemokratischen «Revisionismus», der in den 1890er Jahren gegen den erbitterten Widerstand Kautskys begonnen hatte, an den Dogmen des Marxismus zu rütteln, war als Gegner der Kriegskredite 1917 zur USPD gestoßen, aber im März 1919, nach kurzer, symbolisch gemeinter Doppelmitgliedschaft in beiden sozialdemokratischen Parteien, wieder in den Schoß der Mutterpartei zurückgekehrt.

Bernstein versicherte dem Parteitag, auch er teile den Wunsch, «das Unheil, das Deutschland von den Friedensbedingungen droht, nach Möglichkeit von unserem Volke abzuwenden. Ich verlange aber, daß diese Bewegung auf intelligente Weise betrieben wird, daß man unserem Volk die *Tatsachen* vorführt, auf die sich die Forderungen (*der Sieger, H.A.W.*) gründen, und nicht das Schreien der bürgerlichen Presse mitmacht ... Daher kann der Strich, den die Deutsche Republik von dem früheren System trennt, nicht stark und deutlich genug gezogen werden. Das führt zu der Frage der Schuld und der Verantwortung (Zuruf: Um Gottes willen!). Warum das Zögern? Warum das Verschleppen der Feststellung, das Herumreden um die Kernfragen?»

Damit war Bernstein bei dem Punkt angelangt, um den es ihm vor allem ging. Er appellierte leidenschaftlich an die Delegierten, sich nicht länger zu Gefangenen jener Abstimmung vom 4. August 1914 zu machen, in der die sozialdemokratische Reichstagsfraktion die Kriegskredite bewilligt hatte: «Heraus aus diesem Turm, werdet endlich frei auch in dieser Sache.» Es sei keine Zumutung, wenn man von der SPD verlange, zu bekennen, was von deutscher Seite gefehlt worden sei. «Machen wir uns doch frei von den Ehrbegriffen der Bourgeoisie, nur die Wahrheit, die volle Wahrheit kann uns nützen.»

Aber der Parteitag wünschte keine Stunde der Wahrheit. Eine unglückliche Wendung Bernsteins – seine These, neun Zehntel der Friedensbedingungen seien unabweisbare Notwendigkeiten – setzte eine Debatte in Gang, die eher einer moralischen Hinrichtung des Abweichlers als einer sachlichen Auseinandersetzung mit seinen Ansichten glich. Der preußische Landwirtschaftsminister Otto Braun verstieg sich zu der Behauptung, der Friedensvertrag rechtfertige glänzend die Haltung, welche die Partei während der Kriegszeit eingenommen habe. Adolf Braun warf Bernstein eine «talmudistische Methode» vor und sprach von einer «über alle Maßen unzeitgemäßen Rede». Hermann Müller, der 17 Tage später als Reichsaußenminister im Spiegelsaal von Versailles seine Unterschrift unter den Friedensvertrag setzen sollte, verglich Bernstein mit einem Hosenhändler, weil er zuerst neun und dann nur acht Zehntel des Friedensvertrages für annehmbar erklärt habe. Der Delegierte Fritz Kummer aus Leipzig sah Bernstein auf derselben Bahn wie den inzwischen von einem Nationalisten ermordeten Kurt Eisner, auf dessen Grab geschrieben werden müsse: «Er litt arg am Wahrheitsfimmel.» Scheidemann schließlich bezeichnete Bernstein als einen «Advokaten des Teufels», der in seiner Übergerechtigkeit sogar schon die feindlichen Imperialisten verteidige.

Einzig der Abgeordnete Gustav Hoch, der linke Flügelmann der Mehrheitssozialdemokraten, ergriff für Bernstein Partei: «Wir haben mit der großen Gefahr zu rechnen, daß eine nationalistische Strömung über uns kommt, was unsagbares Unglück gerade für die Arbeiterschaft, für die sozialistische Republik bedeuten würde. Aber in unsere Hand ist es gegeben: Wenn wir hier tatkräftig eingreifen, mit allem Nachdruck, rücksichtslos und schonungslos, ohne Scheu nach irgendeiner Seite der Wahrheit die Ehre geben, wenn der Wahrheitsfimmel, Genosse Kummer, bei uns vollkommen zum Durchbruch kommt, überall bis in die kleinste Hütte, dann brauchen wir eine nationalistische Strömung nicht zu fürchten, dann wird diese schwere Zeit zwar eine Zeit unsagbaren Elends sein, aber zugleich auch der Vorbote eines neuen Glücks für unser Volk.»

Hochs Warnung war von geradezu prophetischer Klarsicht – und sie traf Bernsteins Motiv genau. «Wenn ich die Schuld des alten Systems feststelle», so rief dieser den Delegierten in seiner Verteidigungsrede zu, «dann sage ich nicht, wir, das deutsche Volk, sind schuld, sondern dann sage ich, diejenigen sind schuld, die das deutsche Volk damals belogen und betrogen haben. Damit wälze ich die Schuld ab vom deutschen Volk!«[8]

Schärfer als irgend jemand sonst sprach Bernstein damit die gesellschaftliche Seite der Kriegsschuldfrage an. Die Sozialdemokraten gaben, indem sie dieses Problem im historischen Halbdunkel ließen, ihren Gegnern von der Rechten eine gefährliche Waffe in die Hand. Anstatt diejenigen anzuklagen, die das deutsche Volk in den Krieg geführt hatten, verteidigten sie sich gegen den Vorwurf, sie hätten den Verlust des Krieges verschuldet. Der Nationalismus war das wirksamste Bindemittel, welches das bürgerliche Deutschland zusammenhielt. Mußte es da nicht ein elementares Interesse der Sozialdemokraten sein, den Mißbrauch ans volle Tageslicht zu bringen, den die alten Führungsschichten vor und nach 1914 mit der Vaterlandsliebe der breiten Massen getrieben hatten? Wäre es nicht die beste Chance gewesen, eine antisozialdemokratische Sammlung der Mittelschichten aufzuhalten? Hätte eine entschiedene Absage an die Politik des kaiserlichen Deutschland nicht doch längerfristig die Aussicht auf mehr internationale Solidarität mit dem neuen Deutschland eröffnet?

Die Argumente, die für die volle Aufdeckung der historischen Wahrheit sprachen, waren nicht schwächer, sondern stärker als jene zugunsten von Zurückhaltung. Es war wenig realistisch anzunehmen, die Alliierten würden sich von massiven Reparationsforderungen dadurch abhalten lassen, daß die Deutschen ihre Kriegsschuld bestritten – oder zugaben. Da die Siegermächte an der deutschen Verantwortlichkeit für den Kriegsausbruch ohnehin nicht zweifelten, konnte die Kriegsschulddiskussion zunächst nur geringe außenpolitische Auswirkungen haben.

Ganz anders stand es mit den innenpolitischen Folgen des Streites um die Ursachen des Weltkrieges. Es war in der Tat schon 1919 absehbar, daß ein Zurückschrecken vor der Aufklärung der Julikrise von 1914 und der deutschen Kriegsziele einer Kriegs*unschuld*lüge den Boden bereiten würde. Es war weiter erkennbar, daß der Friedensvertrag von Versailles um so mehr zur Quelle nationalistischer

Ressentiments werden mußte, je weniger das Bewußtsein von deutscher Schuld verbreitet war. Und es war unschwer vorherzusagen, daß aus solchen Ressentiments der Ruf nach Revanche hervorgehen und die Gefahr eines neuen Weltkrieges heraufbeschwören würde.

Die Motive der Sozialdemokraten, welche die volle Aufhellung der Kriegsursachen vermeiden oder doch zumindest hinausschieben wollten, waren vielschichtig. Zur Furcht, durch Schuldeingeständnisse die alliierten Reparationsforderungen zu legitimieren, kamen hinzu die Sorge um den Zusammenhalt der Regierungskoalition wie der eigenen Partei, die Scheu vor tiefschürfender Selbstkritik und eine nicht weiter reflektierte «nationale Gesinnung», bei der auch die Angst mitwirkte, die SPD könne abermals als Partei der «vaterlandslosen Gesellen» abgestempelt werden. Eine Politik, wie sie Bernstein forderte, hätte gewiß großen Mut verlangt. Der Politik, für die der Name Scheidemann stand, hafteten aber letztlich weit größere Risiken an.

Im Kampf gegen Versailles bedienten sich führende Sozialdemokraten und Gewerkschaftler mitunter einer Sprache, die man sonst nur von weit rechts stehenden Kreisen hörte. Auf dem Weimarer Parteitag erklärte Scheidemann, der tiefste Sinn der Friedensbedingungen sei der, daß der siegreiche Kapitalismus Deutschland seine Wirtschaftsform aufzwingen wolle. «Das ganze Volk soll zu einem Lohnarbeitervolk gemacht werden, das in fremdem Kapitaldienst für Hungerlohn bis zur Erschöpfung arbeiten muß. Der Kampf geht jetzt nicht mehr gegen den deutschen ‹Kaiserismus›, sondern gegen den deutschen Sozialismus.»[9]

Noch weiter als Scheidemann ging der Vorsitzende des Verbandes der Büroangestellten, Carl Giebel, SPD-Abgeordneter im Reichstag seit 1912, jetzt in der Nationalversammlung. Beim ersten Nachkriegskongreß der Freien Gewerkschaften zu Nürnberg gab er am 1. Juli 1919 England die Hauptschuld am Krieg und feierte die soldatische Leistung der deutschen Arbeiter als sozialistische Tat. «Es war der Kampf des Proletariats gegen den internationalen Kapitalismus dort drüben.»[10]

Der Parteitagsrede Scheidemanns waren ähnliche Verlautbarungen der Freien Gewerkschaften vorausgegangen. Am 9. Mai, zwei Tage, nachdem der deutschen Friedensdelegation in Versailles die alliierten Friedensbedingungen überreicht worden waren, forderte der Vorsitzende der gewerkschaftlichen Generalkommission, Carl Legien, die «Proletarier aller Länder» auf, sich gegen «Imperialismus, Militarismus und Kapitalismus der alliierten und assoziierten Mächte» zu wehren.[11]

Von einer selbstkritischen Bewertung der eigenen Rolle während des Krieges waren die Freien Gewerkschaften 1919 noch weiter entfernt als die SPD. So erklärte Legien am 13. Mai vor den gewerkschaftlichen Verbandsvorständen, den Beweis, daß die eigene Lagebeurteilung von 1914 richtig gewesen sei, liefere der Friedensvertrag von 1919. «Wer noch während der Kriegszeit daran gezweifelt hat, daß Deutschland sich in einem Verteidigungskrieg befindet, der wird nach Kenntnisnahme der Friedensbedingungen diesen Zweifel wohl fallen lassen müssen.»[12]

Die Kampagne gegen die «Kriegsschuldlüge» der Alliierten ging nicht von Sozialdemokraten und Freien Gewerkschaften aus, aber beide trugen dazu bei, daß sich bereits 1919 eine Art nationaler Konsens in der Abwehr jedweder Art von deutschen Schuldeingeständnissen herausbildete. Die lautesten Rufer im Streit waren die Parteien der Rechten, welche die Kriegsunschuldlegende mit der Dolchstoßlegende verknüpften – der Behauptung, das im Felde unbesiegte deutsche Heer sei durch eine Verschwörung der marxistischen Linken um die Früchte seines gerechten Kampfes gebracht worden. Die SPD verwahrte sich gegen diesen Vorwurf. Aber da sie 1918/19 darauf verzichtet hatte, den moralischen Bruch mit dem Kaiserreich zu vollziehen, kam sie in der Folgezeit aus der Defensive nicht mehr heraus.

Die möglichen Folgen erkannte niemand so klar wie Bernstein. In einem Brief an Kautsky – seinen alten ideologischen Gegner, der dennoch sein Freund geblieben war – beklagte er am 26. Juli 1924, daß es noch immer keine sozialdemokratische Offensive gegen die «Schuldlügenkampagne» der Rechtsparteien gebe: «Von der These aus, daß das kaiserliche Deutschland nicht allein schuld am Krieg sei, die dann mit bequemer Dialektik in ‹überhaupt nicht schuld› umdeuten, ist es leicht, den Massen plausibel zu machen, daß das Kaisertum zu Unrecht gestürzt worden und die ‹Judenrepublik› und ihre Erfüllungspolitik an allem Übel schuld seien, unter dem Deutschland heute leide ... Wir gehen dem Staatsstreich der Nationalisten entgegen, das scheint mir, wenn wir so weiterwursteln, unabwendbar ... Bekommen sie auch nur zeitweilig das Heft in die Hand, dann gibt es, das ist sicher, einen Terrorismus, wie ihn sich die meisten nicht träumen lassen. Kapp *(der Putschist vom März 1920, H.A.W.)* war ein Doktrinär, die aber diesmal obenauf kommen, sind skrupellose, brutale Schurken.»[13]

Bernstein mahnte vergebens. Die Kriegsunschuldlegende wucherte unangefochten weiter. Niemand bediente sich ihrer mit größerem Geschick als Hitler, der am 30. Januar 1933, sechs Wochen nach Bernsteins Tod, zum Reichskanzler ernannt wurde. Er konnte nur zur Macht gelangen, weil die Mehrheit der Deutschen den Vertrag von Versailles für ein unverdientes Strafgericht der Mächte hielt, die durch ihre «Einkreisungspolitik» das friedliebende Deutschland 1914 in den Krieg getrieben hätten. Am 30. Januar 1937, dem vierten Jahrestag seiner «Machtübernahme», erklärte Hitler die deutsche Unterschrift unter den Kriegsschuldartikel 231 des Versailler Vertrags in aller Form für ungültig. Rund zweieinhalb Jahre später begann der vom nationalsozialistischen Deutschland entfesselte Zweite Weltkrieg.

8 | Ein Fortschritt mit verhängnisvollen Mängeln

Die Weimarer Reichsverfassung von 1919

Deutschland sei nun die «demokratischste Demokratie der Welt», meinte voll Stolz der sozialdemokratische Reichsinnenminister Eduard David am 31. Juli 1919, nachdem die Verfassunggebende Deutsche Nationalversammlung zu Weimar soeben mit 262 gegen 75 Stimmen bei einer Enthaltung die Verfassung des Deutschen Reiches angenommen hatte. David begründete sein Urteil damit, daß nirgends in der Welt die Demokratie konsequenter durchgeführt sei als in dieser Verfassung. Es waren vor allem die Elemente direkter Demokratie, die den Minister zu solchen Superlativen veranlaßten: Das Volksbegehren und der Volksentscheid sowie, noch wichtiger, die Direktwahl des Reichspräsidenten durch das Volk.[1]

Die meisten Deutschen waren zu jener Zeit weniger euphorisch. Die Weimarer Verfassung, vor 75 Jahren von Reichspräsident Friedrich Ebert unterzeichnet und drei Tage später durch Verkündung im Reichsgesetzblatt in Kraft getreten, wurde von den Zeitgenossen mehr hingenommen als angenommen. Da sie nur ein Kompromiß sein konnte, war auch keine der Parteien, die ihr zugestimmt hatten – die Sozialdemokraten, das katholische Zentrum und die linksliberale Deutsche Demokratische Partei –, ganz mit ihr zufrieden. Zu einem Symbol der Republik wurde sie erst im Gefolge von Haßkampagnen und Gewalttaten der radikalen Rechten. Sie machten den staatstragenden Parteien bewußt, daß der Kampf um die Verfassung mit ihrer Verabschiedung nicht beendet, sondern nur in eine neue Phase eingetreten war.

Daß dieser Kampf zuletzt gescheitert ist, fällt einem als erstes ein, wenn von der Weimarer Republik die Rede ist. Knapp ein Jahr nach der Verabschiedung der Reichsverfassung verloren die drei Verfassungsparteien bei der ersten Reichstagswahl der Republik die Mehrheit. Die Verfassung war noch nicht einmal elf Jahre in Kraft, da wurde die parlamentarische Demokratie zugunsten eines Präsidialsystems preisgegeben, das seinerseits keine drei Jahre alt wurde. Der 30. Januar 1933, der Tag der Machtübertragung an Hitler, markiert das definitive Ende der ersten deutschen Demokratie. Und nicht erst seit jenem Tag wird darüber gestritten, ob nicht wichtige Gründe für das Scheitern der Weimarer Republik in ihrer Verfassung selbst lagen.

Die Frage muß bejaht werden. Die starke Stellung des Reichspräsidenten, die Kehrseite seiner demokratischen Legitimation durch das Volk, hat viele Parlamentarier schon frühzeitig dazu verführt, sich dem unbequemen Kompromißzwang von Koalitionsregierungen zu entziehen und die Verantwortung nach «oben», auf den Reichspräsidenten, abzuschieben, der im nicht genau definierten Krisenfall auf die umfassenden Notstandsvollmachten des Artikels 48 zurückgreifen und als Ersatzgesetzgeber auftreten konnte. Vom Sommer 1930 ab wurde Deutschland nur noch mit Hilfe von Notverordnungen nach dieser «Reserveverfassung» regiert. Die weitgehende Ausschaltung des Reichstags verstärkte die politische Radikalisierung, und niemand artikulierte den Massenprotest mit so viel populistischem Geschick wie Hitlers Nationalsozialisten, die 1932 zur stärksten Partei im Reich aufstiegen.

Die Weimarer Verfassung sei, so hat einer ihrer schärfsten Kritiker, der Staatsrechtler Carl Schmitt, im Sommer 1932 formuliert, von einem «inhaltlich indifferenten, selbst gegen seine Geltung neutralen, von jeder materiellen Gerechtigkeit absehenden Legalitätsbegriff» geprägt und infolgedessen neutral «bis zum Selbstmord» gewesen.[2] Die Kritik Schmitts, der damals noch kein Parteigänger der Nationalsozialisten, sondern ein Verteidiger des Präsidialsystems war, traf ins Schwarze: Die Reichsverfassung *war* relativistisch. Im Jahr 1919 war freilich an eine abwehrbereite Demokratie, die ihren Feinden vorsorglich den Kampf ansagte, gar nicht zu denken. Wenige Monate nach dem Zusammenbruch des Kaiserreichs wäre jeder Versuch, die Wähler an konstitutionelle Beschränkungen des Mehrheitsprinzips zu binden, als Rückfall in den Obrigkeitsstaat erschienen.

Die Väter und Mütter des Bonner Grundgesetzes haben 1948/49 versucht, aus Weimar zu lernen. Nie wieder sollte es möglich sein, die demokratische Ordnung auf legalem Weg zu beseitigen, nie wieder sollte ein republikanisches Staatsoberhaupt die Rolle des Ersatzgesetzgebers übernehmen und das Parlament ausschalten können, nie wieder eine negative, nicht regierungsfähige Mehrheit das Recht haben, einen Kanzler zu stürzen. Der Parlamentarische Rat ersetzte daher die relativistische durch eine abwehrbereite Demokratie; er verlieh dem Amt des Bundespräsidenten eine überwiegend repräsentative Bedeutung; er führte das konstruktive Mißtrauensvotum ein, das mehr als jeder andere Verfassungsartikel dazu beitrug, aus der Bundesrepublik eine «Kanzlerdemokratie» zu machen. Und auch darin zog Bonn aus Weimar Konsequenzen, daß es die plebiszitäre Konkurrenz zur parlamentarischen Demokratie beseitigte und damit den Bundestag als Gesetzgebungsorgan stärkte.

Weimar war, was das parlamentarische Regierungssystem angeht, eine ungelernte Demokratie. Vom vereinigten Deutschland läßt sich das nicht mehr sagen. Es kann nicht nur auf die vierzehn Jahre der gescheiterten ersten deutschen Republik, sondern auch auf die vier Jahrzehnte einer alles in allem erfolgreichen parlamentarischen Demokratie in der «alten» Bundesrepublik zurückblicken. Wenn Bonn nicht Weimar wurde, dann auch deswegen, weil es Weimar gegeben hat. Bei allen ihren Mängeln bedeuten die Weimarer Verfassung und namentlich ihr Grundrechtsteil auch einen großen Fortschritt in der Geschichte von Rechtsstaat und Demokratie in Deutschland. Niemand kann mit Sicherheit die Frage bejahen, ob eine bessere Verfassung die erste Republik vor dem Scheitern bewahrt hätte. Für die Gegenwart aber gilt es immer noch, aus Weimar zu lernen. Die Demokratie wäre in Gefahr, wenn die vereinigten Deutschen der Berliner Republik eines Tages glauben sollten, es sei nicht mehr notwendig, sich mit den Erfahrungen der Jahre 1918 bis 1933 auseinanderzusetzen.

9 | 1923: Als Weimar fast am Ende war

Es geschah am 30. September 1923 in Unna. In der westfälischen Stadt am Hellweg waren Zechenbesitzer aus einem Teil des Ruhrgebiets zusammengekommen – aus *dem* Teil, der nicht wie der Rest des Industrreviers seit Januar von französischen und belgischen Truppen besetzt war. Die Bergbauunternehmer faßten einen folgenschweren Beschluß: Vom 8. Oktober 1923 ab sollte die tägliche Arbeitszeit unter Tage von sieben auf achteinhalb Stunden verlängert werden.

Die Vereinbarung vom 30. September war nicht einfach die sozialpolitische Absichtserklärung einer Arbeitgebergruppe. Sie war mehr. Denn die Siebenstundenschicht bedeutete für die Bergleute dasselbe wie der Achtstundentag für die Arbeiter in den übrigen Wirtschaftszweigen, nämlich die wichtigste Errungenschaft der Revolution von 1918/19. Der Achtstundentag war damals zwischen Gewerkschaften und Arbeitgebern feierlich vereinbart worden. Die Siebenstundenschicht im Bergbau war seit 1922 sogar gesetzlich verbürgt. Wenn die Zechenbesitzer jetzt die geltende Arbeitszeit aufkündigten, dann mußten die Arbeiter das als bewußte Provokation empfinden.

Der Beschluß von Unna war zugleich eine Herausforderung an die derzeitige Reichsregierung – ein Kabinett der Großen Koalition, getragen von den Sozialdemokraten und den bürgerlichen Parteien bis hin zur unternehmerfreundlichen liberalen Deutschen Volkspartei (DVP), die den Reichskanzler stellte: ihren Vorsitzenden Gustav Stresemann. Die Industrie hatte viel dazu beigetragen, daß am 13. August 1923 zum ersten Mal in der Geschichte der Republik auf Reichsebene ein solches Regierungsbündnis zustande kam, und sie war dabei von denselben Überlegungen ausgegangen wie die Freien Gewerkschaften, die ihrerseits die Sozialdemokraten gedrängt hatten, in ein Kabinett mit solider parlamentarischer Basis einzutreten:

Es galt den passiven Widerstand abzubrechen, mit dem Deutschland im Januar 1923 auf die Besetzung des Ruhrgebiets durch Franzosen und Belgier geantwortet hatte. Den passiven Widerstand aufzugeben, war politisch unpopulär, aber wirtschaftlich unvermeidbar. Das besetzte Gebiet war, finanziell gesehen, ein Faß ohne Boden. Die Reichszuschüsse für den okkupierten Westen hatten die ohnehin schon galoppierende Inflation in schwindelerregende Höhen getrieben. Die Staatsautorität verfiel zusehends. Deutschland drohte im Chaos zu versinken.

Je breiter die Allianz war, welche die überfällige Entscheidung trug, desto besser – so dachten der Reichsverband der Deutschen Industrie und der Allgemeine Deutsche Gewerkschaftsbund. Aber am 26. September *war* der passive Widerstand an Rhein und Ruhr beendet worden, und damit hatte die Große Koalition ihren Zweck erfüllt – so dachten zwar nicht die Gewerkschaften und auch nicht alle Unternehmer, aber doch, neben anderen, Hugo Stinnes, Deutschlands mächtigster Großindustrieller. Der Beschluß von Unna, der seine Handschrift trug, war als Kampfansage an die Große Koalition gemeint. Die großen innenpolitischen Probleme, die es nun zu lösen galt, waren nach Stinnes' Meinung nur ohne und gegen die Sozialdemokratie zu bewältigen. Eine wirkliche Stabilisierung der Mark und eine dauerhafte wirtschaftliche Erholung verlangten über Jahre hinaus ein gewaltiges Maß an Mehrarbeit, mindestens zwei Stunden pro Tag, und das Verbot von Streiks – undenkbar, daß sich die SPD darauf einließ. Es war sogar unwahrscheinlich, daß ein solches Programm von irgendeiner parlamentarischen Regierung durchgezogen werden würde.

ı Ränkespiel der Rechten

Die ersten Schritte in der gewünschten Richtung aber konnten und mußten sofort getan werden: Die Regierung der Großen Koalition war zu beseitigen durch ein Kabinett ohne die Sozialdemokraten und möglichst mit den konservativen Deutschnationalen zu ersetzen. Es traf sich gut, daß Stinnes auch ein Reichstagsmandat der

Deutschen Volkspartei innehatte. Binnen weniger Tage gelang es ihm und seinen Freunden, durchweg Vertrauensleute der Schwerindustrie, die DVP auf einen Kollisionskurs festzulegen.

Was sich seit Ende September innerhalb der Fraktion der Volkspartei abspielte, war nichts geringeres als eine Verschwörung gegen die parlamentarische Republik. Allerdings war nicht allen Beteiligten klar, was die Urheber der großangelegten Intrige beabsichtigten. Einigkeit bestand in der Fraktion lediglich darin, daß die Zusammenarbeit mit den Sozialdemokraten beendet und eine Verständigung mit den Deutschnationalen gesucht werden mußte. Aber nur der rechte Parteiflügel wußte und billigte, was Stinnes ansteuerte: nicht bloß eine andere Koalition, sondern einen radikalen Regimewechsel. Stresemann, der als Kanzler an den Sitzungen seiner Fraktion nur selten teilnehmen konnte, war in das Ränkespiel der Rechten nicht eingeweiht, und das aus gutem Grund: Die Frondeure wollten ihn nicht mehr als Kanzler.

Am Abend des 2. Oktober aber sah es ganz so aus, als ob die Große Koalition doch noch einmal davonkommen würde. Im Kabinett zeigten sich die vier sozialdemokratischen Minister betont kompromißwillig. Zwar war ihnen durchaus bewußt, was die Unternehmer bezweckten, als sie eine Verlängerung der Arbeitszeit forderten: nämlich eine Revision der Ergebnisse der Revolution von 1918 oder, in anderen Worten, die Rückkehr zu den gesellschaftspolitischen Verhältnissen der Vorkriegszeit. Aber das war nur der eine Aspekt der Sache. Denn es gab ja auch volkswirtschaftliche Argumente dafür, vom Achtstundentag vorübergehend abzuweichen. Deutschland hatte den während der Inflation erlangten Exportvorteil gegenüber den anderen Industrieländern längst wieder verloren; die Produktivität seiner Anlagen war in den Jahren der rapiden Geldentwertung kaum erhöht worden; das Reich mußte für hohe Reparationslasten aufkommen.

Darum waren die sozialdemokratischen Kabinettsmitglieder, darunter auch Finanzminister Rudolf Hilferding, ehedem einer der führenden Männer der linken USPD, bereit, gewisse Abstriche vom Achtstundentag hinzunehmen. Ihre Kollegen aus den bürgerlichen

Parteien und mit besonderem Nachdruck der Kanzler versicherten ihrerseits, daß sie keineswegs mit der SPD brechen wollten. Am Ende der Kabinettssitzung stand ein Beschluß, der die Koalition noch einmal zu retten schien: «Die äußere Not unseres Volkes im schwersten Ringen um seine wirtschaftliche und politische Existenz zwingt uns, vorläufig in der Urproduktion die Arbeitszeit auf das Maß zu erhöhen, das gesundheitlich tragbar erscheint ...»[1]

Geschehen sollte dies auf der Grundlage eines Ermächtigungsgesetzes. Für diesen ungewöhnlichen und bisher nicht begangenen Weg hatten sich vor allem die sozialdemokratischen Minister stark gemacht. Ein derart einschneidendes Opfer wie die Verlängerung der Arbeitszeit würde ihrer Fraktion, so glaubten sie, leichter fallen, wenn es indirekt, über eine außerordentliche Vollmacht der Regierung, dargebracht würde als direkt, durch ein vom Reichstag zu verabschiedendes Arbeitszeitgesetz.

1 Diktatur lag in der Luft

Die Minister irrten sich. Der Gedanke, den Achtstundentag durch eine Verordnung vorübergehend aufzuheben, stieß in der sozialdemokratischen Reichstagsfraktion auf scharfen Widerspruch. Die Fraktion wollte nicht einmal dem Kompromißvorschlag zustimmen, den die linksliberale Deutsche Demokratische Partei (DDP) in letzter Stunde unterbreitete. Er lief darauf hinaus, daß die Arbeitszeit durch ein besonderes Gesetz, andere sozialpolitische Fragen aber durch das Ermächtigungsgesetz geregelt werden sollten. Von den Gewerkschaften hart bedrängt, lehnte die sozialdemokratische Fraktion am Abend des 3. Oktober diese Lösung mit 61 zu 54 Stimmen ab. Etwa zur gleichen Zeit beschloß die Fraktion der DVP, die Arbeitszeit dürfe aus dem Ermächtigungsgesetz nicht herausgenommen werden.

Die Flügelparteien der Großen Koalition, SPD und DVP, waren die politischen Ausdrucksformen der gegensätzlichen Interessen, die dabei aufeinanderstießen. Nachdem beide Parteien den Kompromißvorschlag der Deutschen Demokratischen Partei abgelehnt hatten, war die Große Koalition nicht mehr zu retten. Stresemann konnte am späten Abend des 3. Oktober dem Reichspräsidenten Friedrich Ebert nur noch den Rücktritt seiner Regierung mitteilen.

Was weiter werden würde, war ungewiß. Seit dem 27. September herrschte in ganz Deutschland der Ausnahmezustand. Die vollziehende Gewalt war in den Händen von Reichswehrminister Geßler, der sie seinerseits auf die regionalen Militärbefehlshaber übertragen konnte. Die Reichsregierung hatte damit auf das eigenmächtige Vorgehen Bayerns geantwortet, das am Tage zuvor den Ausnahmezustand verhängt hatte. Durch den Streit um die Arbeitszeit war der Konflikt mit Bayern zeitweilig etwas in den Hintergrund getreten, aber ausgestanden war die Sache mitnichten.

Die Diktatur lag Anfang Oktober in der Luft. Nicht nur Stinnes und ein Teil der Schwerindustrie wollten sie, sondern auch der Reichslandbund und sämtliche «nationalen Verbände». Die Architekten des bayerischen Ausnahmezustandes verfolgten das nämliche Ziel. Der Chef der Heeresleitung, General von Seeckt, bereitete sich auf die Rolle eines vom Reichspräsidenten berufenen Notstandskanzlers vor. Er kam auch in Frage als erster Mann eines «Direktoriums», von dem der Reichswehrminister am 30. September im Kabinett mit drohendem Unterton sprach.

In der SPD wurde die Gefahr eines «trockenen Rechtsputsches» durchaus gesehen.[2] Daß diese Gefahr wuchs, wenn Stresemann stürzte, lag auf der Hand: Die Große Koalition war einstweilen die einzig denkbare Form der Mehrheitsregierung, und infolgedessen drohte beim Rücktritt des Kabinetts ein politisches Vakuum zu entstehen, was den Anhängern der Diktatur überaus gelegen gekommen wäre. Mit dem Blick auf die Folgen, die ein Ende der Großen Koalition haben konnte, hätte die Führung der SPD für deren Erhaltung kämpfen müssen. Sie tat es nicht, sondern entschied sich für den Vorrang der Sozialpolitik.

Am 6. Oktober hieß der neuernannte Kanzler dann doch wieder Gustav Stresemann, und abermals präsidierte er einem Kabinett der Großen Koalition. Nachdem sich die Deutschnationalen geweigert hatten, in eine von Stresemann geführte Regierung einzutreten, entschloß sich die Volkspartei, ihren Vorsitzenden nicht fallenzulassen. Der rechte Flügel der Partei hatte die Fraktion zwar für die Kollision mit der Sozialdemokratie gewinnen können. Zum zweiten Schritt, dem Sturz Stresemanns, war die Mehrheit der Abgeordneten jedoch nicht bereit.

ı Bayern kündigt den Gehorsam

In der umstrittenen Arbeitszeitfrage hatten sich die Parteiführer in der Nacht vom 5. zum 6. Oktober geeinigt: Der Achtstundentag wurde als Normalarbeitstag grundsätzlich anerkannt, aber tarifliche oder gesetzliche Überschreitungen der geltenden Arbeitszeit sollten möglich sein. Das Bekenntnis zum Achtstundentag war taktisch ein Erfolg für die SPD. In der Sache änderte sich kaum etwas an dem, worüber das Kabinett schon am 2. Oktober einig geworden war. Das Ermächtigungsgesetz sollte nicht die Arbeitszeit, aber andere sozialpolitische Fragen regeln. Ein solches Gesetz bedeutete, wie der Parteivorsitzende der SPD, Hermann Müller, am 6. Oktober vor seiner Fraktion einräumte, ein «Stück Diktatur»; es gebe jedoch nur die Wahl zwischen der legalen und der gewaltsamen Diktatur.[3] Am 13. Oktober verabschiedete der Reichstag das erste Ermächtigungsgesetz in der Geschichte der Weimarer Republik. Es enthielt, auf Drängen der SPD, eine Klausel, wonach es automatisch außer Kraft trat, wenn sich die parteipolitische Zusammensetzung der Regierung änderte.

Die zweite Große Koalition war noch kurzlebiger als die erste. Sie zerbrach nach knapp vier Wochen – nicht wie ihre Vorgängerin an einem gesellschaftspolitischen Zwist, sondern an Bayern, genauer gesagt: an der ungleichen Behandlung, die das Reich der linken «Einheitsfrontregierung» in Sachsen auf der einen und dem rechtsautoritären Regime des bayerischen Generalstaatskommissars von Kahr auf der anderen Seite zuteil werden ließ.

Der Konflikt mit Bayern trat am 20. Oktober in ein neues Stadium. An diesem Tag kündigte die Münchner Regierung dem Reich öffentlich den Gehorsam auf und nahm den bayerischen Teil der Reichswehr «in Pflicht». Das bayerische Triumvirat, bestehend aus Kahr, dem Kommandeur der Reichswehrtruppen in Bayern, General von Lossow, und dem Landeskommandanten der Polizei, Oberst von Seißer, wollte damit ein Signal geben für den «Marsch auf Berlin», der in der Ausrufung der nationalen Diktatur im ganzen Reich seinen krönenden Abschluß finden sollte.

In Sachsen regierte seit dem 10. Oktober ein Koalitionskabinett von Sozialdemokraten und Kommunisten, geführt von Erich Zeigner, der zum linken Flügel der SPD gehörte. Sechs Tage später gingen SPD und KPD auch in Thüringen eine Koalition ein. Die Einheitsfrontregierungen in Dresden und Weimar waren strikt legal gebildet worden – auf dem Weg über parlamentarische Mehrheitsentscheidungen. Formal gesehen konnte das Reich also gegen das Zustandekommen der neuen Kabinette nichts einwenden. An der Absicht, welche die KPD mit ihrem Eintritt in die beiden Landesregierungen verfolgte, zweifelte indes kaum jemand. Zwar wußte die Reichsregierung nicht, daß die deutschen Kommunisten die Ministersessel in Dresden und Weimar auf direkte Moskauer Weisung hin übernommen hatten, um den bewaffneten Aufstand vorzubereiten, der für Anfang November vorgesehen war. Aber in Berlin pfiffen es die Spatzen von den Dächern, daß die Kommunisten im Herbst putschen wollten.

Im zweiten Kabinett Stresemann waren alle Parteien darin einig, daß der kommunistischen Regierungsbeteiligung ein rasches Ende gesetzt werden mußte. Auch die Sozialdemokraten waren bereit, zu diesem Zweck notfalls militärische Gewalt anzuwenden. Zuvor aber wollte man auf die eigenen Genossen in Sachsen und Thüringen einwirken, um die Krise möglichst ohne Blutvergießen zu lösen. Offenbar verlief dieser Versuch zunächst erfolgreich. Wilhelm Dittmann, der stellvertretende Vorsitzende der SPD, den seine Partei nach Dresden entsandt hatte, berichtete der Fraktion am 31. Oktober, Ministerpräsident Zeigner sei bereit gewesen, die kommunistischen Kabinettsmitglieder zu entlassen. Von dieser Haltung seien die führenden sächsischen Sozialdemokraten erst abgerückt, als am 27. Oktober ein Ultimatum Stresemanns in Dresden eintraf, das Zeigners sofortigen Rücktritt verlangte.

Diesem Ultimatum hatten auch die sozialdemokratischen Minister zugestimmt. Vom Einlenken Zeigners erfuhren sie anscheinend erst, als der Brief Stresemanns bereits abgegangen war. Versuche, die Reichsexekution in letzter Minute aufzuhalten, scheiterten. Am frühen Nachmittag des 29. Oktober zog die Reichswehr mit klingendem Spiel vor die Dresdner Ministerien und zwang die Minister, angeblich sogar mit entsichertem Gewehr, ihre Amtsräume zu verlassen.

Die Münchner Machthaber brauchten ein solches Schicksal nicht zu befürchten. Die Reichswehr weigerte sich, wie schon beim Kapp-Putsch von 1920, auf meuternde Truppen zu schießen. In der Deutschen Volkspartei und im katholischen Zentrum gab es durchaus Sympathien für die bayerische Politik. Konnten die Sozialdemokraten unter diesen Umständen noch länger im Reich mitregieren?

Die Reichstagsfraktion der SPD verneinte diese Frage am 31. Oktober. Sie stellte nun ihrerseits den bürgerlichen Koalitionspartnern ultimative Bedingungen, von denen sie wußte, daß sie nicht angenommen werden würden. Ein militärisches Vorgehen gegen Bayern, wie die Sozialdemokraten es verlangten, hatten die Minister der anderen Parteien ja auch bisher schon kategorisch abgelehnt. Aber es ging im Grunde nur noch um eine Begründung für den Austritt aus der Regierung.

Wohl warnten manche Redner vor einem leichtfertigen Abschied von der Macht. Carl Severing etwa sprach von den außenpolitischen Risiken, die aus dem Bruch der Großen Koalition erwachsen müßten: Setze sich in Deutschland die nationalistische Rechte durch, so werde Frankreich seine Bemühungen verstärken, mit Hilfe deutscher Separatisten eine vom Reich losgelöste Rheinische Republik zu bilden, und am Ende drohe ein neuer Krieg. Doch den Herzton der Partei traf nicht der preußische Innenminister, sondern der Reichstagspräsident. Paul Löbe stellte fest, die Sozialdemokratie könne für die Republik nicht mehr kämpfen, denn die Massen sähen die Staatsform als solche nicht länger als verteidigenswert an. Kapital, Militär und Wucher seien ebenso stark wie zur Zeit der Monarchie. Daher müsse jetzt die Parole gelten: «Zurück zum reinen Klassenkampf!»[4]

Die zweite Regierung Stresemann brach am 2. November auseinander, nachdem die bürgerlichen Parteien das Ultimatum der SPD erwartungsgemäß zurückgewiesen hatten. Das Rumpfkabinett Stresemann stürzte am 23. November 1923, weil die Sozialdemokraten die vom Kanzler gestellte Vertrauensfrage ablehnten. Stresemanns Nachfolger Wilhelm Marx, dem Kanzler eines bürgerlichen Minderheitskabinetts, wurde im Dezember 1923 mit den Stimmen der SPD ein Ermächtigungsgesetz bewilligt, das auch die Verlängerung der Arbeitszeit erlaubte. Die Drohung des Reichspräsidenten, andernfalls werde mit dem Notstandsartikel 48 regiert, hatte diese Wende bewirkt. Viereinhalb Jahre, bis zum Mai 1928, saß die SPD auf den Bänken der Opposition, bis – nach einem sozialdemokratischen Wahlerfolg – nochmals eine Regierung der Großen Koalition zustande kam.

I Warum Weimar 1923 überlebte

Daß die parlamentarische Demokratie die Krise vom Herbst 1923 überlebte, erscheint im nachhinein fast wie ein Wunder. Aber bei genauerem Zusehen lassen sich auch rationale Erklärungen finden. Der erste Grund ist einfach: Ort der Handlung war Deutschland. Dieses Land hatte weder eine revolutionäre noch eine putschistische Tradition. Der einzige Mann, der die Machtmittel für einen Putsch hatte, General von Seeckt, wollte eine Diktatur nur mit Einwilligung des Reichspräsidenten errichten, nicht gegen ihn. Ebert ernannte Seeckt zwar nach dem Münchner Hitlerputsch – noch in der Nacht zum 9. November 1923 – zum Inhaber der vollziehenden Gewalt. Die außerordentlichen Vollmachten, die Seeckt verlangte, verweigerte ihm der sozialdemokratische Reichspräsident jedoch.

Der zweite Grund lag darin, daß Mitte November 1923 die Stabilisierung der Währung gelang – ein posthumer Erfolg der Großen Koalition. Damit war ein wichtiges Motiv für gewaltsame Krisenlösungen entfallen.

Drittens gab es einen Silberstreifen am außenpolitischen Horizont. Bis zum Herbst 1923 hatte Frankreich sein hartes Insistieren auf deutschen Reparationen immer wieder mit seinen eigenen Kriegsschulden gegenüber den USA begründet. Nun ließ Amerika erstmals erkennen, daß es willens war, bei der Lösung *beider* Probleme, der deutschen Reparationen und der interalliierten Schulden, zu helfen. Das hatte unmittelbare Auswirkungen auf die französische Deutschlandpolitik. Mitte November 1923 erklärte sich Ministerpräsident Poincaré bereit, die wirtschaftliche Leistungsfähigkeit Deutschlands durch eine alliierte Expertenkommission prüfen zu lassen. Die Weichen für den Dawes-Plan, das Reparationsabkommen von 1924, und für amerikanische Kredite waren damit gestellt.

In der Endkrise der Weimarer Republik zwischen 1930 und 1933 war fast alles anders. Es gab keinen Reichspräsidenten, der sich den Werten der parlamentarischen Demokratie verpflichtet fühlte, keine wirtschaftliche Stabilisierung im Innern und keine wirksame Hilfe aus den USA. *Diese* Krise konnte Weimar nicht überleben.

Hindenburg, ein deutsches Verhängnis

Betrachtungen über einen Unpolitischen

Er war bereits dabei, als am 18. Januar 1871 das Deutsche Kaiserreich im Spiegelsaal des Schlosses zu Versailles feierlich aus der Taufe gehoben wurde: Zu den jungen Offizieren, die der Proklamation König Wilhelms I. von Preußen zum Deutschen Kaiser beiwohnten, gehörte der dreiundzwanzigjährige Paul von Hindenburg und Benneckendorf, geboren in Posen am 2. Oktober 1847, Teilnehmer des preußisch-österreichischen Krieges von 1866 und des deutsch-französischen Krieges von 1870/71. Seit 1878 tat er im Generalstab Dienst; 1911 trat er, inzwischen General, in den redlich verdienten Ruhestand. Drei Jahre später brach der Erste Weltkrieg aus; Hindenburg, nunmehr 66 Jahre alt, wurde reaktiviert, übernahm den Oberbefehl über die 8. Armee und wurde wenig später, Ende August 1914 schlagartig berühmt: als der Sieger von Tannenberg, der Ostpreußen von den Russen befreite.

In jenen Tagen begann das, was schon Zeitgenossen den «Hindenburg-Mythos» nannten. Die beiden jüngeren Generäle Hoffmann und Ludendorff hatten zum Sieg über die Russen zwar mehr beigetragen als Hindenburg, doch als Mythenträger kamen sie nicht in Frage. Hindenburg, ein Mann von würdiger Gestalt, mit einer tiefen Baßstimme ausgestattet und rundum Vertrauen einflößend, eignete sich dafür besser.

An seinen Namen knüpften sich fortan die Hoffnungen auf einen «Siegfrieden», und darum mußte er, mittlerweile zum Generalfeldmarschall befördert, Ende August 1916 zusammen mit Erich Ludendorff die Oberste Heeresleitung übernehmen. Ludendorff war der wirkliche Chef, ja eine Art Kriegsdiktator. Er war auch der Autor jenes Plans zur totalen Erfassung aller wirtschaftlichen Kräfte für den Kriegseinsatz, der dann als «Hindenburg-Programm» in die Geschichte einging.

I Der Ersatzkaiser

Hindenburg hatte mit alledem wenig zu tun; er interessierte sich nicht einmal sonderlich für Politik. Aber da es um das Ansehen von Kaiser Wilhelm II. nicht gut bestellt war, konnte Hindenburg während des Krieges zu einer Art «Ersatzkaiser» aufsteigen. Mochte ihm auch alles persönliche Charisma abgehen, so gelang es den Propagandisten des deutschen Militärs doch, ihm in reichem Maß das zu verschaffen, was der Soziologe Max Weber «Amtscharisma» genannt hat.[1] Der «Hindenburg-Mythos» war das Ergebnis einer geschickten Manipulation der öffentlichen Meinung – einer erfolgreichen Werbestrategie von Experten auf dem Gebiet der «Public Relations», wie wir heute sagen würden.

Die militärische Niederlage Deutschlands vermochten die Propagandisten des Militärs nicht aufzuhalten. Aber sie verstanden es, die Schuld an der Niederlage anderen in die Schuhe zu schieben: der Reichstagsmehrheit aus Mehrheitssozialdemokraten, katholischem Zentrum und Fortschrittlichen, vor allem aber den «Marxisten». Hindenburg ließ sich abermals zum Sprachrohr der Militärpropaganda machen, als er am 18. November 1919 vor dem Untersuchungsausschuß des Reichstages einem ungenannt bleibenden englischen General die Auffassung in den Mund legte, die deutsche Armee sei von hinten erdolcht worden. Die Karriere der «Dolchstoßlegende» konnte beginnen; Hindenburg war auf einen Schlag zur Symbolfigur der nationalistischen Opposition gegen die junge Weimarer Republik geworden.

Fünfeinhalb Jahre später schlug Hindenburgs größte Stunde: Am 26. April 1925 wurde der überzeugte Monarchist vom deutschen Volk in direkter Wahl als Nachfolger des kurz zuvor verstorbenen Sozialdemokraten Friedrich Ebert zum Reichspräsidenten gewählt. Der greise, nunmehr 78 Jahre alte Generalfeldmarschall schlug den gemeinsamen Kandidaten der republikanischen Parteien, den Zentrumspolitiker Wilhelm Marx, nur knapp: Auf Marx entfielen 45,3, auf Hindenburg 48,3 Prozent. Hätten die Kommunisten auf die sinnlose Zählkandidatur Ernst Thälmanns verzichtet und die erzkatholische Bayerische Volkspartei ihre Anhänger nicht aufgerufen, für den evangelischen Preußen Hindenburg zu stimmen, hätte der republikanische Kandidat das Rennen gemacht. Hindenburg war der Kandidat der monarchistischen Deutschnationalen, aber nicht alle, die ihn wählten, wollten die Monarchie wiederherstellen. Er verdankte seine Wahl der verbreiteten Sehnsucht nach Ordnung, Autorität und jener «Überparteilichkeit», von der Gustav Radbruch, der große Jurist und zeitweilige sozialdemokratische Reichsjustizminister, einmal gesagt hat, sie sei die «Lebenslüge des deutschen Obrigkeitsstaates» gewesen.[2]

Hindenburgs Wahl kam einer konservativen Umgründung der Weimarer Republik gleich. Die Wirkungen waren widersprüchlich. Seit ein «Ersatzkaiser» an der Spitze des Staates stand, fiel es manchen Monarchisten leichter, sich mit der ungeliebten Republik abzufinden. Das bedeutete eine gewisse Stabilisierung Weimars. Aber Hindenburgs Wahl hatte auch eine andere, für die Demokratie gefährliche Seite. Der Reichspräsident war mehr als ein Machtfaktor unter anderen; auf Grund des Artikels 48 der Reichsverfassung fiel ihm in Krisenzeiten eine fast diktatorische Machtfülle zu; mit Hilfe von Notverordnungen konnte er den Reichstag als Gesetzgeber weitgehend ausschalten. Wer die Entscheidungen des Reichspräsidenten zu beeinflussen vermochte, verfügte also über politische Macht. Das Privileg eines unmittelbaren Zugangs zu Hindenburg hatten zwei Gruppen, denen er sich besonders nahe fühlte: die preußischen Rittergutsbesitzer und die Reichswehrführung. Sie waren die eigentlichen Gewinner der Reichspräsidentenwahlen von 1925.

Solange die Reichsregierungen sich auf Mehrheiten im Reichstag stützen konnten, gab es kaum eine Handhabe, auf den Notverordnungsartikel 48 zurückzugreifen. Aber seit dem Herbst 1929 mehrten sich angesichts häufiger Regierungskrisen die Stimmen derer, die der mühsamen Suche nach parlamentarischen Kompromissen überdrüssig waren und einer Machtverlagerung vom Reichstag auf den Reichspräsidenten das Wort redeten. Nicht nur Großagrarier und politisierende Generäle, sondern zunehmend auch Großindustrielle drängten auf einen solchen «stillen» Systemwandel – von der parlamentarischen Demokratie zu einem Präsidialsystem.

Die rechte Flügelpartei der seit 1928 regierenden Großen Koalition unter dem sozialdemokratischen Reichskanzler Hermann Müller, die unternehmernahe Deutsche Volkspartei, schwenkte nach dem Tod ihres langjährigen Vorsitzenden, des Reichsaußenministers Gustav Stresemann, am 3. Oktober 1929 immer mehr auf diesen Kurs ein. Ende März 1930 waren die Anhänger eines «starken Staats» am Ziel ihrer Wünsche: Am 27. März zerbrach die Große Koalition an einem Streit um die Reform der Arbeitslosenversicherung; drei Tage später ernannte Hindenburg den Vorsitzenden der Zentrumsfraktion, Heinrich Brüning, zum neuen Reichskanzler – mit dem erklärten Vorsatz, ihm im Bedarfsfall die Vollmachten des Artikels 48 zu gewähren, also «präsidial» und nicht mehr parlamentarisch zu regieren.

Vielleicht hätte die SPD durch mehr Kompromißbereitschaft die Abkehr von der parlamentarischen Demokratie um einige Monate hinausschieben können. Doch die entschiedenen Verteidiger der parlamentarischen Demokratie waren bereits in die Minderheit geraten, und die Befürworter des Präsidialsystems hatten mächtige Verbündete. Hindenburgs engere Umgebung, die sogenannte «Kamarilla», zu der sein Staatssekretär Otto Meissner, der vielbespöttelte «in der Verfassung nicht vorgesehene Sohn des Reichspräsidenten», Oskar von Hindenburg, und dessen früherer Regimentskamerad General Kurt von Schleicher, der politische Kopf des Reichswehrministeriums, gehörten, arbeiteten auf eine Regierung ohne Sozialdemokraten hin, und auch der Reichspräsident selbst verfolgte dieses Ziel.

Da eine parlamentarische Mehrheit ohne die SPD nicht in Sicht war, machte ein Zerfall der Großen Koalition den Weg frei für eine Regierungsweise, in der die Reichsminister mehr vom Vertrauen des Reichspräsidenten als vom Vertrauen des Reichstags abhingen. Die gemäßigte Linke nahm dieses Ergebnis mißbilligend in Kauf; die Rechte wollte es.

Die Folge war nicht Stabilisierung, sondern Radikalisierung. Die faktische Ausschaltung des Reichstags nützte den extrem antiparlamentarischen Parteien, die sich nun als Anwälte des entrechteten Volkes ausgeben konnten: den Kommunisten und sehr viel mehr noch den Nationalsozialisten. Die Partei Hitlers ging aus der Reichstagswahl vom 14. September 1930 als die eigentliche Siegerin hervor: Die Zahl ihrer Mandate stieg von 12 auf 107. Brünings bürgerliche Minderheitsregierung konnte bis Ende Mai 1932 nur deswegen im Amt bleiben, weil sie von den Sozialdemokraten «toleriert» wurde. Die SPD tat das, um eine noch weiter rechts stehende, von den Nationalsozialisten abhängige Reichsregierung zu verhindern und sich Brünings Partei, das Zentrum, als Partner der sozialdemokratisch geführten Koalitionsregierung unter Otto Braun in Preußen zu erhalten.

I Das kleinere Übel

Der Preis der sozialdemokratischen Tolerierungspolitik war hoch: Die SPD wurde für die extremen Härten von Brünings Notverordnungen haftbar gemacht, die die Wirtschaftskrise verschärften und die Zahl der Arbeitslosen immer höher steigen ließen; sie verlor infolgedessen viele ihrer Wähler – vor allem an die KPD. Dennoch gab es keine realistische Alternative zu dieser «Politik des kleineren Übels», und das hing damit zusammen, daß Hindenburgs siebenjährige Amtszeit im Frühjahr 1932 auslief.

Hätte die Sozialdemokratie nicht mit der bürgerlichen Mitte und der gemäßigten Rechten zusammengearbeitet, wäre das «Dritte Reich» bereits am 10. April 1932, dem Tag des zweiten Wahlgangs der Reichspräsidentenwahl, proklamiert worden. Der einzige Kandidat, der Hitler schlagen konnte, war der Amtsinhaber. Nur Hindenburg hatte die Chance, die Stimmen der Weimarer Parteien und eines Teiles der Rechten auf sich zu vereinigen und damit den Führer der NSDAP auf den zweiten Platz zu verweisen. Deswegen gab die SPD die Parole aus: «Schlagt Hitler! Darum wählt Hindenburg!»[3] Die Parole wurde befolgt: Hindenburg gewann 1932, weil ihn seine Gegner von 1925 wählten. Hätte eine Mehrheit der Arbeiter dagegen auf die

KPD gehört, die zur Wahl Thälmanns aufrief, wäre Hitler ins Amt des Reichspräsidenten gelangt.

Daß er seinen Sieg der Mitte und der gemäßigten Linken verdankte, hinterließ bei dem alten Herrn einen schmerzhaften Stachel. Er wollte das Vertrauen seiner früheren Freunde wiedergewinnen, die Brüning vorwarfen, er sei viel zu sehr von der Sozialdemokratie abhängig. Reichswehrführung, Reichslandbund und Deutschnationale drängten ihn zur Entlassung des Zentrumspolitikers und zur Berufung eines betont «nationalen» Kanzlers, der vielleicht die Unterstützung der Nationalsozialisten gewinnen könne. Hindenburg kam diesem Wunsch nach, als er am 30. Mai 1932 Brüning zum Rücktritt zwang, am 1. Juni den weithin unbekannten, hochkonservativen Franz von Papen zu seinem Nachfolger ernannte, am 4. Juni den Reichstag auflöste, dessen Wahlperiode erst im September 1934 auslief, und am 16. Juni das von Brüning verhängte Verbot von SA und SS aufhob. Am 20. Juli 1932 folgte die staatsstreichartige Absetzung der nur noch geschäftsführend amtierenden Preußenregierung Otto Braun.

Die Folgen des Kurswechsels vom Sommer 1932, des Übergangs vom gemäßigten, parlamentarisch tolerierten zum autoritären, offen antiparlamentarischen Präsidialsystem, waren katastrophal. Deutschland geriet an den Rand des Bürgerkrieges; aus den Reichstagswahlen vom 31. Juli 1932 gingen die Nationalsozialisten als die mit Abstand stärkste Partei hervor; zusammen mit den Kommunisten verfügten sie im neuen Reichstag über eine negative Mehrheit. Damit fiel der Reichstag als konstruktives Verfassungsorgan aus. Hindenburg und seine Berater hatten Deutschland in einen Zustand getrieben, den Juristen als «Verfassungslähmung» oder «Verfassungsnotstand» beschrieben.[4]

Mehrere Monate lang war Hindenburg fest entschlossen, Hitler, den von ihm verachteten «böhmischen Gefreiten», von der Macht fernzuhalten. Er war bereit, zu diesem Zweck sogar die Verfassung zu brechen – den Reichstag erneut aufzulösen, Neuwahlen aber auf unbestimmte Zeit hinauszuschieben. Doch seit der zweiten Reichstagswahl des Jahres 1932, am 6. November, bei der die NSDAP zwei

Millionen Stimmen verlor und die KPD 600 000 Stimmen hinzuge-
wann, wuchs der Druck auf den Reichspräsidenten. Konservative
Politiker wie Franz von Papen, der am 3. Dezember 1932 von Kurt
von Schleicher als Kanzler abgelöst wurde, aber Hindenburgs Vertrauen behielt, Großgrundbesitzer und Schwerindustrielle drängten
das Staatsoberhaupt zu einem «Kompromiß» mit Hitler, weil sonst
der Bürgerkrieg drohe.

Ende Januar 1933 schlossen sich auch Oskar von Hindenburg und
Staatssekretär Meissner dieser Linie an. Es kam ihnen zupaß, daß
Hindenburg von Schleicher zutiefst enttäuscht war: Der neue Reichskanzler verteidigte ihn nicht gegen Vorwürfe, die im Zusammen-
hang mit dem «Osthilfeskandal», der Veruntreuung öffentlicher
Mittel zugunsten hochverschuldeter ostpreußischer Rittergüter, ge-
gen ihn erhoben wurden. Am 30. Januar 1933 war der Kampf um
Hindenburg entschieden. Zermürbt stimmte der nunmehr Fünf-
undachtzigjährige dem scheinbaren «Kompromiß» zu: Er berief
Hitler zum Reichskanzler an der Spitze eines «Kabinetts der nationalen Konzentration», in dem die Konservativen die Mehrheit der
Minister stellten.

ı Verblendung und Mitschuld

Der Mann, nach dem noch immer, in Berlin und andernorts in
Deutschland, Straßen benannt sind, lud damit eine furchtbare Verantwortung auf sich. Er lieferte Deutschland einem Politiker aus, vor
dessen Diktaturgelüsten er selbst wenige Monate zuvor, am 13. August und am 24. November 1932, noch öffentlich gewarnt hatte. Hindenburg verkörperte das Machtzentrum, aber er war es nicht allein.
Seine «Kamarilla», überwiegend zusammengesetzt aus der alten
preußischen Führungsschicht, gehörte immer mit dazu. Solange
Hindenburg im Einklang mit seinen engsten Beratern Hitlers Macht-
anspruch widerstand, konnte dieser nicht legal an die Macht kommen. Er gelangte an die Macht, weil Hindenburg Ende Januar 1933
nicht die Kraft hatte, sich gegen seine Berater zu stellen, als diese
sich in opportunistischer Verblendung für eine «Krisenlösung» mit

Hitler einsetzten – mit dem Argument, nur so könnten die National-sozialisten von den Konservativen «gezähmt» werden.

Als Hindenburg am 2. August 1934 auf seinem ostpreußischen Gut Neudeck starb, war ihm nicht bewußt, was er mit Hitlers Ernen-nung angerichtet hatte. Er war viel zu unpolitisch, um zu durch-schauen, wofür er sich benutzen ließ. Erst hatten ihn kühl kalkulie-rende Militärs, dann konservative Freunde und schließlich Hitler, zu dem er nach dem 30. Januar 1933 rasch Vertrauen faßte, für ihre Zwecke eingesetzt. Stets war er mehr Objekt als Subjekt des Mythos gewesen, der seinen Namen trug. Er ließ es geschehen und wurde dadurch mitschuldig an einer weltgeschichtlichen Katastrophe. Eine ihrer Folgen war der Untergang des Deutschen Reiches, dessen Gründung der junge Hindenburg 1871 miterlebt hatte.

11 | Die abwendbare Katastrophe

Warum Hitler am 30. Januar 1933 Reichskanzler wurde

Es gibt nicht viele Tage, von denen man sagen kann, sie seien nicht nur zu Zäsuren der deutschen Geschichte, sondern zugleich auch zu Wendepunkten der Weltgeschichte geworden. Der 30. Januar 1933 ist ein solcher Tag. Wäre Hitler an jenem Tag nicht vom Reichspräsidenten Paul von Hindenburg zum Reichskanzler ernannt worden, die Welt, in der wir leben, sähe anders aus.

Die Diskussion über die Frage, ob die Machtübertragung an den Führer der Nationalsozialisten hätte vermieden werden können, füllt Bibliotheken. Ich werde auf diese Frage eingehen, aber aus Anlaß des 50-jährigen Bestehens des Bundesarchivs unter einem besonderen Gesichtspunkt. Was sagen uns die Akten der Reichskanzlei, die das Bundesarchiv aufbewahrt, über die Vorgeschichte des 30. Januar 1933? Oder genauer gefragt: Was erfahren wir aus diesem Archivgut über die Handlungsspielräume und Alternativen der wichtigsten Akteure und somit auch über das Maß ihrer Verantwortlichkeit für den Ablauf der Ereignisse? Von dieser Frage ausgehend, möchte ich zu einigen Fragen der historischen Urteilsbildung fortschreiten. Was müssen wir bedenken, ehe wir ein historisches Urteil abgeben? Der 30. Januar 1933 ist ein Tag, der ein historisches Urteil herausfordert. Er verlangt also auch Nachdenken über das, was wir tun, wenn wir historisch urteilen.

Die Auflösung der Weimarer Republik hatte, darin sind sich die Historiker einig, rund drei Jahre vor der Machtübertragung an Hitler begonnen: an jenem 27. März 1930, an dem die letzte parlamentarische Mehrheitsregierung der Weimarer Republik, ein Kabinett der Großen Koalition unter dem sozialdemokratischen Reichskanzler Hermann Müller, an einem Streit um die Sanierung der Arbeitslosenversicherung zerbrach. Auf die letzte parlamentarische Regierung folgte ein zunächst verdecktes, dann offenes Präsidialkabinett: eine bürgerliche Minderheitsregierung unter dem Zentrumspolitiker Heinrich Brüning, die seit dem Juli 1930 mit Hilfe von Notverordnungen des Reichspräsidenten nach Artikel 48 der Weimarer Reichsverfassung regierte.

Als der im Mai 1928 gewählte Reichstag die Aufhebung der ersten beiden Notverordnungen verlangte, wurde er vom Reichspräsidenten aufgelöst. Nach den Neuwahlen vom 14. September 1930, aus denen die Nationalsozialisten als zweitstärkste Partei hervorgingen, mußte sich Brüning auf die Tolerierung der stärksten Partei, der SPD, stützen. Die SPD tolerierte Brüning nicht nur, um einen weiteren Rechtsruck im Reich zu verhindern, sondern auch um in Preußen an der Macht zu bleiben. Die preußische Regierung unter dem Sozialdemokraten Otto Braun war ein Kabinett der Weimarer Koalition, dem außer den Sozialdemokraten die Partei Brünings, das Zentrum, und die liberale Deutsche Staatspartei, die frühere Deutsche Demokratische Partei, angehörten. Hätte die SPD den Reichskanzler Brüning gestürzt, wäre der Sturz des preußischen Ministerpräsidenten Braun durch das Zentrum die unmittelbare Folge gewesen.

Die sozialdemokratische Tolerierungspolitik war auch die Voraussetzung dafür, daß Hindenburg im Frühjahr 1932, gestützt auf die Sozialdemokraten, das Zentrum, die sonstige bürgerliche Mitte und die gemäßigte Rechte, ein zweites Mal zum Reichspräsidenten gewählt wurde. Ohne das Zusammengehen von Sozialdemokraten und Zentrum wäre Hindenburgs gefährlichster Widersacher, Adolf Hitler, als Sieger aus der Volkswahl des Reichspräsidenten hervorgegangen. In diesem Fall hätte das «Dritte Reich» nicht am 30. Januar 1933, sondern schon am 10. April 1932, dem Tag des zweiten Wahlgangs der Reichspräsidentenwahlen, begonnen.

Sieben Wochen später, am 30. Mai 1932, wurde Reichskanzler Brüning von Hindenburg entlassen. Die Akten der Reichskanzlei bestätigen, was schon die Zeitgenossen wußten: Die großagrarische und deutschnationale Kampagne gegen die angeblich «agrarbolschewistische» Politik Brünings trug wesentlich zum Sturz des Zentrumspolitikers bei. Genauer gesagt: zum Zeitpunkt des Sturzes. Eine weit wichtigere Rolle, als der Öffentlichkeit bewußt war, spielte hinter den Kulissen der Chef des Ministeramtes im Reichswehrministerium, der General Kurt von Schleicher. Die archivalischen Quellen lassen keinen Zweifel an dem Kalkül, das die Architekten des Machtwechsels verfolgten: Die neue Regierung unter dem weithin unbekannten Franz von Papen, dem bisherigen rechten Flügelmann des preußischen Zentrums, sollte nicht mehr von der Tolerierung der Sozialdemokraten abhängig sein, sondern mit den immer stärker gewordenen Nationalsozialisten zusammenarbeiten. Um ihnen entgegenzukommen, hob der Reichspräsident nicht nur ein von ihm im April erlassenes Verbot von SA und SS auf. Er löste auch den Reichstag auf und setzte die Neuwahl auf den 31. Juli 1932 fest. Die Auflösung erfolgte am 4. Juni 1932 – auf den Tag genau heute vor siebzig Jahren.

Brünings Entlassung war der entscheidende Wendepunkt in der deutschen Staatskrise. Wäre Brüning im Amt geblieben und der Reichstag erst am Ende der Legislaturperiode, im September 1934, neu gewählt worden, hätte die Wahl unter ganz anderen wirtschaftlichen und politischen Rahmenbedingungen stattgefunden: Vermutlich wäre im Zuge einer konjunkturellen Erholung die Zahl der Arbeitslosen gesunken und die Anziehungskraft der extremen Parteien zurückgegangen. Die Ablösung Brünings durch Papen bedeutete den Übergang vom gemäßigten, parlamentarisch tolerierten zum autoritären, offen antiparlamentarischen Präsidialsystem. Der Ausgang der Reichstagswahlen vom 31. Juli 1932 war im wesentlichen vorhersehbar: starke Stimmengewinne der Nationalsozialisten, aber auch der Kommunisten, erhebliche Verluste der meisten anderen Parteien.

Genau so kam es. Im neuen Reichstag verfügten NSDAP und KPD über eine negative Mehrheit. Eine parlamentarische Krisenlösung in Gestalt einer braunschwarzen Koalition, eines Zusammengehens von NSDAP, Zentrum und Bayerischer Volkspartei, wurde zwar von den beiden katholischen Parteien angestrebt, von Hitler aber verworfen. Der Reichstag fiel folglich als Verfassungsorgan faktisch aus.

Das Parlament konnte keine konstruktive Rolle mehr spielen, weil sich die Mehrheit der Wähler für Parteien entschieden hatte, die die Demokratie beseitigen wollten.

Im Reichskabinett, dem vom sozialdemokratischen *Vorwärts* sogenannten «Kabinett der Barone», gingen am 10. August 1932 ausweislich des Protokolls die Meinungen über die Folgerungen aus dem Wahlausgang weit auseinander.[1] Es gab Befürworter einer Regierungsbeteiligung der Nationalsozialisten wie Justizminister Gürtner und Finanzminister Graf Schwerin von Krosigk. Der Letztere begründete sein Votum mit der Bemerkung, daß sich ein Bürgerkrieg am ehesten vermeiden lasse, wenn man den «Wilddieb zum Förster» mache. Der entschiedenste Widerstand gegen eine nationalsozialistisch geführte Regierung kam von Reichsinnenminister von Gayl. Dieser war sogar bereit, einen «Kampf auf Leben und Tod» mit der NSDAP zu führen. Er sprach in diesem Zusammenhang von einer «Revolution von oben» und befürwortete offen eine verfassungswidrige Lösung: die Vertagung von Neuwahlen und die Oktroyierung eines neuen Wahlrechts.[2]

Der Mann, auf den alles ankam, war zu jenem Zeitpunkt ebenfalls strikt gegen eine Kanzlerschaft Hitlers. Am 13. August 1932 ließ Reichspräsident von Hindenburg nach einem Gespräch mit dem Führer der NSDAP amtlich verlauten, «daß er es vor seinem Gewissen und seinen Pflichten dem Vaterlande gegenüber nicht verantworten könne, die gesamte Regierungsgewalt ausschließlich der nationalsozialistischen Bewegung zu übertragen, die diese Macht einseitig anzuwenden gewillt sei».[3] Am 30. August erklärte sich Hindenburg in einer Unterredung mit Reichskanzler von Papen, Reichsinnenminister von Gayl und Reichswehrminister von Schleicher, die zu ihm auf sein Gut Neudeck in Ostpreußen gekommen waren, bereit, einer abermaligen Auflösung des Reichstags zuzustimmen, Neuwahlen aber nicht innerhalb der von der Verfassung vorgeschriebenen Frist von sechzig Tagen, sondern erst später, nach einer Beruhigung der innenpolitischen Lage, abzuhalten.[4]

Es war nicht das erste Mal in der Geschichte der Weimarer Republik, daß auf Regierungsebene über einen dem Wortlaut der Reichsverfassung widersprechenden Aufschub von Neuwahlen nachgedacht wurde. Die Akten der Reichskanzlei beweisen, daß auch schon unter Reichspräsident Friedrich Ebert, am 2. Dezember 1923, eine solche Krisenlösung im Reichskabinett erörtert worden war, wobei der Chef des Büros des Reichspräsidenten, Staatssekretär Meissner, der 1932 noch das gleiche Amt innehatte, für diesen Fall den Artikel 48 in Anspruch nehmen wollte.[5] Doch weder 1923 noch 1932 kam es zur Verletzung der einschlägigen Bestimmung, des Artikels 25 der Reichsverfassung. Am 12. September 1932 löste der Reichspräsident den Reichstag erneut auf. Am 20. September unterzeichnete er eine Verordnung, die die Neuwahl auf den 6. November 1932, den spätestmöglichen Termin innerhalb der Frist von 60 Tagen, festsetzte. Nach einem Mißtrauensvotum des Reichstags am 12. September, das der Kanzler seinem eigenen Ungeschick verdankte, war Papens Autorität so geschwächt, daß er das Risiko eines offenen Verfassungskonfliktes wohl nicht mehr glaubte eingehen zu können.

Der Ausgang der Reichstagswahl vom 6. November 1932 ließ die Gegner Hitlers aufatmen: Zum ersten Mal seit 1930 mußte er eine Niederlage an den Urnen hinnehmen. Die Nationalsozialisten verloren gegenüber der Juliwahl über zwei Millionen Stimmen, während die Kommunisten über 600000 Stimmen hinzugewannen und die magische Zahl von 100 Reichstagssitzen erreichten. Aber gerade in diesem Zusammentreffen von nationalsozialistischen Verlusten und kommunistischen Gewinnen lag Hitlers große Chance, doch noch Reichskanzler zu werden. Fortan war die Angst vor dem Bürgerkrieg seine mächtigste Verbündete. Eine abermalige Auflösung des Reichstags und Neuwahlen im Winter, auf dem Höhepunkt der Arbeitslosigkeit: Das war für die meisten Akteure und Beobachter ein Schreckensszenario. Die Kommunisten mußten nicht mehr viel hinzugewinnen, um die Sozialdemokraten zu überrunden und die stärkste Arbeiterpartei zu werden. Wenn es so weit kam, war mit schweren sozialen Unruhen, ja mit einem revolutionären Flächenbrand zu rechnen.

Am 3. Dezember 1932 wurde Papen als Reichskanzler von dem Mann abgelöst, der ihn zum Regierungschef gemacht hatte: dem

Reichswehrminister Kurt von Schleicher. Der «soziale General», wie er sich gern nannte, legte seine politischen Vorstellungen Mitte Dezember vor den Gruppen- und Wehrkreisbefehlshabern der Reichswehr vor: Es gelte weiterhin, eine Mitarbeit der Nationalsozialisten unter dem Reichsorganisationsleiter der NSDAP, Gregor Strasser, und zwar «unter dem Messiassegen Hitlers», anzustreben. Wenn dieser Versuch scheitere, sei der Kampf da und der Zeitpunkt für die Auflösung von Reichstag und preußischem Landtag gekommen.[6]

Schleichers Versuch scheiterte, weil es für Hitler seit dem Gespräch, das er am 4. Januar 1933 im Hause des Kölner Bankiers von Schröder mit dem früheren Reichskanzler von Papen geführt hatte, einen anderen, sehr viel attraktiveren Weg zur Macht gab: den Weg über Papen zu Hindenburg. Am 16. Januar 1933 kehrte das Reichskabinett zum Staatsnotstandsplan vom August 1932 zurück: Auflösung des Reichstags und Neuwahlen erst im Herbst 1933, also lange nach Ablauf der verfassungsmäßigen Frist von 60 Tagen. Aber anders als im Vorjahr spielte Hindenburg diesmal nicht mit. Am 23. Januar lehnte der Reichspräsident den Aufschub von Neuwahlen ab und behielt sich seine Entscheidung in Sachen Auflösung des Reichstags vor. Fünf Tage später, am 28. Januar, wies er Schleichers Bitte um die Auflösungsorder definitiv zurück. Daraufhin bat Schleicher um seine Entlassung: ein Ersuchen, dem Hindenburg sofort nachkam.

Im letzten Band der Akten der Reichskanzlei aus der Zeit der Weimarer Republik, dem Band über das Kabinett von Schleicher, findet sich die Abschrift einer Abschrift einer Tagebuchaufzeichnung des Reichsfinanzministers Lutz Graf Schwerin von Krosigk, in der er von der tiefen Entfremdung zwischen Hindenburg und Schleicher berichtet. Als Gründe nennt er den Groll des Reichspräsidenten über die Trennung von Papen, die ihm von Schleicher aufgezwungen worden war. Er führt weiter die von Schleicher erhoffte, aber kaum erreichte Unterstützung durch das Zentrum und die Gewerkschaften auf, sodann den «starken Eindruck der Kampfansage der Deutsch-Nationalen und der Landwirtschaft» – einer Kampagne, die in der Tat stark an die Angriffe erinnerte, die dieselben Kreise im Frühjahr 1932 gegen Brüning gerichtet hatten.

Schließlich erwähnt Schwerin von Krosigk noch einen Grund, der ebenfalls mit der Landwirtschaft, aber auch mit dem Reichspräsidenten selbst zu tun hatte: Hindenburg sei verbittert, weil ihn das Reichskabinett gegen öffentliche Angriffe wegen seiner Rolle im Osthilfeskandal, der Veruntreuung von Staatsmitteln zu Gunsten hoch verschuldeter ostelbischer Rittergüter, und wegen der «Erbschaftssache Neudeck» nicht hinreichend verteidigt habe. Das Gut Neudeck, das Hindenburg 1927 anläßlich seines 80. Geburtstags als Geschenk der deutschen Wirtschaft erhalten hatte, war auf den Namen seines Sohnes Oskar eingetragen worden, um diesem die Erbschaftssteuer zu ersparen. Der Reichsfinanzminister faßte zusammen: «Es waren wohl eine ganze Menge sachlicher und persönlicher Momente zusammengekommen, die den in den letzten Tagen vielleicht sehr einseitig beeinflußten Reichspräsidenten zu seiner Haltung gegen das Kabinett von Schleicher bestimmten.»[7]

«Eine ganze Menge sachlicher und persönlicher Momente»: Die Entlassung Schleichers am 28. Januar 1933 und die Ernennung Hitlers zwei Tage später schienen auf den ersten Blick überwiegend subjektive und banale Gründe zu haben. Bei näherem Zusehen aber hatten diese Gründe alle etwas mit gesellschaftlichen Verhältnissen, also mit Strukturen zu tun. Der ostelbische Rittergutsbesitz war wirtschaftlich weithin am Ende, besaß aber, dank seines Zugangs zum Machtzentrum, dem Reichspräsidenten von Hindenburg, großen politischen Einfluß – einen größeren als die wirtschaftlich sehr viel mächtigere Großindustrie. Auch dort gab es, vor allem auf dem rechten Flügel der rheinisch-westfälischen Schwerindustrie, Befürworter eines «Duumvirats» Papen-Hitler oder gegebenenfalls auch Hitler-Papen. Aber wenn sie auf Hindenburg einwirken wollten, bedurften sie eines Mittelsmannes. Als solcher fungierte im Januar 1933 Franz von Papen. Die industriellen Spitzenverbände freilich bemühten sich bis zuletzt, Schleicher im Kanzleramt zu halten. Das zeigen ihre im Bundesarchiv aufbewahrten Eingaben aus den letzten Tagen des Januar 1933.[8]

Als das größte aller Übel sahen die Spitzenverbände der Industrie und der Gewerkschaften aller Richtungen aber nicht eine Kanzlerschaft Hitlers an, sondern ein reaktionäres Kampfkabinett unter Papen oder, weniger wahrscheinlich, dem deutschnationalen Parteiführer Alfred Hugenberg. Einer solchen Regierung hätte jeder Rückhalt in den Massen gefehlt, und darum fürchteten viele, die Berufung Papens würde einem Staatsstreich gleichkommen und einen Bürgerkrieg auslösen. Hitler hingegen war trotz der Stimmenverluste im November noch immer der Führer der mit Abstand größten Partei. Er hatte einen Massenrückhalt, und wenn er legal zur Macht kam, schien die Gefahr von Verfassungsbruch und Bürgerkrieg weniger groß. So dachten auch die bürgerlichen Mittelparteien, obenan das Zentrum, und am Abend des 28. Januar konnte man eine solche Lagebeurteilung sogar im sozialdemokratischen *Vorwärts* lesen.[9]

Wer nach den tieferen Gründen für die Machtübertragung an Hitler fragt, der kann beim Archivgut der Jahre 1932/33 nicht stehenbleiben. Die Quellen sind der Ausgangspunkt, zu dem wir immer zurückkehren; sie sind das unabdingbare Fundament, das wir brauchen, wenn wir historisch urteilen und nicht bloß räsonieren wollen. Die größeren Zusammenhänge, in die wir die aus den Quellen geschöpften Erkenntnisse einordnen, sind aber nicht immer und nicht notwendigerweise in Akten nachzulesen. Manche Zusammenhänge können sogar nur im Sinn einer Vermutung postuliert werden, die es als solche zu kennzeichnen gilt, damit sie nicht vorschnell den gesicherten Zusammenhängen zugeschlagen wird.

Zu den gesicherten Zusammenhängen der Machtübertragung an Hitler gehört jener deutsche Legalitätsglaube, den der sozialdemokratische Jurist Ernst Fraenkel im Dezember 1932 in der von Rudolf Hilferding herausgegebenen Zeitschrift *Die Gesellschaft* bewußt polemisch als «Verfassungsfetischismus» bezeichnet hat. Er wollte damit die Neigung auch vieler seiner Parteifreunde treffen, die Gefahr einer Abschaffung der gesamten Verfassung weniger ernst zu nehmen als die Verletzung eines ihrer Artikel – jenes Artikels 25, der die Fristen für die Neuwahl des Reichstags festlegte.[10]

Aber gibt es nicht auch für den deutschen Legalitätsglauben einen tieferen Grund? Max Weber hat nach dem Ende des Ersten Weltkrieges den Legalitätsglauben die «heute geläufigste Legitimitätsform» genannt.[11] Daß dieser Glaube in Deutschland besonders stark ausgeprägt war, hat ursächlich mit einer tiefsitzenden Angst vor einem Bürgerkrieg zu tun. Ich vermute, daß es dafür einen «Grund letzter Instanz» gibt, nämlich die traumatische Erfahrung eines lange zurückliegenden, schrecklichen Krieges in Deutschland, in dem man wohl die Urkatastrophe der deutschen Geschichte sehen muß: des Dreißigjährigen Krieges. Oder im Sinne einer These formuliert: Seit dem deutschen Krieg der Jahre 1618 bis 1648 hat sich die Angst vor dem Zusammenbruch aller gewohnten Ordnung, vor Chaos, blinder Gewalt und Bürgerkrieg tief in das deutsche Unterbewußtsein eingenistet.

Auf festerem Boden bewegen wir uns, wenn wir uns zwei anderen tieferen Gründen für den Ausgang der deutschen Staatskrise der frühen dreißiger Jahre zuwenden. Zum einen müssen wir das starke politische Gewicht einer vorindustriellen Machtelite wie des ostelbischen Rittergutsbesitzes hervorheben: ein sozialgeschichtliches Faktum, das ohne die Getreidezölle der Bismarckzeit und der Wilhelminischen Ära nicht zu erklären ist.

Zum anderen spielt der Faktor «Massenrückhalt» eine große Rolle, und auch dieser Grund führt uns in die Bismarckzeit zurück. Die Deutschen männlichen Geschlechts kannten seit der Reichsgründung von 1871 (oder, wenn man auf den Norddeutschen Bund abstellt, seit 1867) das allgemeine gleiche Reichstagswahlrecht und damit einen verbrieften Anspruch auf politische Teilhabe. Eine parlamentarisch verantwortliche Regierung kannten sie dagegen erst seit dem Oktober 1918, also seit dem Ende des Ersten Weltkrieges. Das Zusammentreffen von militärischer Niederlage und Parlamentarisierung war ein wesentlicher Grund für die Legitimationsschwäche der Weimarer Demokratie: Sie galt vielen als Staatsform der Sieger und damit als undeutsch.

Als 1930 das parlamentarische durch ein Präsidialsystem abgelöst wurde, gab das den außerparlamentarischen Kräften Auftrieb. Hitler verdankte seine Wahlerfolge nicht zuletzt seinem Geschick, an beides zu appellieren: an das verbreitete Ressentiment gegenüber der parlamentarischen Demokratie, die ja tatsächlich gescheitert war, und an den Teilhabeanspruch des Volkes, der von den Präsidialkabinetten um seine politische Wirkung gebracht wurde. Ein Zufall oder «Betriebsunfall» war Hitlers Ernennung zum Reichskanzler also nicht. Es gab historische Gründe, die diese Krisenlösung über andere obsiegen ließ.

Aber daraus folgt noch nicht, daß die Berufung des nationalsozialistischen Parteiführers zum Reichskanzler zwangsläufig war. Die dramatische Zuspitzung der deutschen Staatskrise durch Brünings Entlassung im Mai 1932 war in keiner Weise «notwendig», sondern ein Ausdruck rücksichtsloser Interessenpolitik militärischer und großagrarischer Kreise. Und noch im Januar 1933 hätte es nicht des verfassungswidrigen Aufschubs von Neuwahlen bedurft, um Hitler von der Macht fernzuhalten. Ein Reichspräsident, der entschlossen war, Hitler die Kanzlerschaft zu verweigern, hätte sich über das zu erwartende Mißtrauensvotum gegen den von ihm ernannten Reichskanzler von Schleicher hinwegsetzen können, weil es nur ein negatives und destruktives Mißtrauensvotum war. Er hätte Schleicher geschäftsführend im Amt behalten können: Praktiker und Theoretiker empfahlen um die Jahreswende 1932/33 diesen Weg, fanden allerdings weder bei Hindenburg noch bei Schleicher Gehör – vielleicht, weil sie beide Soldaten waren und eine Niederlage in einem zu positiven Entscheidungen unfähigen Reichstag ernster nahmen, als sie es verdiente.

Hindenburg hätte Schleicher auch durch einen «unpolitischen», nicht polarisierenden Nachfolger ablösen können und damit zumindest Zeit gewonnen. Aber der greise Reichspräsident wollte nun einmal «rechts» regieren und ließ sich zuletzt von Papen und anderen Ratgebern davon überzeugen, daß Hitler als Chef eines mehrheitlich konservativen Kabinetts die am wenigsten gefährliche Krisenlösung wäre.

Man mag darüber streiten, ob die Mehrheit der Deutschen politisch «versagt» hat, als sie 1932 für Parteien stimmte, die die Demokratie abschaffen wollten. Aber gewiß haben jene versagt, die die Macht hatten, Hitler zu verhindern. Denn im entscheidenden Augenblick nutzten sie ihren Einfluß, um Hitler an die Macht zu bringen. «Versagen» ist ein Werturteil, und damit bin ich bei der abschließenden Frage, was den Historiker berechtigt, ein solches Urteil abzugeben.

Johann Gustav Droysen hat in seiner «Historik», die aus Vorlesungen in den 1850er Jahren hervorgegangen ist, vier Formen der historischen Interpretation herausgearbeitet: erstens die pragmatische Interpretation, der es um die Kausalzusammenhänge geht; zweitens die Interpretation der objektiven Bedingungen, unter denen die Handelnden standen; drittens die psychologische Interpretation, die nach den subjektiven Beweggründen der Akteure fragt; viertens die «Interpretation nach den sittlichen Mächten und Ideen».

Von alledem war hier die Rede: von den Kausalzusammenhängen, in denen die Machtübertragung an Hitler gesehen werden muß; von den politischen und gesellschaftlichen Bedingungen, mit denen die Akteure rechnen mußten und die ihren Handlungsspielraum begrenzten; von ihren Motiven und schließlich von den Maßstäben, die man an ihr Handeln anlegen muß.

Der letzte Punkt ist der schwierigste. Für den Hegelianer Droysen waren das Werden und Wachsen der sittlichen Ideen die Bewegung und das Leben der Geschichte. Er beleuchtet das Problem zunächst als ein statisches und spricht vom «ethischen Horizont, in dem alles stand, was in diesem Volk, in dieser Zeit war und geschah, und damit das Maß für jeden einzelnen Vorgang in diesem Volk, in dieser Zeit». Dann faßt er die «Momente der fortschreitenden Bewegung» ins Auge und setzt sie in Beziehung zu dem, «wohin sie geführt haben und was daraus geworden ist. Damit gewinnen wir, was die Bewegung in jener Zeit, das Streben und Ringen der Menschen damals, ihr Wettkampf, ihre Siege und ihre Niederlagen bedeuten.»[12]

Wohin führen uns diese Überlegungen, wenn wir mit ihrer Hilfe nochmals auf das Deutschland der frühen dreißiger Jahre blicken? Die Übertragung der Macht an Hitler sprengte offensichtlich nicht den Werthorizont derer, die in einflußreicher Stellung an diesem Vorgang mitwirkten. Einen anderen Werthorizont hatten die politischen Kräfte, die so viel wie möglich von der Demokratie bewahren und darum Hitler von der Macht fernhalten wollten. Wiederum anders war der Werthorizont jener, die Weimar auf revolutionärem Weg überwinden und durch eine «Diktatur des Proletariats» ersetzen wollten. Einen gemeinsamen Werthorizont im Sinne eines auf die Menschen- und Bürgerrechte gegründeten Minimalkonsenses der konkurrierenden politischen Kräfte aber gab es nicht.

Hätte es ihn gegeben, wäre aus dem «Streben und Ringen der Menschen damals», ihrem «Wettkampf», nicht *die* Richtung als Siegerin hervorgegangen, der nichts fremder war als ein «ethischer Horizont».

Der Historiker, der sich bei der Betrachtung des Untergangs der Weimarer Republik und der Machtübertragung an Hitler den «ethischen Horizont» der Menschen- und Bürgerrechte zu eigen macht, geht dennoch nicht unhistorisch vor. Denn dieser «ethische Horizont» war der des Grundrechtsteils der Weimarer Reichsverfassung und einer alten Wert- und Rechtstradition, die Deutschland mit dem Westen verband. Wenn wir unser Urteil über den historischen Ort des 30. Januar 1933 nicht an diesem Maßstab messen – welcher Maßstab bliebe uns dann noch?

| **Umkehr nach dem Untergang**

Das Jahr 1945 war der entscheidende Wendepunkt der deutschen Geschichte

Einmal zumindest hatte Adolf Hitler richtig prophezeit. Am 1. September 1939, dem ersten Tag des von ihm entfesselten Krieges, verkündete der «Führer und Reichskanzler» vor dem Reichstag: «Ein November 1918 wird sich niemals mehr in der deutschen Geschichte wiederholen.»[1]

Tatsächlich verlief der Zweite Weltkrieg an der deutschen «Heimatfront» ganz anders als der Erste. Es gab keine Streiks, keine Meutereien und erst recht keine Revolution. Das hatte seinen Grund nicht nur in der Allgegenwart des Terrors. Es lag vor allem auch an der rücksichtslosen Ausbeutung der besetzten Gebiete, die Deutschland eine Hungersnot wie den «Steckrübenwinter» von 1916/17 ersparte. Es lag an der ebenso rücksichtslosen Ausbeutung von Millionen von zwangsverpflichteten ausländischen Zivilarbeitern, Kriegsgefangenen und KZ-Häftlingen. Die Zwangs- und Sklavenarbeit von Ausländern erlaubte es, daß die deutschen Arbeiter zwischen 1939 und 1945 weniger ausgebeutet wurden als zwischen 1914 und 1918. Sie konnten und sollten sich privilegiert fühlen, und das taten die meisten von ihnen auch. Zu keiner Zeit mußte das «Dritte Reich» fürchten, dasselbe Schicksal zu erleiden wie das Kaiserreich, das im letzten Kriegsjahr von einer revolutionären Erhebung der Arbeiter und Soldaten hinweggefegt worden war.

Im November 1918 erlebte Deutschland einen Regimewechsel, die Ablösung der Monarchie durch eine Republik. Das Deutsche Reich verlor zwar 1919 durch den Friedensvertrag von Versailles ein Siebtel seines Gebietes, aber es blieb erhalten. Ein gesellschaftlicher und moralischer Bruch mit dem Kaiserreich fand nicht statt. Die militärische Führung und das hohe Beamtentum, die Großunternehmer und die ostelbischen Großgrundbesitzer bildeten weiterhin die «Stützen der Gesellschaft». Die parlamentarische Demokratie, die Deutschland erst im Oktober 1918 eingeführt hatte, galt weiten Kreisen als die Staatsform der Sieger und damit als undeutsch. Die militärische Niederlage wurde von der Rechten auf heimtückischen Verrat der Linken, einen «Dolchstoß» in den Rücken des «im Felde unbesiegten» Heeres, zurückgeführt. Eine selbstkritische Auseinandersetzung mit dem deutschen Anteil an der Kriegsschuld von 1914 unterblieb. Das erleichterte den Kampf gegen das «Diktat von Versailles»: Wenn sich die Deutschen der Weimarer Republik in einem Punkt grundsätzlich einig waren, dann war es die Überzeugung, daß es kein wichtigeres außenpolitisches Ziel gab als die Überwindung der Friedensordnung von 1919.

Nach dem Zweiten Weltkrieg war fast alles anders. Die Siegermächte übernahmen die oberste Gewalt in dem okkupierten und in vier Besatzungszonen aufgeteilten Land. Der nationalsozialistischen Führung wurde, soweit sie den «Zusammenbruch» überlebt hatte, von den Alliierten der Prozeß gemacht, ebenso den am stärksten belasteten Spitzen von Wehrmacht, Diplomatie und Wirtschaft. Es gab auf Jahre hinaus kein deutsches Militär. Anders als nach 1918 konnten sich nach 1945 weder Kriegsunschuld- noch Dolchstoßlegenden durchsetzen. Den Zweiten Weltkrieg hatte das nationalsozialistische Deutschland zu verantworten: Nur eine Minderheit von Unbelehrbaren stellte das in Frage.

Für die deutsche Geschichte bedeutet das Jahr 1945 nicht nur einen Wendepunkt unter anderen, sondern den Wendepunkt schlechthin. Zeitweilig schien es sogar, als markiere es den Endpunkt der deutschen Nationalgeschichte. Ende Mai 1945, wenige Wochen nach der bedingungslosen Kapitulation des Deutschen Reiches, hielt Thomas Mann, eine der großen Gestalten des deutschen Exils, in der Library of Congress zu Washington eine Rede über «Deutschland und die Deutschen», in der er den tieferen Gründen der deutschen Katastrophe nachging. Einen davon sah er darin, «daß Deutschland nie eine Revolution gehabt und gelernt hat, den Begriff der Nation mit dem der Freiheit zu vereinigen».

Selbst «die vielleicht berühmteste Eigenschaft der Deutschen», die «Innerlichkeit», hatte ihnen nach Meinung des Dichters mehr Unglück als Glück gebracht. Ein Ausdruck dieser Innerlichkeit war aus seiner Sicht die deutsche Romantik. Europa verdanke ihr tiefe und belebende Impulse. Die Deutschen aber seien durch sie das «Volk der romantischen Gegenrevolution gegen den philosophischen Intellektualismus und Rationalismus der Aufklärung» geworden. Mann folgerte daraus, «daß es nicht zwei Deutschland gibt, ein böses und ein gutes, sondern nur eines, dem sein Bestes durch Teufelslist zum Bösen ausschlug. Das böse Deutschland, das ist das fehlgegangene, das gute im Unglück, in Schuld und Untergang.»[2]

Nicht alles, was Thomas Mann seinem Auditorium zu bedenken gab, hielt wissenschaftlicher Kritik stand; nicht alles war originell. Und doch traf er in seinem «Stück deutscher Selbstkritik», wie er es nannte, etwas Wesentliches: einen Grundwiderspruch der deutschen Geschichte. Kulturell und gesellschaftlich ein Teil des alten Okzidents, hatte Deutschland sich politisch ganz anders entwickelt als seine westlichen Nachbarn. Es war sehr viel später als Frankreich und England ein Nationalstaat geworden und noch später eine Demokratie.

Ein Nationalstaat wurde Deutschland 1871 durch Bismarcks Reichsgründung, die schon von Zeitgenossen als Ergebnis einer «Revolution von oben» gekennzeichnet wurde. 1871 war Preußens Antwort auf die gescheiterte Revolution von 1848. Bismarck, der Preuße aus märkischem Uradel, löste eine der beiden Fragen, um die es in jener Revolution gegangen war: die Einheitsfrage. Die andere Frage, die Freiheitsfrage, löste er nicht und konnte er nicht lösen. Die Einführung einer parlamentarisch verantwortlichen Reichsregierung hätte den Interessen des alten Preußens, seiner Dynastie, seines grundbesitzenden Adels, seines Militärs und seines Beamtentums fundamental widersprochen – den Interessen der anderen Bundesstaaten wie Bayern, Württemberg oder Sachsen freilich auch.

Noch 1918, kurz bevor das Reich in der Hoffnung auf einen milden Frieden dann doch zum westlichen System der parlamentarischen Mehrheitsregierung überging, hatte Thomas Mann in seinen «Betrachtungen eines Unpolitischen» den deutschen Macht- und Obrigkeitsstaat gegen die politischen Ideen der westlichen Demokratien verteidigt: Alles, was die deutsche «Kultur» auszeichnete und der westlichen «Zivilisation» überlegen machte, hatte sich nach seiner Überzeugung nur dank des fürsorglichen Schutzes eines starken, vom Mehrheitswillen unabhängigen Staates entwickeln können.[3]

Nach der Gründung der Weimarer Republik revidierte sich der Autor gründlich: Er wurde zum beredten Fürsprecher der parlamentarischen Demokratie. Im gebildeten Deutschland aber überwogen jene, die die neue Ordnung ablehnten und an ihren Vorbehalten gegenüber «dem Westen» festhielten. Die erste deutsche Demokratie war ein Produkt der Niederlage: Diese Vorbelastung war einer der wichtigsten Gründe des Scheiterns von Weimar.

Ein Produkt der Niederlage war auch der Mann, der als Sieger aus der Staatskrise der Weimarer Republik hervorging: Adolf Hitler. Das Trauma des verlorenen Krieges war die Bedingung seiner politischen Karriere. An die verbreiteten Ressentiments gegenüber dem «System» von 1918 appellierten viele, aber niemand so virtuos wie er. Anders als die Honoratioren an der Spitze der bürgerlichen Rechten vermochte es der Führer der Nationalsozialisten, die Massen anzusprechen. Als die parlamentarische Demokratie von Weimar 1930 zusammenbrach und ein halbautoritäres Präsidialregime an ihre Stelle trat, schnellten die Stimmenzahlen für die NSDAP nach oben.

Die Deutschen hatten zwar erst sehr spät eine parlamentarische Demokratie erhalten, die in Weimar von Anfang an mehr schlecht als recht funktionierte. Aber schon unter Bismarck waren sie in den Genuß des allgemeinen gleichen Reichstagswahlrechts gekommen. Unter den Präsidialregierungen der späten Republik hatte der Reichstag als Gesetzgebungsorgan weniger zu sagen als im Kaiserreich; das allgemeine Wahlrecht wurde damit weitgehend um seine politische Wirkung gebracht. Eben darin lag Hitlers Chance: Er konnte sich nun als Anwalt des entrechteten Volkes ausgeben und fand Glauben für sein Versprechen, das «Dritte Reich» werde dem Volke näher sein als alle politischen Ordnungen, die Deutschland bisher erlebt hatte.

Ihren größten Wahlerfolg erzielten die Nationalsozialisten bei den Reichstagswahlen vom 31. Juli 1931 mit einem Stimmenanteil von 37,4 Prozent. Doch dann kam ein jäher Absturz: Bei der zweiten Reichstagswahl des Jahres 1932, am 6. November, erhielt die NSDAP nur noch 33,1 Prozent. Das waren über zwei Millionen Stimmen weniger als im Juli. Viele Beobachter im In- und Ausland hielten Hitler bereits für politisch erledigt. Sie unterschätzten jedoch seine mächtigste Verbündete: die Angst vor dem Bürgerkrieg und der roten Revolution. Die Kommunisten hatten nämlich am 6. November über 600000 Stimmen hinzugewonnen; sie erreichten die magische Zahl von 100 Mandaten und lagen mit 16,9 Prozent nur noch um 3,5 Prozentpunkte hinter der SPD.

Der Schock des Wahlausgangs trug wesentlich dazu bei, daß seit November 1932 konservative Politiker, Schwerindustrielle und preußische Rittergutsbesitzer, die über enge Verbindungen zum greisen Reichspräsidenten Paul von Hindenburg verfügten, verstärkt auf eine Machtbeteiligung Hitlers drängten. Wenn er von einer konservativen Kabinettsmehrheit eingerahmt werde, könne er als Reichskanzler keinen Schaden anrichten, sondern eine Brücke zwischen den «nationalen» Eliten und den «nationalen» Massen schlagen: So dachten sie, und diesem Kalkül fügte sich am Ende auch der widerstrebende Hindenburg. Am 30. Januar 1933 berief er Hitler an die Spitze einer Regierung der «nationalen Erhebung», in der es sehr viel mehr konservative als nationalsozialistische Minister gab.

Die Machtübertragung an Hitler war nicht das zwangsläufige Ergebnis der Geschichte der Weimarer Republik. Der Reichspräsident war durchaus nicht dazu gezwungen gewesen, Anfang Juni 1932 den im September 1930 gewählten Reichstag aufzulösen und damit die Staatskrise dramatisch zuzuspitzen. Hätte es erst im September 1934 – zum regulären Zeitpunkt – Neuwahlen gegeben, wären sie wahrscheinlich in eine Zeit der wirtschaftlichen Erholung und der politischen Entradikalisierung gefallen.

Hindenburg hätte sogar noch nach der Reichstagswahl vom 31. Juli 1932, bei der erwartungsgemäß Nationalsozialisten und Kommunisten zusammen die Mehrheit der Sitze erreichten, die Möglichkeit gehabt, ohne Verfassungsbruch eine Kanzlerschaft Hitlers zu verhindern: Er konnte einen Reichskanzler, dem der Reichstag mit «negativer», nicht regierungsfähiger Mehrheit das Mißtrauen aussprach, geschäftsführend im Amt belassen.

Ein «Betriebsunfall» aber war der 30. Januar 1933 auch nicht. Daß hochkonservative Kreise aus dem ostelbischen Großgrundbesitz und dem Militär den größten Einfluß auf den Reichspräsidenten ausübten und dadurch das eigentliche Machtzentrum der späten Weimarer Republik bildeten, hatte Gründe, die weit in die deutsche Geschichte zurückreichten. Es war der alte, preußisch geprägte Obrigkeitsstaat, der in Hindenburg und seiner Umgebung fortlebte. In diesem Kreis wurden 1932/33 die Weichen für den Weg in die Katastrophe gestellt.

Hitler habe in freien Wahlen nie eine Mehrheit des deutschen Volkes hinter sich gebracht: So lautet eine alte und beliebte Schutzbehauptung, die man auch heute noch hört und liest. Tatsache ist, daß es bei den Reichstagswahlen vom 5. März 1933 noch gefahrlos möglich war, gegen ihn zu stimmen. Die NSDAP kam damals auf 43,9 Prozent, die mit ihr verbündete «Kampffront Schwarz-Weiß-Rot», ein Bündnis Deutschnationaler und anderer Konservativer, auf 8 Prozent. Das ergab eine Mehrheit von 51,9 Prozent für die Regierung Hitler.

Die persönliche Popularität Adolf Hitlers stieg in den folgenden Jahren ins Unermeßliche; sie war ungleich höher als die seiner Partei. Die Beseitigung der Massenarbeitslosigkeit innerhalb weniger Jahre, zu erheblichen Teilen eine Folge der Rüstungskonjunktur, trug zu diesem Triumph ebenso bei wie die beiden größten außenpolitischen Erfolge der Vorkriegszeit: die kampflose Besetzung des entmilitarisierten Rheinlands 1936 und der «Anschluß» Österreichs 1938.

Die Judenfeindschaft der Nationalsozialisten erschien den meisten Deutschen übertrieben, aber im Kern nicht unberechtigt. Verpönt war rohe Gewalt gegenüber Juden. Über ihre «gesetzliche» Entrechtung aber empörten sich die wenigsten, und kaum jemand trug Bedenken, aus der Enteignung jüdischen Besitzes Nutzen zu ziehen. Nie zuvor hatte es eine derart radikale Umverteilung in Deutschland gegeben wie die «Arisierung» in den Jahren 1933 bis 1939, eine gigantische, erzwungene Vermögensübertragung von jüdischen an nichtjüdische Deutsche, die bis heute nachwirkt. Über die physische Vernichtung der europäischen Juden seit 1941 wurde mehr bekannt, als das Regime wünschte. Aber zum Wissen gehört immer auch das Wissenwollen, und daran fehlte es, was den Holocaust angeht, im Deutschland des Dritten Reiches.

Hitlers Krieg, der am 1. September 1939 mit dem Überfall auf Polen begann, war bei den Deutschen zunächst durchaus nicht populär, wohl aber die frühen Siege, an erster Stelle der über Frankreich im Sommer 1940. Nach dem Fall von Paris schien Deutschland den Ersten Weltkrieg mit 22 Jahren Verspätung doch noch gewonnen zu haben. «Die übermenschliche Größe des Führers und seines Werkes erkennen heute alle gutgesinnten Volksgenossen restlos, freudig und dankbar an», berichtete am 9. Juli 1940 der Regierungspräsident von Schwaben.[4]

Das akademische Deutschland war nicht weniger begeistert als die vielen namenlosen «Volksgenossen». Der Historiker Friedrich Meinecke, geboren 1862, stand Hitler und dem Nationalsozialismus kühl, ja ablehnend gegenüber. Am 4. Juli 1940 aber schrieb er einem Kollegen: «Freude, Bewunderung und Stolz auf dieses Heer müssen zunächst auch für mich dominieren. Und Straßburgs Wiedergewinnung! Wie sollte einem da das Herz nicht schlagen.»[5]

Ohne starken Rückhalt bei den akademischen Eliten hätte Hitler sich schwerlich zwölf Jahre lang an der Macht behaupten können. Die tragfähigste Brücke zwischen dem «Führer» und den «Gebildeten» war wohl der Mythos vom «Reich». Keiner benutzte ihn so gekonnt wie Hitler; nirgendwo hatte dieser Mythos so tiefe Wurzeln geschlagen wie bei denen, die in den Genuß höherer Bildung gelangt waren.

Das Heilige Römische Reich Deutscher Nation, das sich 1806 unter dem Druck Napoleons auflösen mußte, war nie ein Nationalstaat gewesen. Es hatte sich lange als Schutzmacht der abendländischen Christenheit verstanden und damit einen übernationalen Anspruch verbunden.

Die Reichsidee war «großdeutsch»; sie umfaßte immer auch Österreich, das der Preuße Bismarck aus seinem «kleindeutschen» Reich von 1871 ausgeschlossen hatte. Darum war der großdeutsche Gedanke nie so lebendig wie in der Zeit nach dem Ersten Weltkrieg: Mit dem Untergang des habsburgischen Vielvölkerreiches im Jahre 1918 war das stärkste Hindernis entfallen, das einer Vereinigung von Österreichern und «Reichsdeutschen» im Weg gestanden hatte.

Doch für seine Ideologen bedeutete das Reich noch sehr viel mehr: Es hatte die Bestimmung, die «europäische Ordnungsmacht» zu sein. Das war der Titel einer nationalsozialistischen Programmschrift aus dem Jahr 1941, und es war zugleich das Credo der Intellektuellen, die an Hitler glaubten.[6] Manche knüpften sogar an die mittelalterliche Vorstellung an, daß das Reich der Deutschen dazu berufen sei, die Herrschaft des Antichrist aufzuhalten, womit sie dem Antibolschewismus der Nationalsozialisten eine Art heilsgeschichtlicher Rechtfertigung verschafften. In dem verballhornten deutschen Bildungsgut, aus dem Hitler lebte und das er in Politik umsetzte, konnten sich viele Vertreter des gebildeten Deutschland wiedererkennen – die jüngeren mehr als die älteren, die in der Zeit vor 1914 aufgewachsen waren und ihre Vorbehalte gegenüber der Vulgarität des «Emporkömmlings» nie ganz überwanden.

Es gab eine Wahlverwandtschaft zwischen Hitler und den jüngeren Deutschen, die den deutschen Geist zu verkörpern meinten. Diese Wahlverwandtschaft überdauerte nicht nur den Angriff auf die Sowjetunion im Juni 1941, sondern sie war wohl nie so stark wie in der Zeit, da Hitler im Begriff schien, den Endkampf gegen den «jüdischen Bolschewismus» zu gewinnen.

Die Niederlage von Stalingrad im Januar 1943 versetzte der Suggestion, die von dem Diktator ausging, einen schweren Stoß. An einen «Endsieg» zu glauben fiel vielen Deutschen zunehmend schwer. Die Nachricht vom Abend des 20. Juli 1944, Hitler habe ein Attentat nur leicht verletzt überlebt, ließ die Sympathien für den Mann an der Spitze des Großdeutschen Reiches nochmals ansteigen. Nach den Beobachtungen des Präsidenten des Oberlandesgerichts Nürnberg glaubten selbst Deutsche, die keine ausgesprochenen Nationalsozialisten waren, «daß nur der Führer die Lage meistern kann und sein Tod das Chaos und den Bürgerkrieg zur Folge gehabt hätte».[7]

Ein Dreivierteljahr später, im Frühjahr 1945, dachten nicht mehr viele so. Die Mitarbeiter des Sicherheitsdienstes, des SD, hielten fest, was offenbar eine weitverbreitete Meinung war: «Der Führer wurde uns von Gott gesandt, aber nicht um Deutschland zu retten, sondern um Deutschland zu verderben. Die Vorsehung hat beschlossen, das deutsche Volk zu vernichten, und Hitler ist der Vollstrecker dieses Willens.»[8]

Mit dem «Dritten Reich» ging am 8. Mai 1945 auch das von Bismarck 1871 gegründete Deutsche Reich unter, das Thomas Mann das «unheilige Deutsche Reich preußischer Nation» nannte, das immer nur ein «Kriegsreich» habe sein können. Den Untergang Preußens, das unter Hitler nur noch ein Schattendasein geführt hatte, vollendete der Alliierte Kontrollrat durch das Gesetz Nummer 46 vom 25. Februar 1947. Es verfügte die Auflösung des Staates Preußen mit der Begründung, dieser sei «seit jeher Träger des Militarismus und der Reaktion in Deutschland» gewesen und habe in Wirklichkeit zu bestehen aufgehört.[9]

Das war eine einseitige Schuldzuweisung, denn es hatte stets auch ein «anderes» Preußen gegeben: das Preußen der Aufklärung, der Stein-Hardenbergschen Reformen, der Weimarer Republik und des 20. Juli 1944. Doch es ist auch wahr, daß der Österreicher Adolf Hitler den Mythos Preußen, den Kult um Friedrich den Großen und den Appell an die preußischen Tugenden des Gehorsams und der Pflichterfüllung benötigte, um Deutschland zu beherrschen und die Deutschen in den Krieg führen zu können. Am Ende des Zweiten Weltkrieges war der preußische Mythos so verbraucht wie der sehr viel ältere Reichsmythos, der den Untergang des Heiligen Römischen Reiches Deutscher Nation im Jahre 1806 um 139 Jahre überlebt hatte.

Von dem Territorium des Reiches, so wie Hitler es 1933 vorgefunden hatte, blieb den Deutschen 1945 nur, was westlich von Oder und Neiße lag. Die Abtrennung Ostpreußens, Hinterpommerns, Ostbrandenburgs und Schlesiens, die unter polnische beziehungsweise, im Fall des Gebietes um Königsberg, unter sowjetische Verwaltung kamen, bedeutete nicht nur den Verlust eines Viertels des Reichsgebietes in den Grenzen von 1937 und einen erzwungenen Bevölkerungstransfer, vom dem über sieben Millionen Deutsche betroffen waren. Der Verlust der Ostgebiete bildete zusammen mit der «Bodenreform» in der Sowjetischen Besatzungszone auch eine tiefe sozialgeschichtliche Zäsur: Es gab fortan keinen ostelbischen Rittergutsbesitz mehr. Einer ehedem einflußreichen Machtelite, die wie keine zweite das alte, obrigkeitsstaatliche Deutschland verkörpert hatte, war im Wortsinn der Boden entzogen worden.

Auf dem Gebiet der drei westlichen Besatzungszonen hatte es, sieht man von Ostholstein und dem Wendland ab, die Klasse der Rittergutsbesitzer ohnehin nie gegeben. Daß die Bundesrepublik, anders als Weimar, zu einem bürgerlichen, demokratischen, dem Westen zugewandten Staat werden konnte, lag auch an diesem oft übersehenen Teil des Kontinuitätsbruches von 1945.

Eine «Stunde null» hat es nach dem Untergang des «Dritten Reiches» nicht gegeben, und doch trifft dieser Begriff das Empfinden der Zeitgenossen ziemlich genau. Nie war die Zukunft in Deutschland so wenig vorhersehbar, nie das Chaos so allgegenwärtig wie im Frühjahr 1945. In der Sowjetischen Besatzungszone erlebten die Deutschen, und vor allem die Frauen, die Willkür der Sieger auf ungleich brutalere Weise als in den Westzonen; Rechtlosigkeit aber war in den ersten Wochen nach der Kapitulation eine gesamtdeutsche Erfahrung.

Die «Zusammenbruchsgesellschaft» war in allen Besatzungszonen hochmobil: Millionen von Heimatvertriebenen und Ausgebombten, aber auch ehemaligen Zwangsarbeitern und Überlebenden des Holocaust waren auf der Suche nach einer Bleibe; hungrige Stadtbewohner unternahmen Hamsterfahrten aufs Land, wo sie sich, auf dem Weg des Gütertausches, mit den notwendigsten Lebensmitteln versorgten; viele ehedem Bessergestellte, die nun ohne Gehälter, Pensionen und sonstige regelmäßige Einkünfte waren, mußten zeitweilig primitive Arbeiten verrichten; die Trümmerfrauen wurden zur Verkörperung eines radikalen Tausches der Geschlechterrollen.

Im Zuge von Bombenkrieg, Vertreibung und Zusammenbruch veränderte sich die deutsche Gesellschaft wesentlich stärker als in den ersten zehn Jahren von Hitlers Herrschaft. Mit dem sozialen Wandel ging ein Umbruch der Werte einher: Hunger und Obdachlosigkeit, der tägliche Kampf ums Überleben erschütterten die hergebrachten Moralvorstellungen. Selbst Kirchenfürsten wie der Kölner Kardinal Joseph Frings äußerten Verständnis dafür, wenn manche Gläubige den Unterschied zwischen «mein» und «dein» nicht mehr so ernst nahmen wie ehedem. («Fringsen» nannte der Volksmund diese geläufige Art der Aneignung von fremdem Besitz.)

Das Ende aller Sicherheit prägte sich tief in das Gedächtnis derer ein, die es erlebten. Aber Dauer war den meisten Veränderungen von 1945 nicht beschieden. Die Zusammenbruchsgesellschaft war eine Gesellschaft im Ausnahmezustand. Sie brachte keine neue Ordnung hervor, sondern die tiefe Sehnsucht, so rasch wie möglich zu irgendeiner Form von Normalität zurückzukehren. Die setzte dann, in den westlichen Besatzungszonen, im Juni 1948 mit der Währungsreform ein.

Die Art und Weise, wie die Deutschen nach 1945 mit ihrer jüngsten Vergangenheit umgingen, war zutiefst widersprüchlich. Die meisten hielten den Mann, den sie zuvor wie einen Gott verehrt hatten, nun für Deutschlands Unglück. Aber die Schuld an der «deutschen Katastrophe», von der Friedrich Meinecke 1946 im Titel einer vielgelesenen Schrift sprach, gaben sie nicht sich, sondern der obersten Führung des «Dritten Reiches», namentlich Adolf Hitler, der sie verführt hatte.

Über die Rolle, die sie zwischen 1933 und 1945 gespielt hatten, schwiegen sich die Deutschen in ihrer Mehrzahl auch dann lieber aus, wenn sie mehr als nur «Mitläufer» im Sinne der Entnazifizierung gewesen waren. Sie wurden auch von keiner demokratischen Partei gedrängt, sich ehrlich zu machen. Schließlich hatte die NSDAP bei

Kriegsende rund 8,5 Millionen Mitglieder gezählt. Wer die ehemaligen Parteigenossen nicht in die Arme einer radikalen Rechtspartei treiben wollte, durfte sie nicht verprellen, sondern mußte um sie werben. Infolgedessen schritt die innere Umkehr nur langsam voran. Es vergingen Jahrzehnte, bis sich in der Bundesrepublik die Einsicht durchgesetzt hatte, daß der Nationalsozialismus nicht eine schlecht durchgeführte, aber ursprünglich gute Idee gewesen war, sondern von Anfang an und in seinem Wesen verbrecherisch.

Eine zweite Chance, eine Demokratie aufzubauen, erhielt nach 1945 nur ein Teil der Deutschen: diejenigen, die in den Westzonen lebten. Die Besatzungsmächte halfen ihnen dabei, und das im wohlverstandenen Eigeninteresse. Seit 1946 war klar, daß sich die Westmächte und die Sowjetunion über die Zukunft Deutschlands nicht würden einigen können. Im Zeichen des Kalten Krieges zwischen Ost und West mußte jeder Seite daran gelegen sein, aus den Besiegten in ihrem Machtbereich Verbündete zu machen.

Am klügsten verhielt sich in dieser Hinsicht die mächtigste Siegernation, die USA. Nachdem die Sowjetunion ihren Machtbereich bis in die Mitte Europas vorgeschoben hatte, konnten die Vereinigten Staaten ihrer westpolitischen Verantwortung nicht länger ausweichen. Sie blieben, anders als nach dem Ersten Weltkrieg, in Europa politisch und militärisch präsent. Die Gefahr einer weiteren sowjetischen Expansion ließ das Verlangen nach Bestrafung der Deutschen rasch in den Hintergrund treten. Statt dessen schickte sich Washington an, durch «re-education» aus den Deutschen, genauer gesagt: den Westdeutschen, endlich Demokraten zu machen.

Amerika hatte damit Erfolg, weil die Deutschen ihrerseits dabei waren zu begreifen, wohin sie ihre Verachtung der westlichen Demokratie geführt hatte: in die größte Katastrophe ihrer Geschichte. Die überlebenden Weimarer Demokraten aller Parteien waren sich einig in dem Bemühen, aus den Fehlern der ersten Republik zu lernen und diesmal eine Demokratie aufzubauen, die ihren erklärten Gegnern im voraus den Kampf ansagte und so funktionstüchtig war, daß sie gute Aussichten hatte, sich auch in Krisenzeiten zu bewähren.

Das Ergebnis dieses Lernprozesses war das Grundgesetz für die Bundesrepublik Deutschland.

Von einer «Erfolgsgeschichte der Bundesrepublik» könnte man aber rückblickend vermutlich nicht sprechen, wenn der Gründung des neuen Staates nicht alsbald das Wirtschaftswunder gefolgt wäre. Die längste Hochkonjunkturphase des 20. Jahrhunderts ermöglichte die rasche Integration der Heimatvertriebenen und minderte die Anziehungskraft extremer politischer Kräfte auf der Rechten und der Linken.

Während des Booms der fünfziger Jahre vollzog sich in der Bundesrepublik ein sozialer Wandel, der alles in den Schatten stellte, was es in der Weimarer Republik und im «Dritten Reich» an gesellschaftlichen Veränderungen gegeben hatte. Die Landwirtschaft schrumpfte, der Dienstleistungssektor wuchs, und damit verschoben sich auch die Gewichte zwischen Arbeitern und Angestellten – zugunsten der Letzteren. Der Siegeszug des Fernsehens und die zunehmende Mobilität der Bundesdeutschen, eine Folge der Motorisierung, trugen dazu bei, daß sich die Reste der einst festgefügten «Milieus» auflösten. Von einem proletarischen Klassenbewußtsein war schon Mitte der fünfziger Jahre nicht mehr viel zu spüren; der konfessionelle Gegensatz hatte seine alte Schärfe eingebüßt.

Davon profitierte vor allem die erste demokratische Volkspartei der deutschen Geschichte, Konrad Adenauers Christlich-Demokratische Union, die Katholiken und Protestanten aus allen Schichten in sich vereinigte. Bestrebungen, eine interkonfessionelle christliche Partei zu schaffen, hatte es schon in der Weimarer Republik gegeben, doch sie waren erfolglos geblieben. Es bedurfte der Erfahrung des Kirchenkampfes und der Verfolgung christlicher Hitler-Gegner in den Jahren nach 1933, um aus der guten Absicht nach Kriegsende eine politische Tat werden zu lassen.

Länger als CDU und CSU brauchte die SPD, um sich von althergebrachten, aber überholten Traditionen zu befreien. Die Dogmen von Klassenkampf, Planwirtschaft und Sozialisierung galten, im Prinzip jedenfalls, auch noch lange nach 1945. Erst das Godesberger Programm von 1959, mit dem sich die SPD vom Marxismus verabschiedete und der sozialen Marktwirtschaft zuwandte, eröffnete ihr die Chance, zur Volkspartei aufzusteigen.

Die militärische Niederwerfung des «Dritten Reiches» hatte die Deutschen von der Herrschaft Hitlers befreit. Aber Befreiung bedeutete noch nicht Freiheit. Und selbst dort, wo die Deutschen im Gefolge der Befreiung politisch frei wurden, dauerte es noch lange, bis sie vorbehaltlos anerkannten, daß die bedingungslose Kapitulation vom 8. Mai 1945 die Vorbedingung ihrer Freiheit war. Die Deutschen, die in der Sowjetischen Besatzungszone und späteren Deutschen Demokratischen Republik lebten, erlangten ihre Freiheit erst durch die «friedliche Revolution» vom Herbst 1989 – mehr als vier Jahrzehnte später als die Westdeutschen.

Der 8. Mai 1945 war der entscheidende Wendepunkt, aber nicht der Endpunkt der deutschen Geschichte. Der 3. Oktober 1990, der Tag der Wiedervereinigung, markiert einen neuen Wendepunkt. Er steht für die Lösung der deutschen Frage in dem doppelten Sinn, den diese Frage seit dem frühen 19. Jahrhundert gehabt hat. Soweit sie eine Frage des Gebietes war, ist sie durch die Anerkennung der Grenzen von 1945 endgültig beantwortet. Soweit sie das Verhältnis von Einheit und Freiheit betraf, ist sie ebenfalls gelöst.

Am 3. Oktober 1990 konnte der damalige Bundespräsident Richard von Weizsäcker beim Festakt in der Berliner Philharmonie eine Feststellung treffen, die auf allgemeine Zustimmung stieß: «Der Tag ist gekommen, an dem zum ersten Mal in der Geschichte das ganze Deutschland seinen dauerhaften Platz im Kreis der westlichen Demokratien findet.»[10]

13 | «Anschluß an den Westen»

Adenauer und der deutsche Sonderweg

War Konrad Adenauer ein Anhänger der Lehre vom «deutschen Sonderweg»? Teilte er die Auffassung jener Publizisten und Historiker, die die deutsche Katastrophe der Jahre 1933 bis 1945 aus einer historischen Abweichung Deutschlands vom Westen zu erklären versuchten – wobei der «Westen» für die Ideen der Menschenrechte, der Freiheit und der Demokratie stand und steht? Den Begriff des «deutschen Sonderwegs» findet man bei Adenauer nicht. Aber seine zahlreichen Äußerungen zum Gang der deutschen Geschichte lassen doch einen eindeutigen Schluß zu: Die Machtübertragung an Hitler war aus Adenauers Sicht kein bloßer «Betriebsunfall». Sie hätte bei klügerem Verhalten der maßgeblichen Akteure, namentlich des Reichspräsidenten von Hindenburg und seiner Berater, wohl vermieden werden können. Daß sie nicht vermieden wurde, hatte aber Gründe, die tief in die deutsche Geschichte zurückreichen. Insoweit stimmte Adenauer mit der heftig umstrittenen These vom «deutschen Sonderweg» überein.

Besonders weit griff Adenauer in die Vergangenheit zurück, als er am 6. Dezember 1951 im Royal Institute of International Affairs im Chatham House in London über «Deutschland in den Problemen unserer Zeit» sprach. Er verglich die englische und die deutsche Entwicklung und stellte in diesem Zusammenhang fest, daß in Großbritannien die «Demokratie die Frucht eines ununterbrochenen geschichtlichen Prozesses» und als «Staats- und Gesellschaftsordnung» unbestritten sei. Auch in der deutschen Geschichte habe es «verheißungsvolle Ansätze zu einer solchen Entwicklung, insbesondere bei den Städten» gegeben. «Aber die allmähliche Auflösung des römischen Reichs deutscher Nation und das Entstehen von Territorialstaaten und deren Streben nach Macht verhinderten die Entwicklung und Weiterbildung demokratischer Ideen und Einrichtungen. Erst nach Beginn des 19. Jahrhunderts erwachte in Deutschland ein neues politisches Bewußtsein. Es war natürlich, daß sich das Streben nach einer freiheitlichen Staatsordnung mit dem Wunsch nach nationaler Einheit verband. Der Wille des Volkes erzwang 1848 den Zusammentritt der ersten demokratischen deutschen Volksvertretung, aber es gelang ihr nicht, ein demokratisches deutsches Reich zu schaffen. Das hat für das deutsche Volk verhängnisvolle Folgen gehabt. Anstelle der sittlichen Idee der nationalen Freiheit gewann allmählich nach der Reichsgründung von 1871 ein auf die Macht gegründeter Nationalismus Boden. Aus seiner Übersteigerung entwickelte sich unter Ausnutzung der sozialen Not nach dem Ersten Weltkrieg der Nationalsozialismus, der über die ganze Welt, insbesondere auch über Deutschland, namenloses Elend brachte.»[1]

Das war in knappen Worten nicht nur ein Abriß von Adenauers Bild von der deutschen Geschichte. Es war auch die Quintessenz dessen, was man gemeinhin den «deutschen Sonderweg» nennt. Die Vertreter der These vom «deutschen Sonderweg» hatten nie unterstellt, daß in Deutschland alles anders gewesen sei als bei den großen westeuropäischen Nationen. Sie betonten vielmehr die gesellschaftlichen und kulturellen Gemeinsamkeiten zwischen Deutschland einerseits, Westeuropa und Nordamerika andererseits, um vor diesem Hintergrund die Besonderheiten der politischen Entwicklung Deutschlands, obenan die Langlebigkeit obrigkeitsstaatlicher Traditionen, herauszuarbeiten. Die Sonderwegsthese ging und geht auch nicht von der Annahme aus, irgendein Land, etwa England, sei einen Normalweg gegangen. Aber die klassischen Demokratien des Westens verfügten doch über ein gewisses Maß an gemeinsamen Grundüberzeugungen, die in Deutschland in der ersten Hälfte des 20. Jahrhunderts alles andere als konsensfähig und am Ende der ersten deutschen Demokratie, der Weimarer Republik, nicht einmal mehr mehrheitsfähig waren – Grundüberzeugungen, die Dolf Sternberger 1979 im Begriff des «Verfassungspatriotismus» zusammengefaßt hat.[2]

Adenauer begnügte sich, wenn es um die deutsche Geschichte

ging, nicht mit der Feststellung von Entwicklungen, die sich, zumindest im Rückblick, als fatal erwiesen hatten. Er widmete sich auch immer wieder kontrafaktischen Geschichtsbetrachtungen, und das vor allem im Hinblick auf die Zeit nach der Reichsgründung von 1871. Nicht die Schaffung des kleindeutschen Nationalstaates als solche rief seine Kritik hervor: Klagen über den Krieg von 1866 und den Trennungsstrich zu Österreich sucht man bei diesem rheinischen Katholiken, dessen Vater als preußischer Soldat in der Schlacht von Königgrätz mitgekämpft und sich dabei durch besondere Tapferkeit ausgezeichnet hatte, vergebens. Adenauer war auch kein Bismarckhasser, sondern ein lebenslänglicher Bewunderer der Außenpolitik des Reichsgründers. Bismarcks Innenpolitik aber bewertete er als verhängnisvoll, wobei er regelmäßig auf den Kulturkampf und das Sozialistengesetz verwies. Es waren die beiden Ereignisse, die am Beginn von Fehlentwicklungen standen, die nach Adenauers Überzeugung durchaus vermeidbar gewesen wären.

«Wir haben ...», so sagte er etwa am 14. November 1960 dem amerikanischen Journalisten George Bailey, «... durch die Schuld Bismarcks im Kaiserreich keine gesunde innenpolitische Entwicklung gehabt, und zwar aus folgendem Grunde: Bismarck hat die Sozialisten vom Staate zurückgestoßen durch die Sozialistenverfolgung, die grausam war, und er hat die Katholiken vom Staate zurückgestoßen durch eine Verfolgung, die auch grausam war. Hätte er das nicht getan, dann wäre hier im Westen eine große liberale Partei entstanden und im Osten eine große konservative Partei, und der Sozialismus, die Sozialdemokratische Partei wäre nie so geworden, wie sie geworden ist; denn jeder Staat hat die sozialistische Partei, die er verdient.»[3]

Zwei Monate vor seinem Rücktritt vom Amt des Bundeskanzlers, am 13. August 1963, gab Adenauer dem jungen amerikanischen Historiker Klaus Epstein folgendes zu bedenken: «Sehen Sie, bis zum Jahre 1914 war Preußen in Deutschland maßgebend. Preußen wurde geführt vom Osten her, ein Fehler Bismarcks, der dadurch innere Politik schlecht gemacht hat, daß er das Sozialistengesetz erlassen hat und den Kulturkampf, und der dadurch verhindert hat, daß sich hier im Westen eine große liberale Partei gebildet hat, der die meisten Sozialdemokraten und die meisten Zentrumsleute beigetreten wären, und dann hätten wir ein Gegengewicht gehabt gegen den starken Konservatismus im Osten.»[4]

An seinem 91. Geburtstag, am 5. Januar 1967, drei Monate vor seinem Tod, kam Adenauer auf diesen Gedanken nochmals zurück. Die Folge von Kulturkampf und Sozialistengesetz sei es gewesen, «daß der Osten ... mit seinen etwas anderen politischen Anschauungen in Preußen Deutschland regierte. Wäre nicht der Kulturkampf gewesen, wäre nicht ein derartiges Sozialistengesetz gekommen, dann hätte sich – erschrecken Sie nicht – im Westen eine große liberale Partei gebildet ... Aber die Folge war weiter, daß dieses Land, Deutschland, das nach dem Kriege von 70/71 ein sehr mächtiges Land war, daß das eben regiert wurde vom Osten her, während es hätte regiert werden müssen vom Westen her.» Das Deutsche Reich wurde folglich «auf tönernen Füßen gegründet»; es war «ein Koloß ..., der kein Fundament» hatte.[5]

Auf tönernen Füßen stand freilich auch der kontrafaktische Geschichtsverlauf, den Adenauer postulierte. Der Kulturkampf war nicht nur das Werk Bismarcks, sondern mindestens ebenso sehr das des Liberalismus, der im Zuge dieser Auseinandersetzung den größten Teil seiner katholischen Wähler verlor. Zum Kulturkampf hatte aber auch der katholische Ultramontanismus beigetragen, der nicht weniger antiliberal war als der Liberalismus antiklerikal. Und was das Sozialistengesetz von 1878 anging, so war es gewiß nicht der einzige Grund, weshalb dem Liberalismus die verbliebenen Wähler aus der Arbeiterschaft abhanden kamen. Auch nach der allmählichen Abkehr vom Manchesterliberalismus und der Nichtverlängerung des Sozialistengesetzes im Jahre 1890 gelang es den liberalen Parteien nicht, die Proletarier zurückzugewinnen, die in der Sozialdemokratie ihre politische Heimat gefunden hatten. Der Kulturkampf bedeutete für das katholische Deutschland, das Sozialistengesetz für die sozialdemokratische Arbeiterbewegung eine jahrzehntelang prägende, traumatische Erfahrung: Bis zu diesem Punkt hatte Adenauer recht. Aber daß allein Bismarck es mit Hilfe der Repression von Zentrum und Sozialdemokratie vermocht habe, dem Liberalismus den Weg zur großen bürgerlichen Partei Deutschlands zu verlegen – das war ein Ausdruck von rückwärtsgewandtem Wunschdenken.

Und natürlich war es kein «Fehler» Bismarcks, daß das kaiserliche Deutschland mehr vom Osten als vom Westen her regiert wurde. Es war das Gesetz, nach dem der Reichsgründer aus dem märkischen Uradel angetreten war. So gesehen sprach ja auch nach dem Sturz der Monarchie im November 1918 manches für die Auflösung Preußens, die Adenauer als Oberbürgermeister von Köln in seiner berühmten Rede vor linksrheinischen Abgeordneten der deutschen Nationalversammlung und der preußischen Landesversammlung am 1. Februar 1919 befürwortete.[6] Er tat es nicht nur aus außenpolitischen, sondern auch aus innenpolitischen Gründen. Er wollte eine Abspaltung des Rheinlands von Deutschland verhindern und das Gesicht Deutschlands ein für allemal nach Westen wenden.

Noch stärker waren jedoch die Gründe derer, die der Auflösung Preußens widersprachen, weil sie im größten deutschen Staat die Klammer sahen, die West und Ost zusammen und beim Reich halten sollte. Unter den Bedingungen der Weimarer Republik war Adenauers Konzept nicht durchsetzbar. Was er an Stresemanns Außenpolitik seit 1925 auszusetzen hatte, das «Unstete und Schaukelnde» und das Fehlen einer klaren Option zugunsten des Westens, war nichts anderes als die Staatsräson der ersten deutschen Demokratie.[7] An Stresemanns Deutscher Volkspartei scheiterte denn auch im Mai 1926 die vom Zentrum betriebene Kanzlerschaft Adenauers. Es verlohnt nicht, darüber zu spekulieren, welchen Gang die deutsche Geschichte genommen hätte, wäre Adenauer damals an die Spitze der Reichsregierung getreten. Noch hatte er keine Chance, Deutschland seinen Stempel aufzudrücken.

1945 waren die Verhältnisse radikal andere. Am 9. Oktober jenes Jahres sprach Adenauer vor ausländischen Pressevertretern aus, woran es für ihn keinen Zweifel gab: «Der von Rußland besetzte Teil sei für eine nicht zu schätzende Zeit für Deutschland verloren.»[8]

Im Februar 1919, kurz nach dem Ende des Ersten Weltkrieges, hatte er bei der Erörterung des Themas «Preußen» Wert auf die Feststellung gelegt, es sei seine Absicht, «alle gefühlsmäßigen Erwägungen möglichst auszuschalten».[9] Dieser Devise folgte er auch jetzt, wenige Monate nach dem Ende des Zweiten Weltkrieges. Ohne erkennbare Gefühlsbewegung hielt er als Tatsache fest, wogegen sich sein schärfster innenpolitischer Widersacher, Kurt Schumacher, leidenschaftlich auflehnte. «Das Reich muß als staatliches und nationales Ganzes erhalten bleiben!», hieß es im ersten Aufruf des «Büros Dr. Schumacher» von Mitte August 1945.[10] Die Fronten zwischen Adenauer und Schumacher waren so klar wie der biographische Hintergrund dieses Gegensatzes: Der von Hause aus evangelische Westpreuße Schumacher aus Kulm hatte zu dem von Bismarck gegründeten Reich ein engeres und emotionaleres Verhältnis als Adenauer, der bekennende Katholik aus dem rheinischen Köln.

«Wir wollen, daß Deutschland neu entsteht», erklärte Adenauer am 24. März 1946 in einer Grundsatzrede als 1. Vorsitzender der CDU für die britische Zone in der Kölner Universität. «Wir wollen nicht das Bismarcksche Reich unter preußischer Führung.»[11] Das Preußenbild, das Adenauer ein Jahr nach Kriegsende entwarf, entsprach in etwa jenem Urteil, mit dem der Alliierte Kontrollrat ein knappes Jahr später, am 25. Februar 1947, den ehedem führenden deutschen Staat auflöste: Preußen sei «seit jeher Träger des Militarismus und der Reaktion in Deutschland» gewesen.[12] In zwei Schüben sei die «Überzeugung von der Staatsomnipotenz» in Deutschland zur Herrschaft gelangt, hieß es in der Kölner Rede: zuerst «von Preußen ausgehend nach den Freiheitskriegen», dann nach dem «siegreichen Krieg von 1870/71». Nach diesem Krieg sei der «Militarismus zum beherrschenden Faktor im Denken und Fühlen breitester Volksschichten» geworden; nach der «Gründung des Kaiserreichs unter preußischer Führung» habe sich «der Staat aus seinem ursprünglich lebendig gefügten Wesen mehr und mehr in eine souveräne Maschine» verwandelt. Auch die ostelbischen Rittergutsbesitzer fanden in der Rede Erwähnung. Sie hatten, folgte man Adenauer, gerade eben erst eine Art von Wiederauferstehung auf der anderen Seite des politischen Spektrums erlebt: «... ich bin in erster Linie Deutscher, und als Deutscher kann ich nur mit dem größten

Bedauern feststellen, daß aus den offiziellen Verlautbarungen der SPD der alte preußische Geist, das rücksichtslose Streben nach der alleinigen Macht spricht, wie es nur je das preußische Junkertum besessen hat.»[13]

Aus Adenauer sprach der rheinische Bürger, der sich dem junkerlich geprägten Preußen historisch überlegen fühlte (und für junkerlich geprägt hielt er wohl auch den Sozialdemokraten Kurt Schumacher). Einer seiner späteren Mitarbeiter, Franz Mai, hat Adenauer einen «cislimitischen» Deutschen, also einen Deutschen von diesseits des Limes, genannt, der von der Sorge bestimmt gewesen sei, «daß das translimitische Deutschland, das Deutschland jenseits des römischen Limes, in seiner noch jugendlichen Irrationalität und in seinem Enthusiasmus, in seinem Glauben an die absolute und vollkommene Welt nicht das ganze Deutschland in Gefahr bringen dürfe».[14] Aus dieser rheinischen, westlichen, lateinischen Prägung heraus konnte Adenauer Ende März 1945 gegenüber einem amerikanischen Offizier von den «zwei Deutschland» sprechen: einem Deutschland, das sich im wesentlichen auf die römische Kultur stütze, und einem preußischen Deutschland, das dem anderen und älteren seinen Willen aufgezwungen habe.[15] Ein Dreivierteljahr später, im Dezember 1945, nannte er es im Gespräch mit einem jüngeren britischen Offizier den größten Fehler der englischen Deutschlandpolitik, daß Großbritannien 1815 beim Wiener Kongreß «törichterweise Preußen als Wacht gegen Frankreich und gegen einen zweiten Napoleon gestellt» habe.[16]

Man mußte kein rheinischer Katholik sein, um Preußens Rolle in der deutschen Geschichte so kritisch zu bewerten, wie Adenauer es nach dem «Zusammenbruch» von 1945 tat. Aus einem entschiedenen liberalen oder linken Blickwinkel betrachtet, stellte sich das Wirken des Hohenzollernstaates eher noch negativer dar. Und auch nachdem Preußen ganz und gar Geschichte ist, was es unmittelbar nach 1945 noch nicht war, ist sein Bild das eines Staates mit tiefen Widersprüchen. Für kühle Distanz gegenüber Preußen gab und gibt es also gute Gründe – sehr viel bessere jedenfalls als für die unkritische Glorifizierung, die bis 1945 in Deutschland überwog. Doch die

Lehre von den zwei Deutschland hatte auch ihre Kehrseite. Je ausschließlicher Preußen mit der Verantwortung für die deutsche Katastrophe der Jahre 1933–1945 belastet wurde, desto stärker konnte sich das übrige Deutschland entlastet fühlen. Es war ein für den Westen und Süden Deutschlands bequemes, zur Selbstgerechtigkeit verleitendes Arrangement mit der deutschen Geschichte, zu dem Adenauer beitrug. Dieses Arrangement kam seiner Politik zugute, förderte aber auch die Entfremdung zwischen West- und Ostdeutschen.

Seit er Bundeskanzler war, legte sich Adenauer beim Thema «Preußen» mehr Zurückhaltung auf als in den vier Jahren von 1945–1949. Er wiederholte auch nicht, was er damals gegen Berlin als Hauptstadt gesagt hatte, und vollzog in dieser Frage sogar unter dem Eindruck der Selbstbehauptung der West-Berliner, zumindest verbal, eine Kehrtwende.[17] Von den Aktivitäten des «Kuratoriums Unteilbares Deutschland», das 1954 auf Betreiben seines Parteifreundes, des Bundesministers für gesamtdeutsche Fragen, Jakob Kaiser, gegründet wurde, hielt sich Adenauer fast schon demonstrativ fern: Das Unternehmen war ihm zu sehr am Reich Bismarcks und zu wenig an Europa orientiert.[18] Auf der anderen Seite konnte er aber auch jener föderalistischen Auflösung Deutschlands in Europa nichts abgewinnen, wie sie katholische Großdeutsche aus dem Umkreis des *Rheinischen Merkur* und der Zeitschrift *Neues Abendland* propagierten. Über den Publizisten Paul Wilhelm Wenger, einen der führenden Köpfe dieser Richtung, sagte er am 19. Juli 1960 in einem Informationsgespräch mit dem schweizerischen Journalisten Daniel Roth: «Der gehört auch zu den ‹Verstiegenen›. Ich schätze ihn an sich sehr, aber manchmal macht er Extratouren, die mir unverständlich sind.»[19] Adenauers Zukunftsvisionen für Deutschland und Europa waren nüchterner als die Wengers. Das Deutschland, das dem ersten Bundeskanzler vor Augen stand, war kein ungebundener Nationalstaat, der eine Schaukelpolitik zwischen Ost und West treiben, also wieder einen Sonderweg einschlagen konnte. Ein solches Deutschland wünschte er nicht. «Es war nach wie vor notwendig, daß sich Europa einigte», heißt es in seinen Erinnerungen in dem Abschnitt über das Scheitern der Europäischen Verteidigungsgemeinschaft im Sommer 1954. «Es war notwendig, daß die Bundesrepublik, daß Deutschland nach seiner Wiedervereinigung fest mit dem Westen verbunden blieb.»[20] Das war die Richtschnur seiner Politik, die auf der realistischen Einschätzung beruhte, daß ein zwischen Ost und West pendelndes Deutschland der Sowjetunion über kurz oder lang zur Hegemonie über Europa verhelfen würde.

Bedurfte es der spezifischen Prägungen Adenauers, um jene konsequente Abkehr vom antiwestlichen Sonderweg Deutschlands zu vollziehen, die mit seinem Namen verknüpft ist? Vieles spricht dafür. Kurt Schumacher hätte den Weg wohl nicht gehen können, den Adenauer ging; dazu war der erste Nachkriegsvorsitzende der deutschen Sozialdemokraten zu sehr Preuße und zu sehr dem deutschen Nationalstaat von 1871 verhaftet. Aber *ohne* Schumacher und seine Partei wäre Adenauers Politik der Westintegration gar nicht möglich gewesen. In der Weimarer Republik war die «nationale Opposition» rechts und antidemokratisch, in der frühen Bundesrepublik war sie links und demokratisch. Die SPD half Adenauers Westpolitik zu legitimieren, indem sie diese parlamentarisch bekämpfte. Zudem war Schumachers Sozialdemokratie nicht weniger antikommunistisch als die Unionsparteien, und im Prinzip auch nicht weniger westlich. In der Praxis freilich war das Nein zur militärischen Westintegration ein Nein zum Westen. Weil dem so war, entsprach Adenauers Politik der Westbindung dem Sicherheitsbedürfnis der Westdeutschen sehr viel mehr als Schumachers Beharren auf dem Vorrang der Wiedervereinigung.

Ein knappes Vierteljahrhundert nach Adenauers Rücktritt vom Amt des Bundeskanzlers, während des Historikerstreits von 1986 um die Einzigartigkeit der nationalsozialistischen Judenvernichtung, begann sich in der Bundesrepublik so etwas wie eine «posthume Adenauersche Linke» herauszubilden.[21] Jürgen Habermas' vielzitierte Formel von der «vorbehaltlosen Öffnung der Bundesrepublik gegenüber der politischen Kultur des Westens» als der großen intellektuellen Leistung der Nachkriegszeit war nicht nur eine Absage an jedwede nationalapologetische Revision des bundesrepublikanischen Geschichtsbildes.[22] Das Verdikt schloß auch, obschon zunächst eher unbewußt, die Anerkennung *der* Politik ein, die Adenauer gegen den Widerstand der Linken durchgesetzt hatte. Nicht mehr unbewußt, sondern höchst bewußt war die Berufung auf den ersten Bundeskanzler bei einem anderen Mitglied der «posthumen Adenauerschen Linken». Rund ein Dreivierteljahr nach der Wiedervereinigung Deutschlands, in der Hauptstadtdebatte des Deutschen Bundestages vom 20. Juni 1991, warnte der Sozialdemokrat Peter Glotz den christlich-demokratischen Bundeskanzler Helmut Kohl: «Mit dem Votum für Berlin schwenken Sie ab zum Europa der Vaterländer. ... Bewahren Sie die supranationale Europa-Idee Konrad Adenauers. Sie ist das wichtigste Erbe dieses großen Politikers. ... Bonn ist die Metapher für die zweite deutsche Republik. Bonn muß und soll Regierungs- und Parlamentssitz bleiben.»[23]

Wie immer Adenauer am 20. Juni 1991 abgestimmt hätte – von der «posthumen Adenauerschen Linken» unterschied ihn Wesentliches. Diese ideelle Gruppierung hielt den Nationalstaat schlechthin für überholt und sah ein «postnationales» Zeitalter heraufziehen oder bereits angebrochen. Adenauer hatte den alten, isolierten, vollsouveränen Nationalstaat überwinden wollen, rechnete aber mit dem Fortleben von Nationen und Nationalstaaten in einem vereinigten Europa. Daß Deutschland in dieser Hinsicht eine Ausnahme bilden sollte, wäre ihm nicht in den Sinn gekommen. Da er deutschen Sonderwegen mißtraute, hätte er auch einem «postnationalen» deutschen Sonderweg widersprochen.

In der Einleitung zur Kritik der Hegelschen Rechtsphilosophie von Karl Marx aus dem Jahre 1843/44 steht der berühmte Satz: «Es genügt nicht, daß der Gedanke zur Verwirklichung drängt, die Wirklichkeit muß sich selbst zum Gedanken drängen.»[24] Nach 1945 drängte sich im Westen Deutschlands die Wirklichkeit zu jener Maxime, von der Adenauer Anfang 1963 sagte, sie sei «der Leitstern» seines politischen Handelns mindestens seit 1925 gewesen: ‹Anschluß an den Westen›.[25] Seit dem 3. Oktober 1990 ist dieser Anschluß für ganz Deutschland Wirklichkeit geworden. Es gibt keine deutsche Frage mehr. Die Zeit der deutschen Sonderwege ist abgelaufen.

14 Die Bastille von Berlin

Der 13. August 1961 als Zäsur der deutschen Nachkriegsgeschichte

So viel politisches Mitgefühl wie am 30. Juli 1961 war Walter Ulbricht noch nie von einem westlichen Politiker zuteil geworden. An jenem Tag gab William Fulbright, der international hoch angesehene Vorsitzende des außenpolitischen Ausschusses des amerikanischen Senats, in einem Fernsehinterview bekannt, was er an Stelle des 1. Sekretärs der SED tun würde: «Ich verstehe nicht, warum die Ostdeutschen nicht ihre Grenze schließen. Ich glaube, daß sie ein Recht haben, sie zu schließen.»[1]

Hintergrund der erstaunlichen Aufforderung aus Washington war der dramatische Anstieg der Fluchtbewegung aus der DDR: 1960 hatten fast 200000 Menschen den ostdeutschen Staat in Richtung West-Berlin, dem einzigen Loch im «Eisernen Vorhang» zwischen Ost und West, verlassen. Allein im April 1961 waren es 30000 gewesen. In den Flüchtlingszahlen spiegelten sich die fortschreitende Sowjetisierung der DDR, obenan die forcierte Kollektivierung der Landwirtschaft, aber auch Versorgungsmängel und Angst – Angst, die Nikita Chruschtschow, Erster Sekretär der KPdSU und Ministerpräsident der Sowjetunion, mit seinen seit Ende 1958 ständig wiederholten Drohungen gegenüber West-Berlin ausgelöst hatte. Irgendetwas würde Moskau unternehmen, um ein Ausbluten der DDR zu verhindern: Davon ging auch der Westen aus.

1 Ein Bauwerk für den Frieden?

Was Moskau und Ost-Berlin nicht tun durften, wenn sie keinen dritten Weltkrieg wollten, war spätestens seit dem 25. Juli 1961 klar. An diesem Tag hatte der US-Präsident John F. Kennedy in einer Fernsehrede die berühmten drei «essentials» verkündet, an denen die USA im Hinblick auf Berlin unbedingt festhalten wollten: erstens das Recht der Westalliierten auf Anwesenheit in Berlin, zweitens ihr Recht auf freien Zugang nach Berlin und drittens das politische Selbstbestimmungsrecht der zwei Millionen West-Berliner. Von den Ost-Berlinern sagte Kennedy nichts.

Am 31. Juli, einen Tag nach Fulbrights Fernsehinterview, traf Ulbricht zu Gesprächen in Moskau ein. Chruschtschow erklärte sich mit der Sperrung der Grenze nach West-Berlin einverstanden, weil sich auf diese Weise die Fluchtbewegung aus der DDR unterbinden lasse. Die von Ulbricht gewünschte Sperrung der Luftkorridore von und nach West-Berlin aber lehnte der erste Mann des Kreml ab, weil sie ihm zu gefährlich erschien. Auch über den separaten Friedensvertrag mit der DDR, den er noch Anfang Juni beim Gipfeltreffen mit Kennedy in Wien ultimativ angedroht hatte, wollte Chruschtschow vorerst noch nicht verhandeln. Verglichen mit den bisherigen sowjetischen Forderungen, darunter die nach einer entmilitarisierten «Freien Stadt» West-Berlin, also dem vollständigen Abzug der Westalliierten und der Lösung der Bindungen zwischen West-Berlin und der Bundesrepublik, war die Sperrung der Grenzen die «kleine» Lösung eines großen Problems. Es war die Lösung, der die Staaten des Warschauer Paktes am 5. August 1961 in Moskau zustimmten. Damit waren die Würfel gefallen. Ulbricht durfte seine Mauer bauen.

Das Risiko, das er und Chruschtschow damit eingingen, war gering. Die Art, wie sich der britische Premier Macmillan, Kennedy und die NATO zuvor zur Berlin-Frage geäußert hatten, machte es Moskau und Ost-Berlin leicht, die westlichen Reaktionen auf den Mauerbau vorherzusagen: Es würde bei papiernen Protesten bleiben. Alles andere wäre auch ein Wunder gewesen. Denn was am 13. August 1961 geschah, hatte eine doppelte Logik für sich: die Logik von Jalta und die Logik des Systems, für das der «Eiserne Vorhang» eine Daseinsbedingung war.

In Jalta waren im Februar 1945 die europäischen Interessensphären der Sowjetunion auf der einen, der angelsächsischen Mächte auf der anderen Seite festgelegt worden. Das Sowjetsystem, das Stalin bis an die Westgrenze seines Einflußbereiches ausdehnte, war eine totalitäre Zwangsordnung. Die Freizügigkeit in der Viersektorenstadt Berlin widersprach dem Sicherheitsbedürfnis der Sowjetunion. So gesehen, war der Bau der Mauer logisch; deshalb wurde der 13. August 1961 zu einer Stunde der Wahrheit.

Willy Brandt, der von 1957 bis 1966 Regierender Bürgermeister von Berlin war, hat später bemerkt, man habe am 13. August 1961 «einen Vorhang weggezogen, um uns eine leere Bühne zu zeigen». 1976 schrieb er zum Mauerbau: «Uns sind Illusionen abhanden gekommen, die das Ende der dahinter stehenden Hoffnungen überlebt hatten – Illusionen, die sich an etwas klammerten, das in Wahrheit nicht mehr existierte. Es wurde Ulbricht erlaubt, der Hauptmacht des Westens einen bösen Tritt vors Schienbein zu versetzen – und die Vereinigten Staaten verzogen nur verstimmt das Gesicht. Meine politischen Überlegungen sind in den folgenden Jahren durch die Erfahrungen dieses Tages wesentlich mitbestimmt worden. Was man meine Ostpolitik genannt hat, wurde vor diesem Hintergrund geformt.»[2]

Wäre der Westen im August 1961 mit Waffengewalt gegen Stacheldraht und Mauer vorgegangen, hätte das vermutlich Krieg, und zwar Atomkrieg, bedeutet. Mit derselben Folge mußte der Osten rechnen, wenn er die Zugangswege nach West-Berlin blockierte. Da beide Seiten den Krieg vermeiden wollten, blieb er der Welt erspart.

Von Entspannung zwischen Ost und West aber konnte nach dem Bau der Mauer noch längst nicht die Rede sein, und die Lage in und um Berlin sollte sich in den folgenden zwölf Monaten noch mehrfach dramatisch zuspitzen. Den Wendepunkt brachte erst der Ausgang der Kuba-Krise vom Oktober 1962: der durch eine US-Seeblockade erreichte Abzug sowjetischer Mittelstreckenraketen von der Karibikinsel. Den «dialektischen» Zusammenhang von Berlin- und Kuba-Krise hat Richard Löwenthal 1974 auf die folgende Formel gebracht: «Die Konsequenz der Mauer war die Festigung des sowjetischen Status quo in Mitteleuropa; die Konsequenz der Raketenkrise war die Festigung der weltpolitischen Position des Westens –

einschließlich seiner Position in West-Berlin. Die Wendung zur weltpolitischen Entspannung, noch von Kennedy und Chruschtschow eingeleitet, erfolgte auf dieser Grundlage. Mit ihr veränderten sich endgültig die Rahmenbedingungen für die Ostpolitik der Bundesrepublik.»[3]

Für die Deutschen war der 13. August 1961 die tiefste Zäsur seit der doppelten Staatsgründung von 1949, wenn nicht seit der bedingungslosen Kapitulation des Deutschen Reiches am 8. Mai 1945. Von Anfang an waren die Deutschen, die auf dem Gebiet der Sowjetischen Besatzungszone und späterer DDR lebten, verglichen mit den Deutschen im Westen die eigentlichen Kriegsverlierer gewesen. Aber erst seit sie die DDR nicht mehr verlassen durften, wurde ihre Unfreiheit zu einem Schicksal, dem sie nicht mehr entrinnen konnten. Mit dem 13. August 1961 begann die Zeit, in der es zu einem gewissen Arrangement mit «ihrem» Staat auch dann keine Alternative mehr gab, wenn sie ihn von Grund auf ablehnten. Da die meisten von ihnen die DDR ohne größte Gefahren nicht mehr verlassen konnten, mußten sie spätestens jetzt versuchen, sich in diesem System auf Dauer einzurichten.

Die Deutschen im Westen des geteilten Landes mochten sich noch so sehr über den Gewaltakt des 13. August empören, an einem gab es bei nüchterner Betrachtung keinen Zweifel: Adenauers «Politik der Stärke» hatte nicht nur nicht zum immer wieder beschworenen Ziel, der Wiedervereinigung in Frieden und Freiheit, geführt. Seit der Osten die Teilung im Wortsinn zementiert hatte, war es zweifelhafter denn je, ob Deutschland irgendwann wieder *ein* Land werden würde. Die Mauer erzwang also neues Nachdenken über die deutsche Frage.

Das Nachdenken begann dort, wo die Folgen des monströsen Bauwerkes am stärksten zu spüren waren: in West-Berlin. Bei Willy Brandt und seinem wichtigsten Berater Egon Bahr, dem Leiter des Presse- und Informationsamtes des Landes Berlin, reifte seit 1962 die Einsicht, daß der unliebsamen Realität der DDR nur durch Kommunikation und damit durch ein gewisses Maß an Anerkennung beizukommen war. «Wandel durch Annäherung» nannte das Bahr am 16. Juli 1963 in einer Rede vor dem Politischen Club der Evangelischen Akademie in Tutzing.[4] Es war die «Politik der kleinen Schritte», die damit ihren Anfang nahm – die Politik, die zu den vier Passierscheinabkommen für West-Berliner von 1963 bis 1966 führte.

Ein paar Jahre später wurden aus den kleinen Schritten sehr viel größere: die Ostverträge der sozialliberalen Koalition unter Brandt und Scheel, darunter der Moskauer und der Warschauer Vertrag von 1970, das Viermächteabkommen über Berlin von 1971 und der Grundlagenvertrag mit der DDR, der 1973 in Kraft trat. Sie waren von Anfang an heftig umstritten, wobei sich die Union mit Rücksicht auf konservative Wählerschichten, zumal die Heimatvertriebenen, einer betont nationalen Rhetorik bedienten. Am nationalsten gab sich die CSU – erstaunlich, wenn man bedenkt, daß Franz Josef Strauß 1966 in seinem Buch «Entwurf für Europa» als erster westdeutscher Politiker eine «Europäisierung der deutschen Frage» gefordert und den ketzerisch anmutenden Satz niedergeschrieben hatte: «Ich glaube nicht an die Wiederherstellung eines deutschen Nationalstaates, auch nicht innerhalb der Grenzen der vier Besatzungszonen.»[5]

I Die postnationale Bundesrepublik

Ende 1970, neun Jahre nach dem Mauerbau, verabschiedete sich Ulbricht von einer Idee, an der die SED bis dahin festgehalten hatte: der Vorstellung von der einen deutschen Nation. Der neuen, auch von Erich Honecker übernommenen Lesart zufolge hatte in der DDR inzwischen «der Prozeß der Herausbildung einer sozialistischen Nation» begonnen – einer zweiten deutschen Nation neben der alten kapitalistischen, die in der Bundesrepublik fortbestand.[6] Im Gefolge der «Zwei-Nationen-Theorie» verschwand der Begriff «Deutschland» aus dem Sprachgebrauch der DDR: Der «Deutschlandsender» verwandelte sich in die «Stimme der DDR», die «Deutsche Akademie der Wissenschaften» in die «Akademie der Wissenschaften der DDR», die Nationalhymne der DDR, verfaßt von Johannes R. Becher und komponiert von Hanns Eisler, durfte nur noch gespielt, aber nicht mehr gesungen werden. Die Zeile «Deutschland, einig Vaterland» verstieß gegen die neue Doktrin.

Die Bundesrepublik hielt offiziell an der Theorie «Zwei Staaten, eine Nation» fest: Nach dem Urteil des Bundesverfassungsgerichts zum Grundlagenvertrag von 1973 war sie verpflichtet, auf die Wiederherstellung der staatlichen Einheit hinzuwirken und alles zu unterlassen, was die Wiedervereinigung vereiteln konnte. In der bundesrepublikanischen Öffentlichkeit freilich verlor das Staatsziel «deutsche Einheit» immer mehr an Bedeutung. Einige Historiker und Politikwissenschaftler machten sich, ohne damit durchzudringen, zu Anwälten einer «Binationalisierung» Deutschlands, also einer westdeutschen Variante der Zwei-Nationen-Theorie.[7] Andere sprachen von der Bundesrepublik als einer «postnationalen Demokratie unter Nationalstaaten».[8] In den achtziger Jahren verbreitete sich im Westen Deutschlands die Auffassung, die deutsche Teilung sei nicht nur ein Unterpfand des Gleichgewichts zwischen Ost und West und damit des Friedens in Europa, sondern mehr als das: eine Strafe für das, was das Deutsche Reich im 20. Jahrhundert Europa und der Welt angetan hatte – ja, wie Günter Grass noch 1989/90 hervorhob, die Sühne für Auschwitz.[9] Fast unbemerkt und eher unbewußt hatte sich damit eine Art geistiger Umwidmung der Mauer vollzogen: Aus einem Monument kommunistischer Unmenschlichkeit war für viele Intellektuelle der alten Bundesrepublik ein Mahnmal für die ermordeten Juden Europas geworden.

Als die Mauer am 9. November 1989 fiel, freute sich fast alle Welt. Bei ostdeutschen Bürgerrechtlern und vielen westdeutschen Intellektuellen währte die Freude aber nicht lang. Seit immer häufiger und lauter der Sprechchor «Deutschland, einig Vaterland» erscholl, griff die Furcht um sich, die Vergangenheit kehre zurück und bringe die Geschichte um ihren Sinn – den Sinn, den man ihr in mühsamer Gedankenarbeit verliehen hatte: Wenn es schon nicht bei zwei deutschen Staaten bleiben konnte, so sollte doch um Europas willen die deutsche Einheit solange warten, bis Europa geeint war.

Die Volkskammerwahl vom 18. März 1990, die einem Plebiszit für einen raschen Beitritt zur Bundesrepublik gleichkam, wurde folglich geradezu als Kampfansage an die aufgeklärte Vernunft wahrgenommen. Dabei klagten die Ostdeutschen mit ihrer Entscheidung für die Einheit nur historische Gerechtigkeit ein. Die deutsche Frage war nach 1945 ungerecht, nämlich einseitig zu Lasten der Bewohner der DDR, gelöst worden. Diese Ungerechtigkeit konnte man jetzt korrigieren, und weil man es konnte, war das Votum vom 18. März 1990 zwingend logisch.

ı Die Diktatur der Grenze

Beim Versuch, über die Mauer in den Westen zu gelangen, wurden 239 Menschen getötet. Der junge Chris Gueffroy, den Grenzsoldaten der DDR am 6. Februar 1989 erschossen, war der letzte von ihnen. Insgesamt waren nach den Ermittlungen der «Arbeitsgemeinschaft 13. August» seit 1949 an der innerdeutschen und der Berliner Grenze mindestens 943 Menschen ums Leben gekommen.

Die Mauer gibt es seit dem 9. November 1989 nicht mehr. Aber die 28 Jahre, die sie in Berlin stand, haben tiefe Spuren hinterlassen. Die Annäherung zwischen beiden Staaten nach 1973 ging mit einer Entfremdung zwischen den Deutschen diesseits und jenseits der Grenze einher. Die jahrzehntelange Einsperrung wirkte so demütigend, daß die Ostdeutschen am 9. November 1989 nur als «Wahnsinn» empfinden konnten, was am 13. August 1961 aufgehört hatte, normal zu sein: die Möglichkeit, von einem Teil Berlins (und damit Deutschlands) in den anderen zu wechseln. Den Westdeutschen und West-Berlinern war es unendlich viel leichter gefallen, sich mit der Mauer abzufinden. Ob sie Hegel gelesen hatten oder nicht: Was wirklich war, das mußte doch irgendwie auch vernünftig sein.[10] So sahen es nicht alle, aber unter den altbundesrepublikanischen Intellektuellen waren es wohl die meisten. Die DDR eine «Diktatur» zu nennen, war zunehmend verpönt. Zuzugeben, daß man sich geirrt hat: Dagegen sträuben sich viele der ehemaligen Sinnstifter hüben wie drüben bis heute. Auch deswegen gibt es dieses Hüben und Drüben in Berlin und Deutschland immer noch.

Vierzig Jahre nach dem Mauerbau ist der 13. August 1961 noch immer ein Streitthema. Dafür sorgt schon die PDS. Nicht daß die Partei, die vor zwölf Jahren noch SED hieß, den «antifaschistischen

Schutzwall» pauschal rechtfertigen würde. Das «Nie wieder Mauer» des PDS-Vorstands ist ernst gemeint, auch wenn dieses Bekenntnis regelmäßig vom Versuch der «Historisierung» des 13. August begleitet wird: Die Mauer sei eben aus dem Kalten Krieg zu erklären. Daran ist soviel richtig, daß der Zustand der offenen Grenze, der am 13. August 1961 endete, ein Relikt aus der Zeit vor dem Kalten Krieg war. Aber der Kalte Krieg war kein handelndes Subjekt. Die Selbstkritik der Erben jener, die die Mauer bauten, bleibt bisher auf halber Strecke stecken. Der Sündenfall der SED war nicht die Mauer, sondern die Errichtung der Diktatur. Diktaturen danken nicht einfach ab, wenn sie das Volk gegen sich haben. Im Fall der DDR waren auch noch die Interessen einer Weltmacht zu bedenken: Wäre der westlichste Vorposten des Sowjetimperiums im Gefolge der Massenflucht zusammengebrochen, hätte das den Anfang vom Ende des «sozialistischen Weltsystems» bedeutet. Es verstand sich von selbst, daß dies für Moskau keine Option sein konnte.

Das Eingeständnis, die eigene Bevölkerung nur durch Zwang im Lande halten zu können, hatte einen massiven Prestigeverlust nicht nur der DDR, sondern des «sozialistischen Lagers» insgesamt zur Folge. Durch die Schließung der Grenze erkauften sich beide, die DDR und der Marxismus-Leninismus als politisches System, noch eine historische Gnadenfrist. Das allerdings wissen wir erst im Nachhinein.

Die Öffnung der Mauer am 9. November 1989 war für die DDR das, was der Sturm auf die Bastille am 14. Juli 1789 für das französische Ancien Régime gewesen war: der Schlag, von dem sich die alte Ordnung nicht mehr erholen konnte. Die Mauer war nicht minder als die Bastille ein Symbol der Unfreiheit. Als das Symbol fiel, war das Ende der alten Herrschaft gekommen.

15 | Auf ewig in Hitlers Schatten?

Zum Streit über das Geschichtsbild der Deutschen

Seit einiger Zeit gibt es keinen Zweifel mehr: Das Jahrhundertende wirft seinen langen Schatten voraus. Mitte der achtziger Jahre sind wir schon ganz in das fin de siècle eingetreten. Am runden Tisch des Bonner Kabinetts, in der Redaktion der *Frankfurter Allgemeinen* und an den Schreibtischen einiger deutscher Historiker sitzt ein steinerner Gast: Die «Vergangenheit, die nicht vergehen will».[1] Man würde ihn gern los, aber er weicht nicht, sondern fragt immer wieder: Warum ist das größte Verbrechen des 20. Jahrhunderts, die Ermordung der europäischen Juden, gerade von Euch verübt worden, Ihr Deutschen?

Vier Jahrzehnte nach dem Ende des Zweiten Weltkrieges scheint es einigen führenden Vertretern von Politik und Geistesleben an der Zeit, endlich aus dem Schatten Hitlers herauszutreten. Hat die Bundesrepublik überhaupt eine Zukunft, so fragen sie, wenn unsere Erinnerung immer aufs neue um Auschwitz kreist? Hat die jüngere Generation nicht ein Recht darauf, unbeschwert von der Geschichtslast des «Dritten Reiches» die Schwelle zum nächsten Jahrtausend zu überschreiten? Werden nicht Defätismus und Dekadenz immer weiter um sich greifen, wenn wir uns auch künftig von dem Gedanken an eine lang zurückliegende deutsche Schuld bestimmen lassen?

Das gemeinsame Auftreten des amerikanischen Präsidenten und des deutschen Bundeskanzlers auf dem Soldatenfriedhof von Bitburg anläßlich des 40. Jahrestages des Kriegsendes war als Fanal gedacht: Der Zweite Weltkrieg wurde unter der Hand zum europäischen Normalkrieg umstilisiert. So wie sich das Amerika Ronald Reagans trotz My Lai nicht sein gutes Gewissen rauben läßt, so sollte das Deutschland Helmut Kohls fortan trotz Auschwitz wieder ungebrochen nationalen Stolz empfinden dürfen.[2] Etwa zur gleichen Zeit erschien in Tiefdruckbeilagen deutscher Provinzblätter eine Anzeige der «Gesellschaft für Münzeditionen». Sie warb für eine Sammlung von Gedenkmünzen, auf denen die herausragenden Taten der Großdeutschen Wehrmacht zwischen 1939 und 1945 rühmend festgehalten wurden. Die letzte der abgebildeten Münzen trug halbverdeckt, aber doch klar erkennbar den Text: «Ehrenvoll unterlegen».

Das Gespenst von Bitburg führt ein zähes Leben. Dafür sorgt schon, unter anderem, die *FAZ*. Für das Ereignis von Bitburg hatte die «Zeitung für Deutschland» ungleich viel mehr Sympathie und folglich auch Raum als für die Rede, die der Bundespräsident am 8. Mai 1985 im Deutschen Bundestag hielt. Viele Artikel der *Frankfurter Allgemeinen*, die seitdem erschienen sind, lesen sich wie indirekte Antworten auf Richard von Weizsäcker. Am 28. Februar 1986 etwa würdigte Friedrich Karl Fromme in einer Leitglosse die Debatte, die der Bundestag am Vortag über das Thema «Antisemitismus» geführt hatte. Fromme hielt diese Aussprache für überflüssig und unnütz. Seine Begründung: «Antisemitismus gab es über die Jahrhunderte, und es gibt ihn heute in sozialistischen Ländern, vor allem in der Sowjetunion. Andere Nationen könnten fragen, ob ihnen Sympathien vorzuschreiben seien. Die ‹Judenvernichtung›, das Wort gehört zwischen Anführungsstriche, ist im Nazi-Staat diskret vonstatten gegangen; keineswegs war es so, daß über den damaligen Deutschlandsender ein wöchentliches Bulletin ging, in den zurückliegenden Tagen seien soundso viele Juden zu Tode gebracht worden.»

ı Appell an das «Feingefühl»

Obwohl die Deutschen also nicht ahnen konnten, was der (ohnehin nur von einer Minderheit gewählte) «krankhafte Antisemit Hitler» insgeheim anrichten ließ, dürfen sie, zu Frommes Leidwesen, auch heute noch nicht ganz unbefangen sein. Sie müssen «befangen bleiben in dem Sinne, daß die sonst leichthin erlaubte Sonderung der Mitmenschen in solche, die man mag, und andere, die man nicht so sehr mag, gegenüber Juden untersagt ist».

Der Mahnung an die Deutschen, ihren natürlichen Gefühlen keinen freien Lauf zu lassen, folgte eine Warnung an die Juden, nicht ihrerseits durch überzogene Forderungen neuen Antisemitismus hervorzurufen. «Es gibt viel guten Willen bei den jungen und bei den nicht mehr ganz jungen Deutschen gegenüber den Juden. Einer sich unbefangen fühlenden Generation aber ist zuzubilligen, daß ihre Geduld begrenzt ist. Vernunft und Menschlichkeit, zwei Begriffe, die nicht immer in eins gehen, müssen mit Feingefühl behandelt werden – von allen Seiten.» «Feingefühl, allerseits» lautete denn auch die Überschrift dieses Beitrags zur moralischen Selbstbehauptung der Deutschen.[3]

Zwei Monate später erhielt Fromme Schützenhilfe von seinem Kollegen Ernst-Otto Maetzke. Dieser nahm am 24. April 1986, im Zusammenhang mit der weltweiten Diskussion über die politische Vergangenheit des österreichischen Bundespräsidenten Kurt Waldheim, den Jüdischen Weltkongreß ins Visier. Maetzke warf ihm vor, «die Toten eines vergangenen Krieges und einer Gewaltherrschaft heuchlerisch zum Betreiben gegenwärtiger politischer Ziele zu mißbrauchen. Daß diese Methode weithin im politischen Kampf als üblich gilt, macht sie nicht besser. Gewöhnliche Leichenfledderer sind vergleichsweise anständige Leute.» Maetzke hätte seine Glosse überschreiben können: «Lasset die Toten ihre Toten begraben!» Der Kürze halber entschied er sich aber für: «Übler als Fledderei».[4]

Dritter im Bunde der aufrechten *FAZ*-Rechten war Günther Gillessen. Am 14. Mai 1986 räumte er den Darlegungen eines aus Deutschland in die USA emigrierten Rechtsanwaltes namens Franz Oppenheimer weit mehr als eine Druckseite ein. Oppenheimer hatte ein paar neuere Bücher gelesen, darunter eines, dem er die Einsicht verdankte, «daß selbst unter dem ergebenen Kern der Parteimitglieder vor Hitlers Machtergreifung die wütenden Antisemiten nur eine kleine Minderheit von 12,5 Prozent waren». Der Befund, einer amerikanischen Umfrage im Nachkriegsdeutschland entstammend, paßte vorzüglich in Oppenheimers Konzept. Die große Mehrheit der Deutschen trage an Hitlers Verbrechen «keine größere Schuld als andere an denen Stalins von gestern und des lieben Herrn Gorbatschow heute», lautete das Fazit des «Sammlers historischer Literatur», als den Gillessen ihn in seiner Einleitung vorstellte. Gillessen sorgte auch für die richtige Aufmachung des Artikels. «Vorsicht vor falschen Schlüssen aus der deutschen Vergangenheit» empfahl bereits die Überschrift. Die Unterzeile war noch deutlicher: «Die Verführungen einer kollektiven Schuldbesessenheit».[5]

Die Bühnenkulissen waren also bereits aufgestellt, als am 6. Juni 1986 Ernst Nolte, Professor der neueren Geschichte an der Freien Universität Berlin und ein angesehener Faschismusforscher, auftrat. Wer bei der Lektüre der FAZ bis zum Feuilleton vordrang, konnte dort unter der Überschrift «Vergangenheit, die nicht vergehen will» etwas lesen, was bislang noch kein deutscher Historiker bemerkt hatte: Auschwitz war nur die Kopie eines russischen Originals, des stalinistischen Archipel GULag. Aus Angst vor dem asiatischen Vernichtungswillen der Bolschewiki hatte Hitler selbst eine «asiatische Tat» begangen. Die Judenvernichtung also eine Art von Putativnotwehr? Genau darauf läuft Noltes Spekulation hinaus.

In vorsichtigeren Wendungen hatte Nolte den gleichen Gedanken auch schon früher geäußert. In einem Aufsatz, der 1985 auf englisch, in dem von H. W. Koch herausgegebenen Band «Aspects of the Third Reich», erschienen war, gab er überdies zu bedenken, ob Hitler nicht berechtigt gewesen sein könnte, die deutschen Juden nach Kriegsausbruch als Kriegsgefangene zu internieren. (Das «Recht» hierzu hätte ihm, Nolte zufolge, der Präsident der Jewish Agency, Chaim Weizmann, gegeben, als er Anfang September 1939 dem britischen Premierminister Neville Chamberlain in einem offenen Brief versicherte, die Juden stünden in diesem Krieg auf der Seite Englands und der westlichen Demokratien.) Gleichviel, ob diese oder eine ähnliche Passage auch in den von der FAZ weggekürzten Teilen des Vertragsmanuskripts stand oder nicht: Soviel einfühlendes Verstehen ist Hitler noch von keinem deutschen Historiker zuteil geworden.[6]

Nolte ist nicht der einzige Geschichtsforscher, der jetzt, wo das Jahrhundert sich dem Ende zuneigt, für eine historische Relativierung des «Dritten Reiches» und seiner Verbrechen eintritt. Andreas

Hillgruber und Michael Stürmer, die in diesem Zusammenhang oft genannt werden (auch von Jürgen Habermas in seinem Artikel in der *Zeit* vom 11. Juli 1986), sind zwar nicht grundlos ins Gerede gekommen: Stürmer, weil er seine eher konservative Sicht der Vergangenheit gern zum deutschen Geschichtsbild erheben würde; Hillgruber vor allem wegen seiner ausgeprägten Sympathien für jene preußischen Junker und Militärs, von denen er doch weiß, daß Hitler ohne sie weder an die Macht gekommen noch an der Macht geblieben wäre. Aber beide Historiker sind keine «Relativierer» à la Nolte, und sie verdienen es nicht, mit ihm in einen Topf geworfen zu werden.[7]

Anders liegt der Fall des Bonner Historikers Klaus Hildebrand, aus dessen Feder eine geradezu überschwengliche Besprechung von Noltes englischem Aufsatz stammt, die im Aprilheft 1986 der *Historischen Zeitschrift* erschienen ist.[8] Schon 1983 hatte sich Hildebrand aus Anlaß der 50. Wiederkehr der «Machtergreifung» vehement gegen die These gewandt, es habe vor 1933 einen «deutschen Sonderweg» gegeben – eine Abweichung Deutschlands von der «normalen» Entwicklung des Westens hin zur liberalen Demokratie. Als «Sonderweg» läßt er nur, und zwar im wesentlichen dank des «Sonderfalles Hitler», die Jahre 1933 bis 1945 gelten.[9]

In einem bis heute weithin unbeachtet gebliebenen Aufsatz, der 1984 in einem von Wolfgang Michalka herausgegebenen Sammelband über die nationalsozialistische Machtergreifung veröffentlicht wurde, nahm Hildebrand aber dieses Zugeständnis schon wieder halb zurück: «Festzuhalten bleibt ... die Frage, ob sich im Zuge künftiger Forschungen – beispielsweise durch Vergleiche mit dem stalinistischen Rußland – und vorausschreitender Geschichte – mit Exempeln von der Art des kambodschanischen Steinzeitkommunismus – eine Historisierung der Hitler-Zeit einstellen wird. Sie wäre gewiß von furchtbaren wissenschaftlichen Einsichten und von schmerzlichen menschlichen Erfahrungen begleitet. Beide Phänomene könnten, *horribile dictu*, sogar den Begriff des deutschen Sonderweges zwischen 1933 und 1945 relativieren». (Für Nichtlateiner: «horribile dictu» bedeutet «schrecklich zu sagen».)[10]

Gegen Hildebrands Behauptung, es habe vor 1933 keinen «deutschen Sonderweg» gegeben, ließe sich viel sagen – aber kaum etwas, was nicht schon irgendwann von irgendwem gesagt worden wäre. In unserem Zusammenhang aufschlußreicher ist der Hinweis auf Stalin und Pol Pot, deren Verbrechen auch Nolte mit denen Hitlers in Beziehung setzt. Was ist der Sinn dieses Vergleichs? Deutschland ist kulturell ein Land des Westens; es hatte teil an der europäischen Aufklärung und eine lange Tradition des Rechtsstaates. Das gilt nicht für Rußland und erst recht nicht für Kambodscha. Die Untaten Stalins und der Roten Khmer werden dadurch nicht im mindesten entschuldigt. Aber Hitler und seine Helfer müssen wir an unseren eigenen, den westlichen Normen messen. Vor diesem historischen Hintergrund ist der vom deutschen Staat befohlene systematische Völkermord an den Juden, aber auch an den Sinti und Roma das größte Verbrechen des 20. Jahrhunderts, ja der Weltgeschichte.

ı Ein Ausverkauf westlicher Werte

Joachim Fest hat in der FAZ vom 29. August 1986 gemeint, wer so argumentiere, der setze auf hochmütige Weise die «alte Nazi-Unterscheidung fort, wonach es höhere Völker gibt und Völker auf primitiverer Stufe, die nicht einmal vom Tötungsverbot wissen».[11]

Es ist schon verblüffend, zu welchen Kapriolen jemand fähig ist, der sich im Rechtfertigungszwang fühlt. Fest dispensiert Deutschland von den sittlichen Werten, die es selbst mit hervorgebracht hat, und er befreit den Historiker von seiner vornehmsten Aufgabe: historisch angemessen zu werten. Weder Nolte noch Hildebrand noch Fest wollen einem zynischen Nihilismus das Wort reden, aber was sie zustande bringen, ist, horribile dictu, ein Ausverkauf westlicher Werte.

Fest hat in dem zitierten Artikel Nolte und Hildebrand gegen Jürgen Habermas' Feststellung in Schutz genommen, sie zielten auf nationale Apologie ab. Fest nennt diese Kritik gar eine «persönliche Verunglimpfung». Wie sagt doch Mephisto? «Man darf das nicht vor keuschen Ohren nennen, was keusche Herzen nicht entbehren können.»[12] Wer Stalin und Pol Pot heranzieht, um Hitler zu «relativieren», der betreibt keine Geschichtswissenschaft, sondern Geschichtspolitik. Er instrumentalisiert Geschichte für politische Zwecke und tut damit von «rechts», was die Ideologen der Studentenbewegung von 1968 von «links» getan haben. Und will Fest etwa ernsthaft behaupten, es gehe seiner Zeitung bei ihrem Feldzug gegen deutsche «Schuldbesessenheit» nicht um Politik, sondern nur um die historische Wahrheit und um nichts als die Wahrheit?

Die fortlaufende Lektüre der *FAZ* macht deutlich, wo die tieferen Gründe der nationalapologetischen Welle zu suchen sind. Seit geraumer Zeit schallt uns aus ihren Spalten, lauter als jemals seit den fünfziger Jahren, der Ruf nach der Wiedervereinigung Deutschlands entgegen. Es ist nicht wichtig, ob die Zeitung dieses Ziel für erreichbar hält. Wichtig ist, daß seine Beschwörung nationales Selbstgefühl heben hilft. Um heute die Wiederherstellung des Deutschen Reiches fordern zu können, muß die Geschichte in der Tat umgeschrieben werden. Das Regime, das die staatliche Einheit Deutschlands verspielt hat, darf nicht länger als das erscheinen, was es war: das menschenfeindlichste der Geschichte. Deswegen werden seine Untaten mit denen anderer Staaten, gleich welcher kulturellen Entwicklungsstufe, verrechnet. Am Ende steht dann die Einsicht, zu der man an deutschen Stammtischen schon vor über drei Jahrzehnten angelangt war: daß alle Geschichte eine Geschichte von Verbrechen und an der deutschen Geschichte wenig ist, was negativ aus dem Rahmen fällt.

Vielleicht ist es ein Trost, daß nicht nur das Jahrhundert, sondern auch das Jahrtausend zu Ende geht. Die Deutschen können dann im Rückblick auch an das denken, was sie der Welt im Verlauf einer langen Geschichte geschenkt haben. Politische Leistungen werden freilich kaum darunter sein. Die Bildung eines deutschen Nationalstaates war, wie die Dinge im 19. Jahrhundert lagen, unvermeidbar. Aber das Reich von 1871 ist an den Deutschen selbst gescheitert. Angesichts der Rolle, die Deutschland bei der Entstehung der beiden Weltkriege gespielt hat, kann Europa und sollten auch die Deutschen ein neues Deutsches Reich, einen souveränen Nationalstaat, nicht mehr wollen. Das ist die Logik der Geschichte, und die ist nach Bismarcks Wort genauer als die preußische Oberrechenkammer.[13]

Was bleibt? Wir müssen lernen, mit unserer Geschichte zu leben, ohne ihr nachträglich etwas abhandeln zu wollen. Wir dürfen keine überzogenen Forderungen an die Zukunft stellen und wir müssen wissen, warum wir es nicht dürfen. Aus der Geschichte geblieben ist die Pflicht, Solidarität zu üben mit denen, die zu Opfern deutscher Selbstüberhebung geworden sind, allen voran Juden und Polen. Zu unserem Erbe gehört aber auch die nationale Solidarität mit den Deutschen in der DDR, die an der Last der deutschen Geschichte bis heute ungleich schwerer zu tragen haben als die Bürger der Bundesrepublik.

Das Gespenst von Bitburg will uns daran hindern, aus der Geschichte zu lernen. Es erfüllt uns mit Neid auf die wirkliche oder vermeintliche Normalität der anderen. Es gaukelt uns einen Anspruch vor, den wir nur hätten, wenn wir in der Vergangenheit andere als wir selbst gewesen wären. Es versucht uns auf einen Pfad zu locken, der schon einmal in die Katastrophe geführt hat. Es ist höchste Zeit, das Gespenst zu vertreiben.

16 | Kehrseitenbesichtigung

Zehn Jahre danach: Ein Rückblick auf den deutschen Historikerstreit

Bis zur Jahrtausendwende waren es noch vierzehn Jahre, als in der alten Bundesrepublik der «Historikerstreit», die Kontroverse um die Einzigartigkeit des nationalsozialistischen Judenmords, ausgefochten wurde. Doch schon 1986 war zu erkennen, daß die Debatte den Stempel des nahenden fin de siècle trug. Ernst Nolte, der den Disput auslöste, zitierte, in die Rolle des Hegelschen Weltgeistes schlüpfend, das Jahrhundert vor seinen Richterstuhl und verkündete anschließend das Urteil: Der Holocaust war nicht das Menschheitsverbrechen schlechthin, sondern nur die verzerrte Kopie eines anderen, ebenso säkularen, aber «ursprünglicheren» Verbrechens, des Archipel GULag. Stalins Klassenmord war Hitlers Rassenmord nicht nur zeitlich vorausgegangen, es gab auch einen «kausalen Nexus» zwischen dem früheren und dem späteren Verbrechen: Hitler befand sich im Zustand der Putativnotwehr, als er, um der Vernichtung durch den Bolschewismus zu entgehen, dessen vermeintlichem Urheber, dem internationalen Judentum, einen Kampf auf Leben und Tod ansagte.[1]

Noltes apologetische Absicht lag klar zutage: Es ging dem Berliner Geschichtsdenker um eine historische Entlastung Deutschlands im allgemeinen und des deutschen Bürgertums im besonderen. Die Kritiker hatten es nicht schwer, Noltes erkenntnisleitendes Interesse herauszuarbeiten und seine historische Ableitung des Holocaust als das zu enthüllen, was sie war: ein geschichtspolitisches Konstrukt. Die Gegenoffensive, eingeleitet durch Jürgen Habermas, war notwendig, und sie war erfolgreich: Die nationalapologetische Revision des deutschen Geschichtsbildes fand nicht statt; die selbstkritische Aufarbeitung deutscher politischer Traditionen ging weiter.[2]

Selbstkritisch sollte nach zehn Jahren auch der Rückblick eines Beteiligten auf den Historikerstreit ausfallen. An meinem eigenen Beitrag, der am 14. November 1986 unter der Überschrift «Auf ewig in Hitlers Schatten?» in der *Frankfurter Rundschau* erschien, stört mich heute die Selbstgewißheit, mit der ich damals Künftiges vorwegnahm: «Angesichts der Rolle, die Deutschland bei der Entstehung der beiden Weltkriege gespielt hat, kann Europa und sollten auch die Deutschen ein neues Deutsches Reich, einen souveränen Nationalstaat, nicht mehr wollen. Das ist die Logik der Geschichte, und die ist nach Bismarcks Wort genauer als die preußische Oberrechenkammer.»[3]

Deutschem Nationalismus entgegenzutreten, war und ist immer richtig, und daß Nolte nationalistisch argumentierte, steht außer Frage. Notwendig war auch der Hinweis darauf, daß die Teilung Deutschlands in letzter Instanz eine Folge von deutscher Politik und deutscher Schuld war. Aber woher konnte ich wissen, daß es einen deutschen Nationalstaat nicht mehr geben würde? Der Historiker ist, wie Friedrich Schlegel bemerkt hat, ein rückwärtsgewandter Prophet.[4] Wenn er hingegen die Zukunft zu kennen vorgibt, ist das nicht mehr Geschichtswissenschaft, sondern säkularisierte Geschichtstheologie. Davon enthielten manche kritischen Beiträge zum Historikerstreit mehr, als der Sache guttat.

Nolte und einige konservative Historiker wollten die deutsche Vergangenheit durch Relativierung «entsorgen»: Das ist keine Unterstellung, sondern eine Feststellung. Aber waren wir Kritiker völlig frei von der Versuchung der Entsorgung? War der Aufruf zur dauerhaften Hinnahme der Zweistaatlichkeit nicht auch ein halb bewußter, halb unbewußter Versuch, uns, die Westdeutschen, durch Sinnstiftung geschichtlich zu entlasten? Hatte nicht das «postnationale» und «verfassungspatriotische» Selbstverständnis der Bundesrepublik, wie es sich in der zweiten Hälfte der achtziger Jahre herausbildete, neben seiner positiven, aufklärerischen und emanzipatorischen Seite eine egoistische Kehrseite: die Rechtfertigung eines Zustands, der für die Westdeutschen sehr viel erträglicher war als für die Ostdeutschen, denen 1945 der größte Teil der Folgelasten einer gemeinsamen Vergangenheit aufgebürdet worden war?

Es ist an der Zeit, die Moral so manchen moralisch klingenden und moralisch gemeinten Argumentes aus der Zeit des Historikerstreits zu hinterfragen und einzuräumen, daß damals auch die Linke Geschichtspolitik betrieben hat. Die deutsche Teilung als Strafe für Auschwitz: Das hat keiner der Teilnehmer des Historikerstreites so gesagt oder geschrieben, und längst nicht alle Kritiker Noltes haben so gedacht. Doch als Günter Grass 1989/90 diesen Standpunkt verfocht, vergröberte er nur ein Argumentationsmuster, das um jene Zeit längst «en vogue» war.[5] Die kaum je ausgesprochene, aber tiefsitzende Überzeugung, daß die nationalsozialistischen Verbrechen durch die Teilung Deutschlands gesühnt werden könnten, war zur Lebenslüge der bundesdeutschen Linken und damit zum Gegenstück einer anderen, eher «rechten» Lebenslüge geworden: der Behauptung, die Wiedervereinigung sei das vorrangige Ziel der bundesdeutschen Politik.

Die linke Lebenslüge wirkt seit 1990 als intellektueller Vorbehalt in bezug auf Deutschland als Ganzes nach. Die Mentalreservation wird verstärkt durch das Anderssein der Ostdeutschen: Da sie keine Chance hatten, ein postnationales Selbstbewußtsein zu entwickeln, blieben sie, der Staatsdoktrin vom sozialistischen Internationalismus zum Trotz, auf konventionelle Weise deutsch. Mindestens ebenso irritierend sind für viele altbundesdeutschen Linken die militärpolitischen Konsequenzen, die sich aus dem Zuwachs an Souveränität im Zuge der Wiedervereinigung ergeben. Das vereinte Deutschland muß innerhalb der Vereinten Nationen und des Atlantischen Bündnisses mehr Pflichten übernehmen als der größere der beiden deutschen Staaten vor 1990. Dagegen lehnt sich ein Teil der Linken mit Begründungen auf, die Geschichtspolitik zu nennen schon fast eine Untertreibung ist. Auschwitz als Argument, um angesichts eines neuen Völkermordes einen pazifistischen deutschen Sonderweg zu legitimieren: Der deutsche Diskurs über Bosnien gibt Anlaß, von einem pathologischen Lernprozeß zu sprechen.[6]

Zu erklären ist dieses Phänomen wohl nur, wenn wir die Einsicht akzeptieren, daß auch das Kernstück der Kritik an Noltes nationalapologetischem Revisionismus eine Kehrseite hat: Die These von

der historischen Einzigartigkeit des nationalsozialistischen Juden-
mordes hat sich als zweischneidig erwiesen. Sie hat ihr Recht und
ihre Richtigkeit darin, daß sie der relativierenden Einebnung des
deutschen Menschheitsverbrechens entgegenwirkt. Sie hat aber
auch eine andere Wirkung entfaltet, der es zu begegnen gilt: Wenn
unter Berufung auf die Unvergleichbarkeit der Judenvernichtung
andere Staatsverbrechen bis hin zum versuchten Genozid systematisch bagatellisiert werden, ist auch das ein Fall von relativierender
Einebnung – eine Instrumentalisierung des Holocaust, die nicht dadurch besser wird, daß sie von «links» kommt.

Von «links» kommen bis heute auch die stärksten Vorbehalte gegen einen Vergleich der beiden Erscheinungsformen von totalitärer
Diktatur, idealtypisch gesprochen: der kommunistischen und der
faschistischen, ja gegen die bloße Verwendung des Begriffs «totalitär». Am hartnäckigsten werden die Frage- und Benennungsverbote
in Deutschland verteidigt, das beide Arten von Diktatur erlebt hat.
Der Widerstand wäre berechtigt, ginge es darum, «braune» und
«rote» Diktatur gleichzusetzen. Doch vergleichen heißt nicht, gleichzusetzen, sondern Gemeinsamkeiten und Unterschiede herauszuarbeiten. Dieser Aufgabe stellen sich, im internationalen Maßstab, die
ersten beiden großen Jahrhundertbilanzen: Eric Hobsbawms «Zeitalter der Extreme» und François Furets «Ende der Illusion». Ist es
ein Zufall, daß diese Bücher nicht aus Deutschland, sondern aus
England und Frankreich kommen? Daß sie in Deutschland auch
nicht im entferntesten das Echo fanden, das Daniel Goldhagens
Buch über «Hitlers willige Vollstrecker» zuteil wurde?[7]

Die linken Tabus, die es in ost- und in westdeutscher Ausfertigung
gibt, sind natürlich nicht der einzige Grund des Mangels an großen
Würfen à la Hobsbawm und Furet. Die Spuren schrecken, könnte
man beim Rückblick auf den Historikerstreit sagen. Schließlich war
es Ernst Nolte, der in der Langfassung seiner damaligen Thesen,
dem 1987 erschienenen Buch *Der europäische Bürgerkrieg 1917–1945*,
das Jahrhundertthema der Wechselbeziehungen zwischen Kommunismus, Faschismus und Demokratie aufgriff und dabei auch die
Frage nicht aussparte, ob es ohne den russischen Oktober 1917 zum

deutschen Januar 1933 hätte kommen können.[8] Da er sich dem Problem in apologetischer Absicht näherte, endete das Unternehmen in einem analytischen Debakel. Auf der Strecke blieben nicht nur seine Ergebnisse, sondern auch eine Fragestellung, die in Deutschland fortan so diskreditiert erschien, daß ihr nur noch die Auswanderung nach England oder Frankreich blieb.

Die langfristigen Wirkungen des Historikerstreits sind widersprüchlich. Die deutsche Geschichtswissenschaft hat einen nationalistischen Revisionsversuch abgewehrt, blieb dabei aber ganz im nationalgeschichtlichen Horizont befangen, den der Herausforderer zu sprengen versucht hatte. Der gemäßigte Flügel der intellektuellen Linken erkannte im nationalapologetischen Vorstoß einen Angriff auf die geistige Westbindung der Bundesrepublik und wurde darüber zur staatserhaltenden Kraft oder, wenn man so will, zur «posthumen Adenauerschen Linken». Einige Jahre später erwies sich die innere Bindung dieser Linken an die alte Bundesrepublik als so stark, daß die Wiedervereinigung fast schon als Störfall wahrgenommen wurde.

Das vereinte Deutschland ist nicht das wiedererstandene Deutsche Reich. Es ist ein Nationalstaat, aber einer der postklassischen Art, von vornherein fest eingebunden in die supranationalen Gemeinschaften des Westens. Nachdem auch die zweite deutsche Diktatur, entgegen der Meinung von Günter Grass und anderen durchaus kein «kommodes» Regime, überwunden und ganz Deutschland eine Demokratie ist, drängen sich neue Fragen an die deutsche Geschichte auf: Fragen, die sich aus der Möglichkeit ergeben, die Erfahrungen von zwei Diktaturen miteinander zu vergleichen und in den größeren Zusammenhang der deutschen und der europäischen Geschichte einzuordnen.[9] Die Fragen des Historikerstreites sind nicht überholt. Aber auch auf sie würde neues Licht fallen, wenn sich der Rahmen erweiterte, in den wir sie stellen.

17 | Der 9. November

Ein deutscher Nachdenktag

«Schicksalstag» ist ein pathetisches Wort. Aber am 9. November ist es in Deutschland am Platz. Viermal haben im 20. Jahrhundert an diesem Tag Ereignisse stattgefunden, die in die Geschichtsbücher eingegangen sind: 1918 die Ausrufung der ersten deutschen Republik durch den Sozialdemokraten Philipp Scheidemann, 1923 der gescheiterte Putschversuch Adolf Hitlers in München, 1938 reichsweite, von der nationalsozialistischen Führung gesteuerte nächtliche Pogrome, 1989 der Fall der Berliner Mauer.

Bald nach dem bislang letzten «historischen» 9. November kam der Gedanke auf, diesen Tag zum deutschen Nationalfeiertag zu machen. Doch eben dazu eignet sich dieses Datum nicht. Wie könnte man, seit 1938 die Synagogen brannten, an einem 9. November in Deutschland noch tun, was man an einem Nationalfeiertag zu tun pflegt: unbeschwert feiern? Trauer und Freude im rechten Maß miteinander zu verbinden: das müßte jeden Redner und jedes Auditorium überfordern. Die Entscheidung, alljährlich am 3. Oktober den «Tag der Deutschen Einheit» zu begehen, war und bleibt richtig. Am 3. Oktober 1990 wurde durch die Wiedervereinigung Deutschlands ein Jahrhundertproblem, die deutsche Frage, gelöst: Seit jenem Tag steht unwiderruflich fest, wo Deutschland liegt, wo seine Grenzen verlaufen, was dazu gehört und was nicht.

Der 9. November muß kein Feiertag sein, um zu bleiben, was er geworden ist: ein Tag des Nachdenkens über den Gang der deutschen Geschichte. Einheit in Freiheit: Was seit 1990 Wirklichkeit ist, war das Streben einer breiten Bewegung von Liberalen, Demokraten und Sozialdemokraten im neunzehnten Jahrhundert. Wer erinnert sich noch der vielen deutschen Juden, die aktiv an diesem Kampf teilnahmen? Johann Jacoby, Ludwig Bamberger und Eduard Lasker sind drei von ihnen, die ihren Namen tief in die Geschichte der deutschen Einheits- und Freiheitsbewegung eingegraben haben. Einheit und Freiheit zur gleichen Zeit zu erlangen: Das war das ehrgeizige Ziel, das in der Revolution von 1848 nicht erreicht wurde, weil die Kräfte der Beharrung damals europaweit ungleich stärker waren als die Kräfte der Bewegung. Die nationale Einheit erhielten die Deutschen durch Bismarcks Reichsgründung von 1871, die man zu Recht eine «Revolution von oben» genannt hat. Die Freiheit aber in Gestalt einer parlamentarisch verantwortlichen Regierung kam erst 1918/19 im Zuge der militärischen Niederlage Deutschlands im Ersten Weltkrieg: eine Vorbelastung, die wesentlich dazu beitrug, daß die erste deutsche Demokratie, die Republik von Weimar, in weiten Kreisen als Staatsform der westlichen Siegermächte und damit als «undeutsch» galt.

Der 9. November 1918 hat deshalb nie die Kraft eines positiven nationalen Symbols erlangt. Nur die Weimarer Sozialdemokraten und einige wenige bürgerliche Liberale würdigten den Tag, an dem die Monarchie von der Republik abgelöst worden war, als einen Durchbruch zur Freiheit. Nach 1933 mußten die Deutschen am 9. November alljährlich der 16 Nationalsozialisten gedenken, die 1923 bei Hitlers «Marsch auf die Feldherrnhalle» den Kugeln der bayerischen Landespolizei zum Opfer gefallen waren. In der Nacht vom 9. zum 10. November 1938, die der Volksmund verharmlosend «Reichskristallnacht» nannte, starben sehr viel mehr Menschen: Mindestens einundneunzig Juden wurden vom nationalsozialistischen Mob getötet. Hunderte begingen Selbstmord oder starben infolge von Mißhandlungen in den Konzentrationslagern. Dorthin hatte das Regime in der Pogromnacht Zehntausende von überwiegend vermögenden Juden gebracht, um sie zur Auswanderung zu zwingen und ihnen ihr Eigentum wegzunehmen.

Es hat viele Jahrzehnte gedauert, bis sich die nichtjüdischen Deutschen bewußt wurden, wofür der 9. November 1938 steht: für den Willen der nationalsozialistischen Führung, sich der deutschen Juden ein für alle Male zu entledigen. Die «Endlösung», die systematische physische Vernichtung der europäischen Juden, war zwar zu dieser Zeit noch längst keine beschlossene Sache. Aber daß Entrechtung und Verfolgung sich leicht zur Ermordung steigern konnten, das hatte schon die Pogromnacht bewiesen.

Die Pogrome von 1938 – die größten in Deutschland seit der Pestzeit der Jahre 1348 bis 1350 – waren nicht populär. Viele Deutsche zeigten sich angewidert angesichts der rohen Gewalt gegenüber jüdischen Gotteshäusern und jüdischen Geschäften. Für die meisten war klar, daß der «Volkszorn» vom Regime bestellt war. Doch gegen die «gesetzliche» Ausgrenzung der Juden gab es keinen Protest, und von der «Arisierung» jüdischen Besitzes profitierten breite Schichten der Bevölkerung (sie tun es zum Teil noch heute). Der Antisemitismus war «salonfähig», solange er gewisse Formen des «bürgerlichen Anstands» wahrte, also nicht allzu rabiat auftrat.

Hat es der Erfahrung des Holocausts bedurft, um die Judenfeindschaft in Deutschland, und nicht nur in Deutschland, gesellschaftlich zu ächten? So schrecklich es klingt: Es spricht alles dafür, daß es so war. Die «Aufarbeitung der Vergangenheit» nach 1945 war mit vielen Widersprüchen und Halbheiten behaftet; sie ist nicht abgeschlossen und wird nie abgeschlossen sein. Aber anders als nach dem Ersten Weltkrieg verschanzte sich das besiegte Deutschland nach dem Zweiten nicht hinter einem Wall des nationalen Trotzes. Es öffnete sich dort, wo es möglich war, nämlich in seinem freien westlichen Teil, der politischen Kultur der westlichen Demokratie. Nach dem Fall der Berliner Mauer, dieser Bastille des 20. Jahrhunderts, am 9. November 1989 konnte sich diese Öffnung endlich auch im Osten Deutschlands vollziehen.

Die Wiedervereinigung hat nicht zu dem geführt, was manche innerhalb und außerhalb Deutschlands befürchtet hatten: einer Abwendung von der selbstkritischen Auseinandersetzung mit der jüngeren deutschen Geschichte. Rückfälle in nationale Apologie sind jedoch nicht ausgeschlossen. Ein deutsches «Zentrum gegen Vertreibungen» mit Sitz in Berlin, wie es vom Bund der Vertriebenen gefordert wird, wäre ein solcher Rückfall. Es würde nach innen und außen die Botschaft vermitteln, Deutschland fühle sich fortan mindestens ebenso sehr als Opfer- wie als Täternation.

Das hieße alles in Frage stellen, was die Deutschen inzwischen an historischer Selbstaufklärung erreicht haben. Sie würden damit auch wieder Gräben aufreißen zu den neuen Mitgliedern der Europäischen Union, also dem Zusammenwachsen Europas entgegenwirken. Auf der Tagesordnung aber steht just dies: die Überwindung enger nationaler Perspektiven und ein weiter Blick auf die gemeinsame Vergangenheit und Zukunft Europas. Dieser Herausforderung muß sich Deutschland stellen. Das ist die Lehre aus den Katastrophen des 20. Jahrhunderts.

18 | Polnische Befreiung und deutsche Vereinigung

Der mühsame Weg zur Lösung von zwei Jahrhundertfragen

Zehn Jahre nach dem Ende des Zweiten Weltkrieges, im August 1955, wurden repräsentativ ausgewählte Bürgerinnen und Bürger der Bundesrepublik Deutschland vom Institut für Demoskopie in Allensbach mit einer hypothetischen Frage konfrontiert: Sollte Bundeskanzler Konrad Adenauer ein etwaiges sowjetisches Angebot, die Wiedervereinigung Deutschlands mit freien Wahlen gegen den endgültigen Verzicht auf Schlesien, Pommern und Ostpreußen annehmen oder ablehnen? Zwei Drittel (67 %) sprachen sich für Ablehnung und nur ein Zehntel (10 %) für Annahme aus.[1]

Eine Wiedervereinigung in den Grenzen von 1945 wäre also, so muß man folgern, mit einer großen Gefahr verbunden gewesen: einem radikalen Nationalismus, der schon einmal, nach dem Ersten Weltkrieg, zur Zerstörung einer deutschen Demokratie beigetragen hatte. In dem langanhaltenden Streit, ob es im Frühjahr 1952, nach Stalins Deutschlandnote vom 10. März, die Möglichkeit einer Wiedervereinigung in Frieden und Freiheit gegeben habe, spielen Meinungsumfragen wie die eben zitierte kaum eine Rolle. Doch die öffentliche Meinung in Sachen deutsche Ostgrenze war ein Politikum erster Ordnung. Für eine Wiedervereinigung in den Grenzen von 1945 war Deutschland in den fünfziger Jahren noch nicht reif. Wenn die Westmächte nicht genügend andere, politische wie militärische Gründe gehabt hätten, Stalins Vorstoß abzulehnen: Die Furcht vor dem Nationalismus eines neutralisierten Gesamtdeutschland hätte ausgereicht, um einer Wiedervereinigung eine Absage zu erteilen.

Das große Umdenken in der Bundesrepublik begann erst im folgenden Jahrzehnt. Den Anstoß gab der Realitätsschock vom 13. August 1961. Durch den Bau der Berliner Mauer wurde die Teilung

Deutschlands im Wortsinn zementiert. Adenauers «Politik der Stärke» hatte die Deutschen der Einheit nicht nähergebracht: Von dieser Einsicht war es nur noch ein Schritt zu der Devise, die Egon Bahr, damals Leiter des Presse- und Informationsamtes des Landes Berlin und einer der engsten Mitarbeiter des Regierenden Bürgermeisters Willy Brandt, am 16. Juli 1963 in einem Vortrag in der Evangelischen Akademie Tutzing ausgab: «Wandel durch Annäherung».[2] Die Realitäten anerkennen, um sie zu verändern: Diesem Motto folgte der Berliner Senat bei seiner «Politik der kleinen Schritte», die zu den Passierscheinabkommen von 1963 bis 1966 führte.

Das Umdenken der sechziger Jahre blieb nicht auf das Verhältnis zwischen West- und Ost-Berlin und die Beziehungen zwischen der Bundesrepublik Deutschland und der Deutschen Demokratischen Republik beschränkt. Am 1. Oktober 1965 veröffentlichte der Rat der Evangelischen Kirche in Deutschland eine Denkschrift seiner Kammer für öffentliche Verantwortung unter dem Titel «Die Lage der Vertriebenen und das Verhältnis des deutschen Volkes zu seinen östlichen Nachbarn». Darin forderten die Autoren, die Grundlagen der deutschen Ostpolitik, einschließlich der künftigen Ostgrenze, sorgfältig zu prüfen und neu zu formulieren. «Den deutschen Rechtsstandpunkt starr und einseitig zu betonen» genüge nicht; vielmehr komme es darauf an, «im deutschen Volk selbst und nach außen eine Atmosphäre zu schaffen, in der dann auch in einzelnen Schritten Akte der Versöhnung mit dem östlichen Nachbarn möglich werden».[3] Am 5. Dezember 1965 sprachen sich auch die katholischen deutschen Bischöfe während des Zweiten Vatikanischen Konzils in Rom in einer Antwort auf einen Brief der polnischen Bischöfe vom 18. November für gegenseitiges Vergeben und für Bemühungen aus, im Geiste christlicher Liebe «alle einseitigen Folgen des Krieges in einer nach allen Seiten befriedigenden und gerechten Lösung zu überwinden».[4]

Zwei Jahre später, im November 1967, gab es in Umfragen erstmals eine relative Mehrheit (von 46 % zu 35 %), die bereit war, sich mit der Oder-Neiße-Grenze abzufinden.[5] Im Meinungsumschwung der sechziger Jahre spiegelten sich mehrere Faktoren: die gelungene

Integration der Heimatvertriebenen in die bundesrepublikanische Gesellschaft; ein generationsbedingter Wandel der Mentalitäten; die weltpolitische Entspannung, die bald nach der Überwindung der Kuba-Krise vom Herbst 1962 einsetzte. Bis Mitte der sechziger Jahre waren sich die Parteien der Bundesrepublik noch einig darüber, daß über die deutsche Ostgrenze endgültig erst in einem Friedensvertrag entschieden werden könne, eine wie immer geartete Anerkennung der Oder-Neiße-Grenze also nicht in Frage käme. Die Sozialdemokraten machten da keine Ausnahme: Noch im November 1964, neun Monate nach der Wahl Willy Brandts zum Parteivorsitzenden, tagte der Parteitag der SPD in Karlsruhe unter einer Landkarte Deutschlands in den Grenzen von 1937 mit dem Text «Erbe und Auftrag».[6]

Dreieinhalb Jahre später, am 18. März 1968, vollzog Brandt, inzwischen Außenminister der Regierung der Großen Koalition, eine spektakuläre Wende. Auf dem Nürnberger Parteitag der SPD erklärte er, das deutsche Volk brauche die Versöhnung mit Polen, ohne zu wissen, wann es seine staatliche Einheit und einen Friedensvertrag finden werde. «Was ergibt sich daraus? Daraus ergibt sich die Anerkennung beziehungsweise Respektierung der Oder-Neiße-Linie bis zur friedensvertraglichen Regelung.»[7] Heftige Proteste aus den Reihen des Bundes der Vertriebenen und der Unionsparteien hielten den Außenminister nicht davon ab, im Mai des Bundestagswahljahres 1969 seine Position in einem Vortrag in München nochmals zu bekräftigen: «Ich ... wiederhole hier, daß wir jederzeit bereit sind, mit der polnischen Regierung über den Austausch von Gewaltverzichtserklärungen unter Einschluß des Grenzproblems – als Element einer europäischen Friedensordnung – zu verhandeln. Wir sind gesprächsbereit. Die Aussöhnung mit Polen ist eine der großen Aufgaben, die vor uns liegen. Und ich bin sicher, daß dieses Ziel auch von der großen Mehrheit der heimatvertriebenen Landsleute bejaht wird.»[8]

Weiter, so bemerkt Brandt in seinen 1974 erschienenen Memoiren «Begegnungen und Einsichten», habe er als Außenminister der Großen Koalition nicht gehen können. Das trifft zu. Eine Aufnahme diplomatischer Beziehungen zu Polen war unlösbar verknüpft mit der Anerkennung der Grenze an Oder und Görlitzer Neiße und einer wie immer gearteten Anerkennung der DDR. Diesen Preis wollte die CDU/CSU damals nicht zahlen. Die über 4,5 Millionen Heimatvertriebenen aus den Gebieten östlich von Oder und Neiße, die 1950 in der Bundesrepublik und West-Berlin lebten, bildeten ein von allen Parteien umworbenes Wählerreservoir. Zählte man die Vertriebenen aus deutschen Siedlungsgebieten außerhalb der Reichsgrenzen hinzu, wuchs dieses Reservoir sogar auf über 8 Millionen an.[9] Wer sich für eine Anerkennung der Oder-Neiße-Grenze und damit für einen Verzicht auf die Ostgebiete des ehemaligen Deutschen Reiches aussprach, ging auch 1969 noch ein beträchtliches Risiko ein.

Die Sozialdemokraten und die Freien Demokraten, die dazu bereit waren, genossen zwar die Unterstützung wichtiger Medien, darunter der Hamburger Wochenzeitschriften *Spiegel, Zeit* und *Stern*, sowie von zwei überregionalen Tageszeitungen, der *Süddeutschen Zeitung* und der *Frankfurter Rundschau*. Doch das Ergebnis der sechsten Bundestagswahl vom 28. September 1969 fiel äußerst knapp aus: Zusammen verfügten SPD und FDP über nur fünf Stimmen mehr, als zur absoluten Mehrheit und damit zur Kanzlerwahl erforderlich waren. Am 21. Oktober 1969 wurde Willy Brandt mit vier Stimmen oberhalb des Minimums zum Bundeskanzler gewählt. Die Weichen für eine «neue Ostpolitik» der Bundesrepublik Deutschland waren gestellt.

Als Bundeskanzler Willy Brandt und Außenminister Walter Scheel am 7. Dezember 1970 den Warschauer Vertrag unterzeichneten, wußten sie eine Mehrheit der Deutschen in der Bundesrepublik hinter sich und eine starke Minderheit gegen sich: Im März jenes Jahres hatten sich in einer Meinungsumfrage 58 % für und 25 % gegen die Hinnahme der Oder-Neiße-Grenze ausgesprochen.[10] Der Vorbehalt der endgültigen Festlegung der deutsch-polnischen Grenze durch einen Friedensvertrag blieb durch Noten der Regierungen der Bundesrepublik und der drei Westmächte an die Regierung der Volksrepublik Polen formell gewahrt. Aber es bestand auf beiden Seiten kein Zweifel daran, daß der Vertrag über die Grundlagen der Normalisierung der gegenseitigen Beziehungen den territorialen Status quo zwischen Deutschland und Polen festschrieb und eben darum eine tiefe Zäsur im Verhältnis der beiden Nationen bildete. Brandts Kniefall am Denkmal für die Opfer des Aufstandes im Warschauer Ghetto war ein Bekenntnis zur historischen Schuld Deutschlands – das eindrucksvollste Bekenntnis, das je ein deutscher Politiker nach 1945 abgelegt hat. In einer Fernsehrede, mit der er sich von Warschau aus an die Deutschen wandte, versicherte der Bundeskanzler, der Vertrag «gebe nichts preis, was nicht längst verspielt worden» sei, und zwar nicht von denen, die in der Bundesrepublik Verantwortung trügen, «sondern von einem verbrecherischen Regime, dem Nationalsozialismus».[11]

Die Ostverträge blieben in der Bundesrepublik bis zuletzt innenpolitisch umstritten – der Grundlagenvertrag mit der DDR freilich noch sehr viel mehr als der Moskauer und der Warschauer Vertrag, die beide am 17. Mai 1972 mit breiter Mehrheit bei Stimmenenthaltung der meisten Abgeordneten der CDU/CSU verabschiedet wurden. Die Ostverträge der Bundesrepublik waren die unabdingbare Voraussetzung dafür, daß 1975 nach zweijährigen Beratungen eine umfassende Vereinbarung von 35 Staaten Europas, der USA und Kanadas zustande kam: die Helsinki-Schlußakte, das Abschlußdokument der Konferenz über Sicherheit und Zusammenarbeit in Europa. Die Schlußakte erkannte die Unverletzlichkeit der bestehenden Grenzen und das Prinzip der Nichteinmischung in die inneren Angelegenheiten der Unterzeichnerstaaten an. Für die Sowjetunion bedeutete das die Anerkennung ihrer Vormachtstellung im östlichen Europa durch den Westen. Der Westen hatte der Sowjetunion jedoch Aussagen über die Achtung von Grundrechten und Grundfreiheiten einschließlich der Gedanken-, Religions- und Überzeugungsfreiheit sowie Bestimmungen über menschliche Kontakte und verbesserten Informationsaustausch abgerungen. Das war der Preis, den das «sozialistische Lager» für die Verständigung mit dem Westen zahlen mußte.

Die Schlußakte von 1975 gab den Bürgerrechtsbewegungen in den Staaten des Warschauer Paktes Auftrieb: Das kann man feststellen, ohne Helsinki zur alleinigen Ursache der Entwicklungen zu erklären, die im folgenden Jahrzehnt Europa und die Welt radikal verändern sollten. In Polen erwies sich ein anderer Faktor als mindestens ebenso wichtig, wenn nicht wichtiger: die Wahl des Kardinals von Krakau, Karol Woityla, zum Papst im Oktober 1978. Aus dem Abstand eines Vierteljahrhunderts erscheint es nicht als Übertreibung, das Pontifikat Johannes Paul II. um seiner weltlichen Wirkungen willen als eine «Papstrevolution», genauer: als die zweite Papstrevolution der Geschichte zu bezeichnen.

Eine «Papstrevolution» hat 1931 der deutsch-jüdische Universalgelehrte Eugen Rosenstock-Huessy, damals Professor an der Universität Breslau, in seinem Buch «Die europäischen Revolutionen. Volkscharaktere und Staatenbildung» den Kampf von Papst Gregor VII. gegen den Kaiser und die Könige seiner Zeit genannt. Im «Dictatus Papae» von 1075, Rosenstock-Huessy zufolge das Manifest der «Papstrevolution», hatte Gregor das Recht für sich beansprucht, weltliche Herrscher abzusetzen.[12] Das tat Johannes Paul II. nicht. Aber als er im Juni 1979 erstmals wieder in sein Heimatland kam, führte er der kommunistischen Staatsgewalt doch vor Augen, daß er im immer noch katholischen Polen einen breiteren Rückhalt hatte als sie. Die zweite «Papstrevolution» war, kirchlich gesehen, eine konservative Revolution. Ihre weltlichen Wirkungen aber waren freiheitlich. Sie trugen, weit über Polen hinaus, entscheidend zur Aushöhlung der kommunistischen Herrschaft und schließlich zu ihrem Zusammenbruch bei.

Die Gründung der «Unabhängigen Gewerkschaft Solidarność» im September 1980 und ihre offizielle Registrierung im Monat darauf wären ohne den Papstbesuch des Vorjahres gar nicht zu erklären. Eine parteiunabhängige Gewerkschaft in einem kommunistischen Staat war ein Widerspruch in sich selbst. Lenin hatte in den Gewerkschaften «Transmissionsriemen» zwischen der kommunistischen Partei und den Arbeitermassen gesehen, ihnen also nur die Rolle eines Machtinstrumentes der Partei zuerkannt. Die Danziger 21 Forderungen vom 18. August 1980, die Keimzelle der «Solidarność», waren mithin eine Kampfansage an jenen «demokratischen Zentralismus», an dem sich, entsprechend den 21 Bedingungen für die

Aufnahme in die Kommunistische Internationale vom 6. August 1920, kommunistische Parteien auszurichten hatten. Die Komintern war zwar im Mai 1943 formell aufgelöst worden, der «demokratische Zentralismus» aber bestand fort und mit ihm das Dogma von der Parteiabhängigkeit der Gewerkschaften. Was sich in Polen im Sommer 1980 abspielte, hatte folglich revolutionäre (oder aus der Sicht orthodoxer «Marxisten-Leninisten» konterrevolutionäre) Qualität.

Der Zustand der «Doppelherrschaft», in den Polen damals eintrat, konnte nicht von Dauer sein. Der Widerspruch zwischen dem freiheitlichen Charakter der neuen Gewerkschaft und dem diktatorischen Charakter der Staatsgewalt drängte auf eine Lösung. Die «Machtfrage» mußte früher oder später geklärt werden. Wie die Sowjetunion sich gegenüber der polnischen Krise verhalten würde, war 1980 noch offen.

In der Bundesrepublik Deutschland lösten die politischen Ereignisse der frühen achtziger Jahre ein widersprüchliches Echo aus. Der Freiheitsdrang der Polen stieß zunächst auf breite Sympathie, in die sich allerdings bei manchen Sozialdemokraten von Anfang an ein gewisses Unbehagen mischte: Die neue unabhängige Gewerkschaft war nicht links und sozialistisch, sondern national und katholisch – also ganz anders, als man sich eine «fortschrittliche» Arbeiterbewegung vorstellte. In der DDR wirkten mehr als in der Bundesrepublik alte Vorurteile gegenüber den Polen nach: Die Streiks im Nachbarland wurden vielfach als Ausdruck von mangelnder Disziplin, ja Arbeitsunlust bewertet. Regime und Bevölkerung waren sich in *diesem* Punkt offenbar weithin einig.

Je mehr sich die innere Krise in Polen zuspitzte, desto stärker wuchs bei den Deutschen beider Staaten die Angst vor den internationalen Folgen von Chaos und Bürgerkrieg in Polen. Wenn Polen unregierbar wurde und die Sowjetunion, zusammen mit den anderen Staaten des Warschauer Paktes, in ähnlicher Weise intervenierte wie 1968 in der Tschechoslowakei, mußte das dramatische Auswirkungen auf das Verhältnis zwischen Ost und West haben. Im Februar 1980, zwei Monate nach dem Einmarsch sowjetischer Divisionen in Afghanistan, hatten der französische Staatspräsident Giscard d'Estaing und der deutsche Bundeskanzler Helmut Schmidt in einer gemeinsamen Erklärung gewarnt, einem «zweiten Schlag gleicher Art» würde die Entspannung nicht standhalten.[13] Ein militärisches Eingreifen der Sowjetunion in Polen wäre ein solcher «zweiter Schlag» gewesen, und für kein europäisches Land außer Polen selbst hätte der Abbruch der Entspannungspolitik so abträgliche Wirkungen gehabt wie für das geteilte Deutschland. Schließlich hatten die Bundesrepublik und die DDR erst durch diese Politik zu einer Art von «modus vivendi», zu einer begrenzten Zusammenarbeit im Zeichen «menschlicher Erleichterungen», gefunden.

Die Verhängung des Kriegsrechts durch den polnischen Partei- und Regierungschef Jaruzelski am 13. Dezember 1981 wurde in der Bundesrepublik mit einer Mischung aus Erschrecken und Erleichterung aufgenommen – mit Erschrecken, weil die Folgen noch nicht absehbar waren, mit Erleichterung, weil eine innenpolnische Krisenlösung als das, verglichen mit einer militärischen Intervention der Sowjetunion, bei weitem kleinere Übel erschien. Der sozialdemokratische Bundeskanzler Helmut Schmidt, der sich zu diesem Zeitpunkt zu Gesprächen mit dem Generalsekretär der SED und Staatsratsvorsitzenden der DDR, Erich Honecker, in der Schorfheide nördlich von Berlin aufhielt, erklärte noch am 13. Dezember 1981 in einem Fernsehinterview: «Herr Honecker ist genauso bestürzt gewesen wie ich, daß das nun notwendig war.»[14] Schmidts Selbstkorrektur ließ nicht lange auf sich warten: Vor dem Bundestag bekundete er am 18. Dezember seine Sympathie mit den polnischen Arbeitern und forderte die schnelle Aufhebung des Kriegsrechts.

Einige Wochen zuvor, Ende Oktober und Anfang November 1981, hatte Egon Bahr, der eigentliche Architekt der sozialdemokratischen Ostpolitik, zwei Interviewpartnern des Rowohlt-Verlages Rede und Antwort gestanden, die seine Ansichten zur Lage Deutschlands und der Welt in einem Buch bündeln wollten. Er entwickelte dabei seine Vorstellungen von der Notwendigkeit einer «gemeinsamen Sicherheit» – eines Denkens, von dem die Sowjetunion und die DDR noch genauso weit entfernt seien wie die USA und die Bundesrepublik.

Bahr aber war überzeugt, daß «es nur gemeinsame Sicherheit gibt ...», gemeinsam mit dem Gegner, gemeinsam in den Bündnissen, gemeinsam mit den jeweiligen Führungsschichten. Wir können Sicherheit nicht mehr isoliert für den Einzelnen bekommen. Wir kriegen sie nur gemeinsam. Auf unsere Situation übertragen: ich erlange Sicherheit als Bundesrepublik nur noch zusammen mit der DDR. Denn sonst wäre auch das eine Lösung der deutschen Frage: im Untergang wären wir vereint.»

Die beiden Gesprächspartner deuteten Bahrs Feststellung so, daß nach seiner Meinung das Recht Polens «auf eine selbstbestimmte geschichtliche Zukunft notfalls dieser Vorstellung und dieser Art von Sicherheit geopfert werden muß und – sollte die Mitgliedschaft Polens im Warschauer Pakt in Frage gestellt werden – eine solche Entwicklung im Interesse der Stabilität, für die Sie plädieren, gewaltsam abgeschnitten werden könnte, ja müßte.»

Bahr bestätigte die Schlußfolgerung. «Aber selbstverständlich. Wir haben vorhin definiert, daß die Selbstbestimmung der Nation der Erhaltung des Friedens untergeordnet sein muß. Das gilt dann auch für die Polen. Auch die nationalen Ambitionen der Polen müssen dem Interesse der Erhaltung des Friedens untergeordnet sein. Ich verlange dies von der Bundesrepublik, ich kann dies auch von Amerika verlangen. Nur unterhalb dieses obersten Ziels sollten die Nationen, die Staaten, die Möglichkeit ihrer eigenen Entfaltung bekommen, aber das sollen die dann auch.»[15] Als das sicherheitspolitische Credo Bahrs im März 1982 gedruckt erschien, herrschte in Polen bereits seit einem Vierteljahr Kriegsrecht. Nicht die Sowjetunion hatte in Polen interveniert, sondern ein polnischer Partei- und Regierungschef, der zugleich General war, hatte in Absprache mit Moskau eine Entwicklung gewaltsam abgeschnitten, die den Vertretern einer harten Linie, darunter Honecker, als Bedrohung für die Gesamtheit der Staaten des Warschauer Paktes erschienen war.

Was Bahr vortrug, waren nicht nur seine persönlichen Ansichten. Andere Sozialdemokraten dachten ähnlich. Günter Gaus, bis Anfang 1981 Leiter der Ständigen Vertretung der Bundesrepublik in der DDR, schrieb im Januar 1982 in der *Zeit*, die Anerkennung des europäischen Status quo sei «die notwendige Absage an einen Verbalradikalismus, der ein lebensgefährliches Tempo der Veränderungen und eine Art des Wandels gutheißt, die auf die Niederlage der anderen Seite abzielen. Westeuropa braucht zum Überleben ein stabiles Osteuropa – und umgekehrt.»[16]

Mitunter verwiesen Sozialdemokraten auch auf die Verbrechen des Nationalsozialismus, um zu begründen, warum ihr Protest gegen das Kriegsrecht und die Internierung von Gewerkschaftlern und Intellektuellen nur verhalten ausfiel. Als Willy Brandt, der Vorsitzende der SPD, im Februar 1982 in einem Interview mit der *Zeit* auf französische Kritik an seiner milden Beurteilung des polnischen Kriegsrechts angesprochen wurde, rechtfertigte er sich mit den Worten: «Es ist ja kein Zufall, daß ein Deutscher zurückhaltender ist, wenn von Lagern in Polen die Rede ist. Denn wenn er davon spräche, würde er sofort die Frage herausfordern, was es sonst schon an Lagern in Polen gegeben hat. Die Befangenheit, diese aus der Vergangenheit her rührende besondere Betroffenheit, ist für die Franzosen kein Problem.»[17]

Die sozialliberale Ostpolitik der siebziger Jahre hatte Friedenssicherung in Europa und menschliche Erleichterungen, vor allem im geteilten Deutschland, angestrebt. In der Helsinki-Schlußakte von 1975 war der Achtung der Menschenrechte ein ähnlich hoher Rang wie der Unverletzlichkeit der Grenzen eingeräumt worden. In den achtziger Jahren trat für die deutsche Sozialdemokratie der schrittweise Ausstieg aus dem Rüstungswettlauf in den Vordergrund und das Engagement für die Menschenrechte in den Hintergrund. Die «zweite Phase der Ostpolitik», von der der sozialdemokratische Bundestagsabgeordnete Karsten Voigt im Januar 1980 als erster sprach, stand im Zeichen der Parole «gemeinsame Sicherheit».[18]

Das war eine notwendige rüstungspolitische Zielsetzung, reichte aber als außenpolitische Zielbeschreibung nicht aus. Freiheitsbestrebungen in den Staaten des Warschauer Paktes waren in der sozialdemokratischen Sicherheitsplanung nicht vorgesehen und wurden daher überwiegend als Störfaktoren wahrgenommen. Die sozialdemokratische Ostpolitik der achtziger Jahre erinnerte manche Beobachter an die Stabilitätspolitik des österreichischen Staatskanzlers Metternich in der Zeit von Restauration und Vormärz.[19] Europäische Ordnungspolitik im deutschen Interesse: Auf diese Formel läßt sich bringen, was Egon Bahr, dem sozialdemokratischen Vordenker in Fragen der Außen- und Sicherheitspolitik, vorschwebte. Die Sicherheitsverträge, die die SPD nach dem Machtverlust von 1982 mit regierenden kommunistischen Parteien aushandelte, waren nicht nur ein Fall von «Nebenaußenpolitik» in Konkurrenz zur offiziellen. Sie bezeugten auch fehlenden Realitätssinn und mangelnde Sensibilität für Werte, zu denen sich die SPD seit ihren Anfängen bekannt hatte.

Daß die polnische Freiheitsbewegung die Zeit des Kriegsrechts überlebte, war in erster Linie eine Folge ihrer Ausdauer und Beharrlichkeit. Seit 1985 kam ihr der politische Umschwung in der Sowjetunion unter Michail Gorbatschow zugute. Polen war unter den europäischen Verbündeten der Sowjetunion der erste, der im Epochenjahr 1989 die kommunistische Parteidiktatur überwand. Zu einer Zeit, als in der Bundesrepublik kaum noch jemand an eine Wiedervereinigung glaubte, sprachen sich polnische Intellektuelle wie Bronislaw Geremek und Adam Michnik für die deutsche Einheit aus. Erst nach dem Fall der Berliner Mauer am 9. November 1989 setzte sich auch im Westen Deutschlands allmählich die Einsicht durch, daß ein Zusammenschluß beider deutscher Staaten schon bald in den Bereich des politisch Möglichen, vielleicht sogar des Notwendigen rücken könnte.

Eine Voraussetzung dieses Zusammenschlusses war, daran konnte es für Realisten keinen Zweifel geben, die endgültige, völkerrechtlich verbindliche Anerkennung der Oder-Neiße-Grenze. Bundeskanzler Helmut Kohl, der sehr viel früher als die meisten Sozialdemokraten die Chance der Wiedervereinigung erkannt hatte und seine Politik an diesem Ziel ausrichtete, gab sich darüber keinen Illusionen hin. Aus innenpolitischen Gründen, nämlich Rücksicht auf die Heimatvertriebenen unter den Wählern der Unionsparteien, wollte er sich aber erst so spät wie möglich zur Endgültigkeit der deutschen Ostgrenze von 1945 bekennen. An dieser Linie hielt er

trotz des Drängens der westlichen Verbündeten, des liberalen Außen-
ministers Hans-Dietrich Genscher und der oppositionellen Sozialdemokraten und Grünen bis weit in das Jahr 1990 hinein fest.

Erst am 8. März 1990, zehn Tage vor der ersten und letzten freien
Volkskammerwahl in der DDR, verabschiedete der Bundestag einen
Antrag, der sich für eine gleichlautende Entschließung beider deutscher Parlamente zur deutsch-polnischen Grenze aussprach. Darin
sollte dem polnischen Volk versichert werden, «daß sein Recht, in
sicheren Grenzen zu leben, von uns Deutschen weder jetzt noch in
Zukunft durch Gebietsansprüche in Frage gestellt wird». In diesem
Sinne sollte nach der Herstellung der deutschen Einheit die Grenz-
frage in einem Vertrag zwischen der gesamtdeutschen Regierung
und der polnischen Regierung geregelt werden.[20]

Am 21. Juni 1990 verabschiedeten Bundestag und Volkskam-
mer die entsprechenden gleichlautenden Entschließungen. Auf der
Ebene der Zwei-plus-Vier-Verhandlungen verständigten sich beide
deutschen Staaten mit den vier Mächten, die die «Verantwortung für
Deutschland als Ganzes» trugen, und Polen am 17. Juli 1990 in Paris
darauf, daß der deutsch-polnische Grenzvertrag innerhalb der kür-
zestmöglichen Frist nach der Vereinigung Deutschlands und der
Wiederherstellung seiner Souveränität unterzeichnet und dem gesamtdeutschen Parlament zur Ratifizierung vorgelegt werden sollte.
Seine Souveränität erlangte Deutschland am 3. Oktober 1990, dem
Tag der Wiedervereinigung, zurück. Sechs Wochen später, am
14. November 1990, unterzeichneten die beiden Außenminister
Hans-Dietrich Genscher und Krzysztof Skubiszewski in Warschau
den Grenzvertrag. Er sollte zusammen mit dem Vertrag über gute
Nachbarschaft und Zusammenarbeit ratifiziert werden. Dies geschah am 17. Oktober 1991 durch den Bundestag, tags darauf durch
den Sejm.

Der 3. Oktober 1990 markiert die Lösung von zwei Jahrhundertfragen: der deutschen und der polnischen Frage. Seit dem Tag der
Wiedervereinigung ist definitiv geklärt, wo Deutschland liegt, wo
seine Grenzen verlaufen, was dazu gehört und was nicht. Die völker-
rechtliche Anerkennung der deutsch-polnischen Grenze an Oder

und Neiße durch Deutschland war eine der Voraussetzungen seiner Wiedervereinigung. Eben darum bedeutet der 3. Oktober 1990 auch die endgültige Lösung der polnischen Frage. Widerstand gegen die Festschreibung der Grenzen von 1945 gab es zum Zeitpunkt der Wiedervereinigung nicht mehr. Die über vier Jahrzehnte der deutschen Teilung hatten die Einsicht gefördert, daß der Verzicht auf die Ostgebiete des Deutschen Reiches unabdingbar war, um wiedervereinigen zu können, was vom Deutschen Reich noch übrig war. War also die Teilung Deutschlands notwendig, um dieser Erkenntnis zum Durchbruch zu verhelfen? Es fällt nicht leicht, diese Frage zu bejahen. Doch es spricht alles dafür, daß dem so war.

Die Teilung Polens hatte sehr viel länger gedauert als die Teilung Deutschlands. Zwei deutsche Großmächte, Österreich und Preußen, waren Betreiber und Nutznießer der polnischen Teilungen gewesen. Preußens Aufstieg zur Großmacht war aufs engste mit dem Niedergang Polens verknüpft. Die formelle Auflösung des Staates Preußen durch den Alliierten Kontrollrat im Februar 1947 erfolgte zu einem Zeitpunkt, als es das von Bismarck gegründete Deutsche Reich schon nicht mehr gab. Das Verhältnis zwischen Deutschen und Polen war belastet seit der Zeit, in der Polen geteilt wurde, also seit der zweiten Hälfte des 18. Jahrhunderts. Es wurde nicht besser in der Zeit, in der es wieder einen polnischen Nationalstaat gab, also seit 1918. Dieser Staat galt in der Weimarer Republik weithin als illegitim. Bestrebungen, diesen Staat auszulöschen, gab es auf deutscher Seite schon, bevor Hitler an die Macht kam. Unter dem deutschen Nationalsozialismus hat kein europäisches Land so sehr gelitten wie Polen. Vertreibungen sind immer ein Unrecht, auch die Vertreibung von Deutschen im Jahre 1945 und danach. Aber wer von diesen Vertreibungen spricht, darf von ihrer Vorgeschichte nicht schweigen.

In Deutschland hat sich, wenn auch erst lange nach 1945, die Erkenntnis durchgesetzt, daß die Teilung des Landes ihre tiefere Ursache in deutscher Politik und deutscher Schuld hatte. Diese Einsicht war notwendig, um einem neuen deutschen Nationalismus entgegenzuwirken. Mitunter nahm die richtige Erkenntnis freilich auch Züge einer säkularisierten Geschichtstheologie an. Sie mündete dann in die Folgerung: Wegen der Verbrechen, die Deutsche im Namen Deutschlands während des Zweiten Weltkrieges begangen hatten, sollte Deutschland für immer geteilt bleiben.

Die Teilung Deutschlands als Sühne für Auschwitz: das war eine innerhalb der deutschen Linken und unter deutschen Protestanten, in der Bundesrepublik wie in der DDR, weitverbreitete Überzeugung. Willy Brandt hat ihr, während die «friedliche Revolution» in der DDR noch in vollem Gang war, mehrfach entschieden widersprochen. So erklärte er am 18. Dezember 1989, seinem 76. Geburtstag, auf dem Berliner Parteitag der SPD: «Noch so schwere Schuld einer Nation kann nicht durch eine zeitlos verordnete Spaltung getilgt werden.»[21] Die deutsche Teilung ist inzwischen überwunden, aber die deutsche Schuld ist nicht getilgt. Eine solche Schuld läßt sich nicht tilgen. Sie ist ein Teil der Geschichte, der sich die Deutschen stellen müssen, wenn sie in der Gegenwart verantwortlich handeln wollen.

Ohne die Selbstbefreiung Polens keine Wiedervereinigung Deutschlands: auch in diesem Sinn gibt es einen Zusammenhang zwischen der Lösung der deutschen und der polnischen Frage. Der Freiheitskampf der Polen, der schließlich 1989 zum Erfolg führte, war der Beginn der «friedlichen Revolution», die im Herbst jenes Jahres auch die DDR erreichte und im Herbst 1990 in der Vereinigung beider deutscher Staaten ihren Abschluß fand. Die Deutschen haben also allen Grund, den Polen dankbar zu sein. Mit dem 3. Oktober 1990 hat ein neues Kapitel in der Geschichte des Verhältnisses von Deutschen und Polen begonnen. Der Neuanfang ist nicht nur für diese beiden Nationen wichtig, sondern auch für das Projekt, dem beide verpflichtet sind: die Vollendung des europäischen Einigungswerkes.

19 | Erinnerungswelten im Widerstreit

Europas langer Weg zu einem gemeinsamen Bild vom Jahrhundert der Extreme

Der 1. Mai 2004 wird in die Geschichtsbücher eingehen: Das steht schon heute fest. Seit diesem Tag ist zwar nicht ganz Europa in der Europäischen Union vereinigt, wohl aber sind es fast alle Länder, die zum alten Okzident, dem historischen Westen, gehören. Das ist jener Teil Europas, der im Mittelalter sein geistliches Zentrum in Rom hatte – das lateinische Europa, das Europa der Westkirche.

Dieser Teil Europas ist geprägt durch eine weithin gemeinsame Rechtstradition, an deren Beginn die Ausbreitung von Stadtrechten, das Kirchenrecht und die Rezeption des römischen Rechts stehen. Nur das okzidentale Europa hat bereits im Mittelalter zwei frühe Formen der Gewaltenteilung erlebt: erst die Trennung von geistlicher und weltlicher Gewalt im Investiturstreit, dann die Trennung von fürstlicher und ständischer Gewalt. Der Weg zur modernen Gewaltenteilung im Sinne Montesquieus, der Trennung von gesetzgebender, ausführender und rechtsprechender Gewalt, war zwar noch lang, und der zur repräsentativen Demokratie noch länger. Aber ohne den Jahrhunderte währenden Prozeß fortschreitender Gewaltenteilung wäre es nicht zu dem gekommen, was wir die «politische Kultur des Westens» nennen.

Auf dieser gemeinsamen Grundlage kann ein europäisches «Wir-Gefühl», ein Bewußtsein von Zusammengehörigkeit und Solidarität, aufbauen. Die EU ist auf ein solches, zugleich historisches und normatives Fundament angewiesen, wenn sie am Projekt der Politischen Union festhalten will. Sie bedarf der Bindung an die Werte, die der politischen Kultur des Westens zugrunde liegen, und deshalb des Nachdenkens über die Entstehung, die Entwicklung und die Ausbreitung dieser Werte.

Doch es reicht nicht, sich der Maßstäbe zu vergewissern, zu denen sich der Westen bekennt und an denen er sich messen lassen muß. Ein aufgeklärtes europäisches «Wir-Gefühl» verlangt mehr, nämlich die selbstkritische Aufarbeitung einer Geschichte, die immer auch eine Geschichte der Mißachtung der westlichen Werte war. Nicht alles, was die europäischen Nationen miteinander verbindet, gehört in den Bereich des «Guten und Schönen», der großen Kulturleistungen. Es gibt auch Gemeinsamkeiten, die in schreiendem Widerspruch stehen zu dem, was wir so gern als europäisches Erbe feiern.

Die überlieferte, bis in die Spätantike zurückreichende christliche Judenfeindschaft, die vom sogenannten «modernen Antisemitismus» im 19. Jahrhundert nicht etwa abgelöst, sondern aufgegriffen, säkularisiert und radikalisiert wurde, ist ein Teil, der schrecklichste Teil dieser negativen europäischen Identität.

Ein anderer Teil ist der Nationalismus. «Daß es Nationen gibt, ist historisch das Europäische an Europa», hat vor rund einem halben Jahrhundert der Historiker Hermann Heimpel bemerkt.[1] Das Verdikt trifft zu, bedarf aber einer Ergänzung: Auch der moderne Nationalismus ist eine europäische Erfindung.

Der Nationalismus wirkt nach in unterschiedlichen, ja gegensätzlichen Geschichtsbildern. Und was die Westeuropäer nach 1945 getan haben, um ihre nationalen Geschichtsbilder miteinander vereinbar zu machen, stellt noch längst keinen gesamteuropäischen Konsens dar. Daß der Erste Weltkrieg die «Urkatastrophe des 20. Jahrhunderts» war: Dieser Formel des amerikanischen Historikers und Diplomaten George F. Kennan aus dem Jahr 1979 wird in Westeuropa kaum noch jemand widersprechen.[2] In einem Land wie Polen, das diesem Krieg die Wiedergewinnung seiner nationalen Unabhängigkeit verdankt, sieht das ganz anders aus. Im Prinzip ähnlich ist das Bild des Ersten Weltkrieges in anderen Ländern Ostmitteleuropas, die erst 1918 in den Besitz einer eigenen Staatlichkeit gelangt sind.

Die westeuropäische Einigungsbewegung nach dem Zweiten Weltkrieg war eine Antwort auf die Erfahrungen, die Europa mit der zerstörerischen Kraft des Nationalismus, obenan des deutschen, gemacht hat. Doch nur für einen Teil Europas, den westlichen, führte die Befreiung von der nationalsozialistischen Herrschaft zu politischer Freiheit. Die amerikanisch-sowjetisch-britischen Absprachen auf der Konferenz von Jalta im Februar 1945 hatten zur Folge, daß die Gebiete östlich der neuen Demarkationslinie erst viereinhalb Jahrzehnte später in den Genuß von Freiheit und Demokratie kamen. In der EU der 25 sind also Staaten zusammengeschlossen, deren Geschichte nach 1945 radikal unterschiedlich verlaufen ist. Von den zehn «Neuen» des Jahres 2004 wurden acht bis zur Epochenwende von 1989/90 kommunistisch regiert. Sie haben folglich von dem «Zeitalter der Extreme», wie Eric Hobsbawm das 20. Jahrhundert genannt hat,[3] ein anderes Bild als die «Altmitglieder» der EU, die 1945 bereits Demokratien waren oder sich danach zu solchen entwickelten.

Natürlich muß auch innerhalb des Kreises der «Alten» differenziert werden. Als Befreiung wurde die Niederwerfung des Großdeutschen Reiches vor allem von den Nationen empfunden, die Opfer nationalsozialistischer Fremdherrschaft waren. Die meisten Deutschen erlebten die totale Niederlage ihres Landes zunächst als «Zusammenbruch» und nicht als «Befreiung». Im Westen Deutschlands stellte sich das Gefühl der Befreiung erst allmählich, im Gefolge der Wiedergewinnung innenpolitischer Freiheit, ein. Doch es sollten vierzig Jahre vergehen, bis die These, der 8. Mai 1945 sei auch für die Deutschen ein «Tag der Befreiung», gewissermaßen offizielle Geltung erlangte: durch die Rede, die Bundespräsident Richard von Weizsäcker am 8. Mai 1985 im Deutschen Bundestag hielt. Ein aus der Christlich Demokratischen Union hervorgegangenes Staatsoberhaupt sprach aus, was so deutlich noch keiner seiner Amtsvorgänger gesagt hatte: Nicht im Ende des Krieges liege die Ursache für Flucht, Vertreibung und Unfreiheit. «Sie liegt vielmehr in seinem Anfang und im Beginn jener Gewaltherrschaft, die zum Kriege führte. Wir dürfen den 8. Mai 1945 nicht vom 30. Januar 1933 trennen [...] Wir haben allen Grund, den 8. Mai 1945 als das Ende eines Irrwegs deutscher Geschichte zu erkennen, das den Keim der Hoffnung auf eine bessere Zukunft barg.»[4]

Apologetische Lesarten der deutschen Geschichte konnte freilich auch ein Bundespräsident nicht aus der Welt schaffen. Rund ein Jahr nach Weizsäckers Rede, am 6. Juni 1986, veröffentlichte die *Frankfurter Allgemeine Zeitung* unter der Überschrift «Vergangenheit, die nicht vergehen will» einen Beitrag des Historikers Ernst Nolte, in dem dieser, ohne den Bundespräsidenten zu erwähnen, dessen Feststellung widersprach, der Völkermord an den Juden sei «beispiellos in der Geschichte». Für Nolte war der nationalsozialistische Rassenmord nur eine verzerrte Kopie des bolschewistischen Klassenmordes, des «ursprünglicheren» Verbrechens, dem das «logische und faktische Prius» zukomme. Der Holocaust als ein Fall von Putativnotwehr gegenüber dem von den Nationalsozialisten sogenannten «jüdischen Bolschewismus»: Auf diese Hitler und die Deutschen entlastende Deutung lief das Plädoyer des Berliner Professors hinaus.[5]

Der «Historikerstreit», den Nolte im Juni 1986 entfesselte, brachte keine neuen wissenschaftlichen Erkenntnisse hervor, war aber wichtig für die politische Kultur der Bundesrepublik. Das lag vor allem an Jürgen Habermas. In einer (von der *Zeit* am 11. Juli 1986 publizierten) Erwiderung warf der Philosoph dem Historiker vor, er versuche, «die Hypotheken einer glücklich entmoralisierten Vergangenheit abzuschütteln» und damit die Bundesrepublik geistig dem Westen zu entfremden. «Die vorbehaltlose Öffnung der Bundesrepublik gegenüber der politischen Kultur des Westens ist die große intellektuelle Leistung unserer Nachkriegszeit, auf die gerade meine Generation stolz sein könnte [...] Der einzige Patriotismus, der uns dem Westen nicht entfremdet, ist ein Verfassungspatriotismus. Eine in Überzeugungen verankerte Bindung an universalistische Verfassungsprinzipien hat sich leider in der Kulturnation der Deutschen erst nach – und durch – Auschwitz bilden können [...] Wer die Deutschen zu einer konventionellen Form ihrer nationalen Identität zurückrufen will, zerstört die einzig verläßliche Basis unserer Bindung an den Westen.»[6]

In der Abwehr von Noltes historischer Entlastungsoffensive bildete sich so etwas wie eine «posthume Adenauersche Linke» heraus.

Ihre Wortführer begannen, die einst von ihnen heftig befehdete Westbindung, das Werk des ersten Bundeskanzlers, als ihre ureigenste Errungenschaft zu betrachten. Auf diese Weise entstand tatsächlich ein spezifisch linker oder linksliberaler bundesrepublikanischer Verfassungspatriotismus – keine Staatsdoktrin zwar, aber doch ein Lebensgefühl vieler Intellektueller und Politiker, besonders bei Sozialdemokraten und Grünen. Sie sahen in der Bundesrepublik die erste postnationale Demokratie Europas und damit ein Vorbild für andere, die noch nicht erkannt hatten, daß es den Nationalstaat überall zu überwinden galt. Seinen klassischen Ausdruck fand das Selbstverständnis der «posthumen Adenauerschen Linken» in einem Buch Oskar Lafontaines, das 1988 unter dem Titel «Die Gesellschaft der Zukunft» erschien. Eine der Kernthesen lautete: Gerade weil die Deutschen «mit einem pervertierten Nationalismus schrecklichste Erfahrungen» gemacht hätten, seien sie «geradezu prädestiniert, die treibende Rolle in dem Prozeß der supranationalen Vereinigung Europas zu übernehmen.»[7] Prädestination kraft Perversion: Außerhalb der Bundesrepublik fand diese Abwandlung des frühchristlichen Gedankens der «felix culpa», der seligen, weil heilsnotwendigen Schuld, nur wenig Anklang.

Das «postnationale» Arrangement mit der deutschen Geschichte wurde hart auf die Probe gestellt, als im Herbst 1989 die «friedliche Revolution» in der DDR völlig unerwartet die «deutsche Frage» wieder auf die Tagesordnung der internationalen Politik setzte. Die DDR hatte, anders als die Bundesrepublik, aus der jüngsten deutschen Vergangenheit nicht «antitotalitäre», sondern «antifaschistische» Schlußfolgerungen gezogen. Sie dienten der Legitimierung der Errichtung und Aufrechterhaltung einer kommunistischen Parteidiktatur. Eine Öffnung gegenüber der politischen Kultur des Westens war den Ostdeutschen infolgedessen bis 1989 nicht möglich. Für manche westdeutschen Linken war das ein Anlaß, der Wiedervereinigung mit äußerster Skepsis entgegenzusehen: Statt auf eine Verwestlichung des Ostens zu setzen, fürchteten sie eine Verostung des Westens und in deren Folge einen Rückfall in einen überwunden geglaubten deutschen Nationalismus.

Eine Verostung des Westens hat im wiedervereinigten Deutschland nicht stattgefunden, aber die Verwestlichung des Ostens nimmt sehr viel mehr Zeit in Anspruch, als die Optimisten 1990 gemeint hatten. Von einer Renaissance des deutschen Nationalismus kann man nicht sprechen, aber der «postnationale» Traum ist ausgeträumt. So wenig wie die alten Nationalstaaten des Westens wollen die sehr viel jüngeren Nationalstaaten Ostmitteleuropas in einer europäischen Föderation aufgehen. Längst hat auch die Bundesrepublik anerkannt, daß Europa nicht gegen die Nationalstaaten gebaut werden kann, sondern nur mit ihnen und durch sie. Es sind postklassische Nationalstaaten, die der EU angehören und die diese als supranationales Gebilde voraussetzt: Staaten, die bereit sind, Teile ihrer Souveränität gemeinsam mit anderen auszuüben oder auch auf die Union zu übertragen.

Die Osterweiterung der EU hat sich, im Gegensatz zur Wiedervereinigung Deutschlands, fast ohne begleitenden intellektuellen Diskurs vollzogen – ein Zeichen dafür, wie weit wir noch von einer europäischen Öffentlichkeit entfernt sind. Nur in Deutschland erregte ein Vorgang zeitweiliges Aufsehen, der sich am 24. März 2004, wenige Wochen vor dem Beitritt der zehn «Neuen», auf der Leipziger Buchmesse ereignete. Die damalige lettische Außenministerin und jetzige EU-Kommissarin Sandra Kalniete wies in einer Rede darauf hin, daß nach der «Befreiung von der nationalsozialistischen Pest» im Jahre 1945 «in einer Hälfte Europas der Terror weiterging, daß auf der anderen Seite des Eisernen Vorhangs das sowjetische Regime die Verfolgung und Vernichtung der Völker Osteuropas und auch des eigenen fortsetzte. Fünfzig Jahre lang wurde die Geschichte Europas ohne uns geschrieben, als Geschichte der Sieger mit der dafür typischen Einteilung in Gute und Böse; in die, die im Recht sind, und die, die Unrecht haben. Erst als der Eiserne Vorhang fiel, erhielten Forscher endlich Zugang zu Archivdokumenten und den Lebensgeschichten der Opfer, die die Tatsache bestätigten, daß beide totalitäre Regime, der Nationalsozialismus und der Kommunismus, gleichermaßen verbrecherisch waren.»[8]

«Gleichermaßen verbrecherisch»: Es waren diese Worte, die Salomon Korn, den stellvertretenden Vorsitzenden des Zentralrats der Juden in Deutschland, veranlaßten, den Saal demonstrativ zu verlassen. In einem Interview mit der *Leipziger Volkszeitung* nannte er die Gleichsetzung der Verbrechen der Sowjetunion und des Nationalsozialismus «unerträglich». Frau Kalniete habe für beide Verbrechen den Begriff «Völkermord» verwandt und dabei unterschlagen, daß die «baltischen Staaten Kollaborateure der Nazis waren. Sie hat offensichtlich die Vergangenheit ihres eigenen Volkes nicht aufgearbeitet. Und darin liegt meine große Sorge: Daß der unaufgearbeitete Antisemitismus im Baltikum, aber auch in Polen mit der EU-Erweiterung nach Europa kommt.»[9]

Manche Kommentatoren fühlten sich nach dem Leipziger Eklat nicht von ungefähr an den «Historikerstreit» von 1986 erinnert.[10] Sandra Kalniete hatte zwar nicht wie Ernst Nolte den Holocaust aus dem Archipel GULag abzuleiten versucht, aber doch die Behandlung der Juden durch die Nationalsozialisten mit der Behandlung der osteuropäischen Völker durch die Sowjetunion gleichgesetzt. In beiden Fällen sprach die Rednerin von «Vernichtung», obwohl dieser Begriff, bezogen auf eine ethnische Gruppe im Ganzen, nur auf das Schicksal der Juden zutrifft. Auch ein anderer Vorwurf Korns war begründet: Auf die Komplizenrolle vieler Letten bei der Ermordung der lettischen Juden im Zweiten Weltkrieg war die Außenministerin Lettlands, selbst ein Opfer der sowjetischen Deportationspolitik, nicht eingegangen. Die lettische Staatspräsidentin Vaira Vike-Freiberga hingegen hat sich zu diesem Kapitel im Mai 2005 mit kompromißloser Eindeutigkeit geäußert: «In meinem Land, in Lettland, haben deutsche Nazis und ihre lokalen Komplizen die abscheulichsten Verbrechen gegen die Menschlichkeit begangen, die es jemals auf lettischem Territorium gegeben hat.»[11]

Es gab also gute Gründe, der Art und Weise zu widersprechen, wie die Vertreterin einer der drei baltischen Republiken im März 2004 an das Schicksal ihres Volkes und der baltischen Völker insgesamt erinnern zu müssen meinte. Daß sie daran erinnerte, war jedoch legitim und notwendig. Ihre Feststellung, ein halbes Jahrhundert lang sei die «Geschichte Europas ohne uns geschrieben» worden, war nicht zu widerlegen. Und sie hatte das Argument der historischen Gerechtigkeit auf ihrer Seite, als sie forderte, auch die Geschichte der Verlierer müsse in die gemeinsame Geschichte eingegliedert werden, denn diese bleibe ohne sie «einseitig, unvollständig und unehrlich».[12]

Einige Kritiker stießen sich im März 2004 auch daran, daß die lettische Außenministerin den Begriff «totalitär» benutzt und auf das nationalsozialistische wie auf das sowjetkommunistische Regime angewandt hatte. Dieser Begriff wolle nichts erklären, sondern moralisch verdammen; ihm werde in abstrakter Weise die freiheitliche Demokratie als Norm entgegengesetzt: So schrieb etwa Christian Semler in der *tageszeitung*.[13] Doch mit dem ebenso berechtigten wie banalen Hinweis, daß «rot» nicht «braun» ist, läßt sich nur eine unkritisch identifizierende, nicht eine heuristisch differenzierende Theorie totalitärer Herrschaft entkräften. «Totalitäre Herrschaft» ist ein Idealtypus im Sinne Max Webers: «Er wird gewonnen durch die einseitige *Steigerung eines* oder *einiger* Gesichtspunkte und durch Zusammenschluß einer Fülle von diffus oder diskret, hier mehr, dort weniger, stellenweise gar nicht vorhandenen *Einzel*erscheinungen, die sich jenen einseitig hervorgehobenen Gesichtspunkten fügen, zu einem in sich einheitlichen *Gedanken*gebilde».[14]

Als politischer Kampfbegriff des «Kalten Krieges» hat der Totalitarismus ausgedient: Aus der Gegenüberstellung von Demokratie und totalitärer Diktatur lassen sich keine intellektuellen Funken mehr schlagen. Der wissenschaftliche Nutzen des Begriffs «totalitär» war und ist ein anderer: Er hilft, das spezifisch Neue bestimmter, auf Akklamation und Massenterror gestützter Diktaturen des 20. Jahrhunderts herauszuarbeiten und sie von älteren Arten von Diktatur, etwa Militärdiktaturen, zu unterscheiden.

Zu deren Merkmalen gehört es nicht, daß sie den «ganzen Menschen» erfassen und einen «neuen Menschen» herbeizuzwingen versuchen. Für die Diktaturen neuen Typs ist eine solche Ausrichtung unabdingbar. Unter diesem Gesichtspunkt ergibt ein Vergleich faschistischer beziehungsweise nationalsozialistischer Diktaturen auf der einen und kommunistischer Diktaturen auf der anderen Seite Sinn, wobei vergleichen nicht gleichsetzen, sondern Gemeinsamkeiten und Unterschiede herausarbeiten heißt.

Der Politikwissenschaftler Richard Löwenthal hat 1960 in einem Aufsatz über die Bolschewisierung des deutschen Kommunismus in der Weimarer Republik die These aufgestellt, daß die KPD in dem Maß, wie sie sich am Beispiel des Bolschewismus ausrichtete, die wichtigste Voraussetzung revolutionärer Politik aufgegeben habe: die organisatorische Selbstständigkeit. Als Instrument der Komintern und damit der Führung der Kommunistischen Partei Rußlands habe die KPD einen ganz anderen Parteityp hervorbringen *müssen* als die Bolschewiki; sie sei infolgedessen eine «abgeleitete totalitäre Partei» geworden.[15]

In Analogie zu diesem Begriff könnte man die nach 1945 in Europa errichteten kommunistischen Regime, soweit sie von der Sowjetunion abhängig waren, «abgeleitete totalitäre Systeme» nennen: aufgebaut auf der Grundlage des sowjetischen Modells, wie es aus dem stalinistischen Massenterror der «Großen Säuberungen» hervorgegangen war. 1965, zu Beginn der Ära Breschnew, gelangte Löwenthal zu dem Schluß, unter Chruschtschow habe sich in der Sowjetunion die totalitäre Dynamik erschöpft, die totalitären Institutionen aber hätten sich behauptet.[16]

Was für die Sowjetunion galt, traf in jeweils unterschiedlicher Weise auch auf die von ihr abhängigen Systeme zu. Was sich in den achtziger Jahren in Polen und Ungarn, seit 1985 unter Gorbatschow auch in der Sowjetunion selbst vollzog, lief auf eine «Enttotalitarisierung» hinaus. Mit einem statischen Begriff von totalitärer Herrschaft ist dieser Wandel nicht zu erfassen, mit einem flexiblen, wie ihn der praktizierende Weberianer Löwenthal anwandte, durchaus.

Wichtiger als der Disput um die Tragweite des Begriffs «totalitär» ist der Sachverhalt, mit dem es die EU seit der Osterweiterung von 2004 zu tun hat: der «Koexistenz» von Mitgliedern mit extrem unterschiedlichen Erfahrungen in der zweiten Nachkriegszeit des 20. Jahrhunderts. In einem Artikel zum 60. Jahrestag des Endes des

Zweiten Weltkrieges hat Janusz Reiter, der frühere polnische Botschafter in Deutschland und nachmalige Präsident des Zentrums für Internationale Beziehungen in Warschau, das daraus erwachsene Problem prägnant beschrieben: «In seiner Erinnerungskultur bleibt das vereinte Europa ein gespaltener Kontinent. Nach der Erweiterung verläuft die Trennungslinie mitten durch die Europäische Union. Das ist für die westlichen EU-Länder eine völlig neue Erfahrung.»[17]

Die politische Brisanz der geteilten Erinnerung ist im Umfeld der Feierlichkeiten vom 9. Mai 2005 in Moskau deutlich geworden. Die Erfahrungen mit der sowjetischen Fremdherrschaft im Baltikum und der Abhängigkeit von der Sowjetunion im übrigen Ostmitteleuropa wirken nach. Die neuere russische Geschichtspolitik, die den Hitler-Stalin-Pakt rechtfertigt, die Tatsache der völkerrechtswidrigen Okkupation der drei baltischen Staaten bestreitet und Stalins Verdienste im «Großen Vaterländischen Krieg» hervorhebt, beunruhigt die neuen Mitglieder der EU; von den alten wird der dramatische Wandel, der mit einer allgemeinen Verstärkung nationalistischer und autoritärer Tendenzen in Rußland einhergeht, kaum bemerkt. Die Rußlandpolitik der Regierungen in Paris und Berlin orientiert sich an wirtschaftlichen und vermeintlichen geostrategischen Interessen. Von Verständnis für die Besorgnisse der Esten, Letten, Litauer und Polen ist nicht viel zu spüren. Gesten der Empathie und der Solidarität überlassen die Westeuropäer dem Präsidenten der Vereinigten Staaten: eine innerwestliche Arbeitsteilung, die den Graben durch die erweiterte EU zu vertiefen droht.

Die Erweiterung ist der Vertiefung weit vorausgeeilt. Der Vertiefung sollte der Verfassungsvertrag dienen, der nach dem Nein der Franzosen und der Niederländer und dem «not yet» der britischen Regierung aber fürs erste gescheitert ist. Der Vertrag steht (oder stand) für das Minimum an institutionellen Reformen, die die EU der 25 braucht, um handlungsfähig zu bleiben, aber zugleich für das Maximum an Integration, zu dem die Mitgliedstaaten derzeit bereit sind. Doch was immer aus den Kernelementen des Verfassungsvertrages wird: Vertiefung verlangt sehr viel mehr als eine Reform der

Entscheidungsprozesse und Institutionen. Vertiefung ist nicht zu erreichen ohne die Arbeit an einem gemeinsamen Bild von der europäischen Geschichte – der älteren wie der jüngeren.

Was die Geschichte des 20. Jahrhunderts angeht, heißt das für die alten Mitglieder der EU: Vergegenwärtigung, ja Aneignung der Erfahrungen von Diktatur und Fremdbestimmung, Okkupation und Annexion, die die Ostmitteleuropäer nach 1945 machen mußten. Für die neuen Mitglieder, aber nicht nur für sie, steht auf dem Weg zur gemeinsamen Erinnerung auch die fortschreitende Aufarbeitung des Anteils, den Landsleute von ihnen an der Ermordung der europäischen Juden hatten. Dieser vom nationalsozialistischen Deutschland befohlene und organisierte Völkermord war das Menschheitsverbrechen des 20. Jahrhunderts, das sich durch keinen Vergleich mit anderen Staatsverbrechen relativieren läßt.

«Vorbehaltlose Öffnung gegenüber der politischen Kultur des Westens»:[18] Darin hat Jürgen Habermas die große intellektuelle Leistung der westdeutschen Nachkriegszeit gesehen. Den ostmitteleuropäischen Ländern, die einen Teil des alten Okzidents bilden, dürfte die umfassende Aneignung der Errungenschaften der westlichen Demokratien sehr viel leichter fallen als den orthodox geprägten Staaten Südosteuropas, die bis zur Epochenwende von 1989/90 ebenfalls kommunistisch regiert wurden, deren Weg nach Westen aus historischen Gründen aber ein sehr viel längerer sein wird.

Um so wichtiger ist, daß die EU, bevor sie sich weiter ausdehnt, beherzigt, was Jorge Semprún, ein ehemaliger Häftling des Konzentrationslagers Buchenwald, bei der Gedenkfeier zum 60. Jahrestag der Befreiung dieses Lagers am 10. April 2005 gesagt hat: «Eine der wirksamsten Möglichkeiten, der Zukunft eines vereinten Europas, besser gesagt, des wiedervereinigten Europas einen Weg zu bahnen, besteht darin, unsere Vergangenheit miteinander zu teilen, unser Gedächtnis, unsere bislang getrennten Erinnerungen zu einen. Der kürzlich erfolgte Beitritt von zehn neuen Ländern aus Mittel- und Osteuropa – dem anderen Europa, das im sowjetischen Totalitarismus gefangen war – kann kulturell und existentiell erst dann wirksam erfolgen, wenn wir unsere Erinnerungen miteinander geteilt und vereinigt haben werden.»[19]

Es ist nicht mehr und nicht weniger als der Abschied von einem technokratisch verkürzten Politikverständnis, was Semprún da fordert. Ein historisch und normativ entkerntes Projekt Europa: Das wäre das Gegenteil dessen, was die europäische Einigungsbewegung nach 1945 gewollt hat. Eine Europäische Union, die sich auf kein «Wir-Gefühl» stützen kann, wird sich zur Freihandelszone zurückentwickeln und der Renationalisierung Vorschub leisten. Deutschland hätte einen doppelten Grund, die Sache der gemeinsamen europäischen Erinnerung zu seiner eigenen zu machen: Es hat den Zweiten Weltkrieg entfesselt, durch den Europa gespalten wurde, und es hat nach 1945 auf Grund seiner Teilung an den Erfahrungen der West- wie der Ostmitteleuropäer teilgenommen. Die Herausforderung, daraus politische Folgerungen zu ziehen, könnte nicht größer sein.

20 | Was heißt westliche Wertegemeinschaft?

I.

Das Wort «Wertegemeinschaft» hören oder lesen wir fast täglich. Einmal wird es auf die Europäische Union, ein andermal auf den Westen bezogen. Erläuterungen sind selten, obwohl der anspruchsvolle Begriff alles andere als eindeutig ist. Im folgenden geht es mir um den Versuch einer Begriffserklärung. Ich gehe dabei schrittweise, in Form von drei Thesen und den dazu gehörigen Begründungen, vor. Meine erste These lautet: *Es gibt keine europäischen, sondern nur westliche Werte.* Diese Aussage widerspricht der offiziösen Rhetorik der EU, aber sie ergibt sich aus einem Blick auf die Geschichte.

Europa im geographischen Sinn, das vielzitierte «Europa vom Atlantik bis zum Ural» hat nie eine Wertegemeinschaft gebildet. Wenn wir von der Europäischen Union als einer Wertegemeinschaft sprechen, meinen wir, ob wir uns dessen bewußt sind oder nicht, eine Staatengemeinschaft, die sich zu den westlichen Werten bekennt. Den Unterschied zwischen Europa und dem Westen hat niemand so prägnant zum Ausdruck gebracht wie der Wiener Historiker Gerald Stourzh: «Europa ist nicht (allein) der Westen. Der Westen geht über Europa hinaus. Aber Europa geht auch über den Westen hinaus.»[1] Zum Westen als Wertegemeinschaft gehören ihrem Selbstverständnis nach die großen angelsächsisch geprägten Demokratien Nordamerikas, also die Vereinigten Staaten und Kanada, sodann Australien und Neuseeland sowie, seit seiner Gründung im Jahre 1948, Israel. Große Teile Europas hingegen hatten keinen Anteil an der Herausbildung und Aneignung der Werte und Institutionen, die wir als typisch «westlich» verstehen.

Der Begriff des «Westens», wie wir ihn aus der Zeit des Kalten Krieges kennen, ist nicht identisch mit dem des historischen Okzidents. Im Zeichen der Ost-West-Konfrontation nach 1945 galten auf der einen Seite alle Mitgliedstaaten des Atlantischen Bündnisses, auch wenn sie, wie Griechenland und die Türkei, nicht zum alten Okzident gehörten, als westlich. Andererseits wurden Länder dem Osten (oder Osteuropa) zugerechnet, die historisch zum Westen gehörten, aber nun jenseits des Eisernen Vorhanges lagen: die drei baltischen Staaten, Polen, das heutige Tschechien, die Slowakei und Ungarn, also sieben jener acht Staaten Ostmitteleuropas, die seit dem 1. Mai 2004 Mitglieder der Europäischen Union sind. Das achte ostmitteleuropäische Neumitglied ist Slowenien, das bis 1991 eine jugoslawische Teilrepublik bildete.

Der alte Westen: Das war jener Teil Europas, der im Mittelalter und in manchen Ländern lange darüber hinaus sein geistliches Zentrum in Rom hatte, also zur Westkirche gehörte. Nur dieser Teil Europas hatte die beiden vormodernen Formen der Gewaltenteilung, die Trennung von geistlicher und weltlicher Gewalt und die von fürstlicher und ständischer Gewalt, erlebt, und nur hier hatten, wenn auch nicht überall mit gleicher Intensität, die spätmittelalterlichen und frühneuzeitlichen Emanzipationsprozesse der Renaissance und des Humanismus, der Reformation und der Aufklärung stattgefunden. Im Bereich der Ostkirche, von Byzanz und später Moskau, gab es zwar nicht das, was man «Cäsaropapismus» genannt hat, eine personelle Einheit von geistlicher und weltlicher Gewalt, wohl aber eine Unterordnung der ersteren unter die letztere. Der Osten kannte auch nicht jenes für den europäischen Feudalismus kennzeichnende wechselseitige Treueverhältnis von Herrn und Lehensmann, wie es im Dualismus von Fürst und Ständen fortwirkt. «Typisch westlich» war auch das in diesem Dualismus angelegte ständische Widerstandsrecht gegen Fürsten, die eine Willkürherrschaft errichtet hatten oder zu errichten versuchten.

Otto Hintze, einer der größten Historiker nicht nur dieser Universität, sondern Deutschlands im 20. Jahrhundert, hat 1931 in seinem Aufsatz «Weltgeschichtliche Bedingungen der Repräsentativverfassung» das Wort vom «dualistischen Geist» geprägt, der die ständischen Verfassungen des Abendlandes hervorgebracht habe.[2] Dualismus ist auch der Begriff, der sich für die ansatzweise Trennung von geistlicher und weltlicher Gewalt im Verlauf des Investiturstreites aufdrängt. Im gleichen Jahr 1931, in dem Hintzes Aufsatz erschien, veröffentlichte der Breslauer Jurist und Universalhistoriker Eugen Rosenstock-Huessy sein Buch über die europäischen Revolutionen. Als erste europäische Revolution bezeichnete er die «Papstrevolution» des 11. Jahrhunderts, das Werk Gregors VII.[3] Hätte diese Revolution mit einem Sieg der geistlichen über die weltliche Gewalt oder umgekehrt mit einem Triumph der weltlichen über die geistliche Gewalt geendet, so hätte es *diesen* Dualismus nicht gegeben, und der Westen wäre nicht vom «dualistischen Geist» im Sinne Hintzes geprägt worden.

Der Ausgang des Investiturstreites aber war, in Deutschland nicht anders als in England und Frankreich, ein prekärer historischer Kompromiß, der den Stoff zu weiteren Konflikten in sich trug. Ein Schüler Rosenstock-Huessys, der amerikanische Rechtshistoriker Harold Berman, hat die gesamte Rechtstradition des Westens aus dem Dualismus von geistlicher und weltlicher Gewalt abgeleitet, der für ihn das bleibende Ergebnis der «Papstrevolution» ist.[4] Das dürfte eine zu einseitige Erklärung der historischen Eigenart des Westens sein, enthält aber doch mehr als nur ein Körnchen Wahrheit. Der Dualismus ist ansatzweise bereits ein Pluralismus, und dieser elementare Pluralismus war die Bedingung dafür, daß sich der typisch westliche Geist des Individualismus entfalten konnte. Anders gewendet: Der Dualismus trug den Keim der Freiheit in sich, die das herausragende Kennzeichen des Okzidents ist.

In der Geschichte gibt es keine Vorgeschichte, die nicht ihrerseits eine Vorgeschichte hätte. Die Trennung von «imperium» beziehungsweise «regnum» und «sacerdotium» setzte eine Unterscheidung voraus, die auf Jesus selbst zurückgeht und vielleicht, frei nach Goethe, eines der «Urworte. Christlich» genannt werden darf: «So gebet dem Kaiser, was des Kaisers ist, und Gott, was Gottes ist.»[5] Die Gegenüberstellung von Gott und Kaiser lief nicht auf Äquidistanz, also auf gleichen Abstand, hinaus, ebensowenig auf Gleichrangigkeit. Der absolute Vorrang Gottes stand für Jesus, der hier auf eine

Fangfrage von Abgesandten der Pharisäer antwortete, außer Frage. Seine Replik schloß aber eine Absage an jede Art von Theokratie oder Priesterschaft ein. Die Ausdifferenzierung von göttlicher und irdischer Herrschaft bedeutete die *Begrenzung* und *Bestätigung* der letzteren: Begrenzung, da ihr keine Verfügung über die Sphäre des Religiösen zugestanden wird; Bestätigung, da der weltlichen Gewalt Eigenständigkeit zukommt. Das war noch nicht die Trennung von geistlicher und weltlicher Gewalt. Aber die dialektische Antwort auf die Fangfrage war doch die Verkündung eines Prinzips, in dessen Logik die Trennung lag, und mit ihr die Säkularisierung der Welt und die Emanzipation des Menschen.

Siebzehneinhalb Jahrhunderte später behauptete ein französischer Aufklärer, der dem Christentum innerlich fernstand und sich heftiger Angriffe der Jesuiten zu erwehren hatte, Charles Secondat, Baron de Montesquieu, eine gemäßigte Regierung vertrage sich mit dem Christentum viel besser als mit dem Islam; bei der despotischen Regierungsweise sei es umgekehrt. Wenn die Religion den Menschen durch einen Eroberer aufgezwungen werde, sei das ein Unglück für die Menschheit, erklärte Montesquieu unter Hinweis auf Mohamed. Daß auch christliche Herrscher und Heerführer immer wieder verblendet gewesen waren und gegen die höchsten Gebote ihrer Religion verstoßen hatten, und das besonders grausam in den Kreuzzügen gegen den Islam, erwähnte der Autor des «Geistes der Gesetze» nicht. Montesquieu ging auch nicht auf die Verfolgung von Juden, «Ketzern» und «Schwärmern» durch die christlichen Kirchen und ihre Gläubigen ein. Er berief sich auf die ursprüngliche Religion und fand dort den Maßstab, an dem sich christliche Herrscher und Heerführer und die Christen ganz allgemein messen lassen mußten.

Den christlichen Grundgedanken der Trennung der Sphären von Gott und Kaiser «übersetzte» Montesquieu wie folgt: «Man darf nicht durch göttliche Gesetze regeln, was durch menschliche Gesetze geregelt werden muß, und ebensowenig durch menschliche Gesetze ordnen, was durch göttliche Gesetze geordnet werden muß.» Die alte, auf Heraklit zurückgehende, von der christlichen Naturrechtslehre weiterentwickelte Unterscheidung zwischen göttlichen und menschlichen Gesetzen war für Montesquieu schlechthin fundamental: «Das Wesen der menschlichen Gesetze besteht darin, allen eintretenden Zufällen unterworfen zu sein und sich in dem Maß zu ändern, wie sich der Wille der Menschen ändert; im Gegensatz dazu besteht das Wesen der Gesetze der Religion in ihrer Unabänderlichkeit. Die menschlichen Gesetze betreffen das Gute, die Religion das Beste. Das Gute kann seinen Gegenstand wechseln, weil es vielerlei Güter gibt; das Beste aber ist nur eines und kann daher nicht wechseln.»[6]

Die moderne Gewaltenteilung, wie sie Montesquieu entwickelte, die Trennung von gesetzgebender, vollziehender und rechtsprechender Gewalt, war eine Fortentwicklung der vormodernen Formen der Gewaltenteilung, der Trennung von geistlicher und weltlicher und der von fürstlicher und ständischer Gewalt. Montesquieu war der erste Klassiker, der der rechtsprechenden Gewalt den Status einer eigenen, «dritten» Gewalt einräumte; seine bedeutendsten Vorläufer, Locke und Bolingbroke, hatten das noch nicht getan. Freilich relativierte er die Bedeutung dieser Errungenschaft sogleich wieder, als er von der richterlichen Gewalt sagte, sie sei «en quelque façon nulle», in gewisser Weise nicht vorhanden.[7] Montesquieu unterschätzte damit die Bedeutung gerade der Gewalt, deren Unabhängigkeit für den modernen Rechtsstaat schlechthin konstitutiv ist. Auf der anderen Seite überschätzte er die Trennung von gesetzgebender und vollziehender Gewalt. In England, dem er die Anstöße zu seinem «Geist der Gesetze» verdankte, verlief die entscheidende Grenzlinie seit dem frühen 18. Jahrhundert nicht mehr zwischen König und Parlament, sondern zwischen der regierenden Mehrheit und der parlamentarischen Opposition.

Das Land, in dem Montesquieus Gewaltenteilung die größten Wirkungen entfaltete, gab es zu seinen Lebzeiten noch gar nicht: die Vereinigten Staaten von Amerika. In den «Federalist Papers», den von Alexander Hamilton, John Jay und James Madison verfaßten Artikeln zur Verteidigung der amerikanischen Verfassung von 1787, wie sie aus den Arbeiten des Konvents von Philadelphia hervorgegangen war, war er der mit Abstand meistzitierte Autor.[8]

Tatsächlich entsprach die Trennung zwischen gesetzgebender und vollziehender Gewalt in den USA eher der Lehre Montesquieus als der Verfassungswirklichkeit des zeitgenössischen Großbritanniens. Doch es gab noch andere, ältere Autoritäten, auf die sich die Väter der amerikanischen Verfassung berufen konnten und beriefen – Autoritäten, aus deren Einsichten auch schon Locke, Bolingbroke, Montesquieu und viele andere politische Theoretiker der frühen Neuzeit geschöpft hatten.

Mit am einflußreichsten war die von Polybios im 2. Jahrhundert vor Christus entwickelte Theorie der Mischverfassung. Der griechische Historiker hatte in der römischen Republik eine ideale Mischung aus den Vorzügen von Monarchie, Aristokratie und Demokratie gesehen und gemeint, eben diese Mischung habe Rom vor den Gefahren einer jeder dieser Staatsformen bewahrt.[9] Die Väter der amerikanischen Verfassung sahen in den Staatsgebilden der griechischen und römischen Antike keine Vorbilder für die Gegenwart mehr, sondern allenfalls abschreckende Beispiele wie die athenische Versammlungsdemokratie.[10] Den Gedanken der Mischverfassung fanden sie aber nach wie vor einleuchtend und am ehesten in England verwirklicht, wobei sie sich auf William Blackstones «Commentaries of the Laws of England» aus dem Jahre 1765 stützten.

Blackstone hatte es das wahrhaft herausragende Merkmal der englischen Regierungsweise genannt, «daß alle ihre Teile sich wechselseitig in Schach halten» (that all the parts of it form a mutual check upon each other).[11] Auf den Spuren Blackstones sprach sich Thomas Jefferson 1785 in seinen «Notes on the states of Virginia» für eine Regierungsform aus, «die nicht nur auf freiheitlichen Grundsätzen erbaut sein sollte, sondern bei der die Regierungsgewalten auch in einer Weise auf die Regierungseinrichtungen aufgeteilt und zwischen ihnen ausbalanciert sind, daß keine ihre gesetzlichen Grenzen überschreiten könnte, ohne von den anderen wirkungsvoll kontrolliert und beschränkt zu werden» (in which the powers of the government should be so divided and balanced among several bodies of magistracy, as that no one could transcend their legal limits, without being effectually checked and restrained by the others).[12]

Von hier aus war es nur noch ein kleiner Schritt zu der berühmten Formel der «checks and balances», die als erster wohl John Adams, der spätere zweite Präsident der USA, 1787 im Vorwort zu seiner dreibändigen «Defence of the Constitiutions of Government of the United States of America against the Attack of M. Turgot» verwandt hat («The checks and balances of republican government have been in some degree adopted by the courts of princes»).[13] Wenige Jahre später, 1792, nannte es James Madison, der Hauptautor der «Federalist Papers», in einem Beitrag für die *National Gazette* die große Kunst von Politikern, die unterschiedlichen Interessen und Parteien, die es natürlich in jeder politischen Gesellschaft gebe, in wechselseitige Kontrollen und Gegengewichte («checks and balances of each other») zu verwandeln.[14]

Die Amerikanische Verfassung von 1787 war eindeutig im Hinblick auf das, was sie zur Teilung der Gewalten sagte. Einen Grundrechtsteil aber enthielt sie nicht. Dieser kam erst, als Zugeständnis an die Opposition in mehreren Einzelstaaten, in Form der ersten zehn Zusatzartikel, der sogenannten «Bill of rights», hinzu, die 1791 in Kraft trat. Dennoch können die Vereinigten Staaten von Amerika das historische Erstgeburtsrecht in Sachen Menschenrechte für sich beanspruchen. Die «Virginia Declaration of Rights» vom 12. Januar 1776 begann ihren Grundrechtskatalog, den ersten umfassenden Katalog dieser Art überhaupt, mit den programmatischen Worten: «Alle Menschen sind von Natur aus gleichermaßen frei und unabhängig und besitzen gewisse angeborene Rechte (certain inherent rights), die sie bei Begründung einer politischen Gemeinschaft ihren Nachkommen durch keinerlei Abmachung wegnehmen oder entziehen können, nämlich das Recht auf Leben und Freiheit und dazu die Möglichkeit, Eigentum zu erwerben und zu behalten und Glück und Freiheit zu erwerben und zu erlangen.» Es folgten die Verkündigung der Prinzipien der Volkssouveränität und die Trennung von gesetzgebender, vollziehender und rechtsprechender Gewalt, und die Garantie der Freiheit der Wahl, des Schutzes vor ungesetzlicher Freiheitsberaubung, der Presse- und Religionsfreiheit.

In der Unabhängigkeitserklärung vom 4. Juli 1776, im wesentlichen verfaßt von Thomas Jefferson aus Virginia, sind die Menschenrechte wie das aus ihnen abgeleitete Prinzip der Volkssouveränität, in einem einzigen, aber inhaltsschweren Satz zusammengefaßt: «Folgende Wahrheiten erachten wir als selbstverständlich: daß alle Menschen gleich geschaffen sind; daß sie von ihrem Schöpfer mit gewissen unveräußerlichen Rechten ausgestattet sind; daß dazu Leben, Freiheit und das Streben nach Glück (life, liberty and the pursuit of happiness) gehören; daß zur Sicherung dieser Rechte Regierungen unter den Menschen eingesetzt werden, die ihre rechtmäßige Macht aus der Zustimmung der Regierten herleiten; daß, wann immer eine Regierungsform sich als diesen Zwecken abträglich erweist, es Recht des Volkes ist, sie zu ändern oder abzuschaffen und eine neue Regierung einzusetzen und diese auf solchen Grundsätzen aufzubauen und ihre Gewalten in der Form zu organisieren, wie es ihm zur Gewährleistung seiner Sicherheit und seines Glückes zu sein scheint.»[15]

Die Unabhängigkeitserklärung bündelte in diesem Satz Erfahrungen und Erkenntnisse von Jahrtausenden auf eine Weise, die aus den «selbstverständlichen Wahrheiten» ein Programm zur Veränderung der Welt und aus der Amerikanischen Revolution die erste moderne Revolution der Geschichte machte. Der humanistisch gebildete, von der europäischen Aufklärung geprägte Jefferson schöpfte, nicht anders als John Adams, Benjamin Franklin und viele andere Unterzeichner des Dokuments vom 4. Juli 1776, aus einem Gedankengut, zu dem die naturrechtliche Tradition seit der Stoa und Cicero, die Lehren neuerer Denker wie James Harrington und John Locke, Bolingbroke und Montesquieu ebenso gehören wie die in Amerika selbst gewonnenen Einsichten in die Notwendigkeit von religiöser und politischer Toleranz. Wer eine Vorgeschichte der ersten Menschenrechtserklärungen (zu der von Virginia kamen bis 1783 noch die von fünf weiteren Einzelstaaten der USA) schreiben wollte, müßte freilich auch noch andere Beiträge nennen, vor allem die der spanischen Spätscholastiker, obenan Francisco de Vitoria, die im 16. Jahrhundert den amerikanischen Indios das Recht zugesprochen hatten, als Menschen behandelt zu werden, in den britischen Kolonien aber schon deshalb keine Wirkung erzielten, weil sie Katholiken waren.[16]

Die politische Ideengeschichte liefert aber noch keine Antwort auf die Frage, warum die unveräußerlichen Menschenrechte zuerst auf nordamerikanischem Kolonialboden in den Rang von Verfassungsartikeln und damit von höchsten Rechtsgütern erhoben worden sind. Die wissenschaftliche Debatte hierüber begann 1895 mit einer rasch berühmt gewordenen, in vielen Auflagen erschienenen und in mehrere Sprachen übersetzten Abhandlung des Staatsrechtlers Georg Jellinek «Die Erklärung der Menschen- und Bürgerrechte». Darin betonte er die englisch-puritanischen Ursprünge des nordamerikanischen Verständnisses von Religionsfreiheit als Menschenrecht und hob dabei besonders die Wirkungen von John Browne, dem Stammvater des englischen Kongregationalismus, und Roger Williams, dem Gründer von Rhode Island, hervor. Jellinek folgerte: «Die Idee, unveräußerliche, angeborene, geheiligte Rechte des Individuums gesetzlich festzustellen, ist nicht politischen, sondern religiösen Ursprungs. Was man bisher für ein Werk der Revolution (gemeint ist die französische von 1789, H.A.W.) gehalten hat, ist in Wahrheit eine Frucht der Reformation und ihrer Kämpfe.»[17]

Der evangelische Theologe und Religionsphilosoph Ernst Troeltsch stimmte Jellinek im wesentlichen zu, stellte aber noch schärfer als dieser darauf ab, daß der «Vater der Menschenrechte» nicht der eigentliche kirchliche Protestantismus, sondern das von ihm gehaßte und in die Neue Welt vertriebene Sektentum und der Spiritualismus, eine amerikanische Spielart des Pietismus, gewesen seien. Troeltsch nannte besonders die Baptisten und die Quäker. Nicht minder habe in Nordamerika der mystische Spiritualismus seine die Kirchen auflösende und Gewissensfreiheit heischende Wirkung ausgeübt. «Hier haben die Stiefkinder der Reformation überhaupt endlich ihre weltgeschichtliche Stunde erlebt.»[18]

Die Väter der amerikanischen Unabhängigkeitserklärung waren in erheblicher Zahl keine gläubigen Christen im Sinne der Puritaner und erst recht nicht der damaligen und der heutigen Fundamentalisten. Sie glaubten wohl an einen belohnenden und strafenden Gott oder zumindest an ein höheres Wesen, aber nicht alle an die Gottheit Christi oder die Dreieinigkeit. Die tief gläubigen Vorkämpfer der Glaubensfreiheit wie Roger Williams und William Penn hatten den Grund gelegt für einen protestantisch geprägten Pluralismus. Er war eine der Voraussetzungen dafür, daß sich die Idee der allgemeinen Menschenrechte zuerst in Amerika durchsetzen konnte. Aber der Geist der Aufklärung half dabei, und es ist schwer vorstellbar, daß ohne seine Mitwirkung so weltliche Dokumente wie die Virginia Declaration of Rights und die Unabhängigkeitserklärung je das Licht der Welt erblickt hätten.

Das Menschenbild der Gründerväter war aber nicht nur das Ergebnis einer ausgedehnten Lektüre von Klassikern der Philosophie, des Staatsrechts und der politischen Theorie – von der Antike bis zur Gegenwart. Es hatte auch religiöse Wurzeln. Wenn die Unabhängigkeitserklärung von den unveräußerlichen Menschenrechten sagte, sie seien den Menschen von ihrem Schöpfer verliehen worden, war das mehr als nur ein dem feierlichen Augenblick geschuldetes Credo, auf das sich aufgeklärte Deisten und gläubige Christen verständigen konnten. Die Idee der persönlichen Würde jedes einzelnen Menschen hatte ihren Ursprung im jüdisch-christlichen Glauben an den *einen* Gott, der den Menschen nach seinem Bilde geschaffen hatte. Das Bekenntnis zur Gleichheit aller Menschen vor dem Gesetz setzte historisch den Glauben an die Gleichheit aller Menschen vor Gott voraus, wäre also ohne die vorangegangene Kulturrevolution des Monotheismus nicht denkbar gewesen. Der Gedanke der Freiheit schließlich hatte sich nur entfalten können, weil es im Okzident die alte Tradition der Trennung von geistlicher und weltlicher Gewalt gab – eine Tradition, aus der in England und Nordamerika der Widerstand gegen das anglikanische (und jedes andere) Staatskirchentum erwuchs.

Der britische Jurist und Historiker James Bryce hat 1888, rund hundert Jahre nach der Verabschiedung der amerikanischen Verfassung, gemeint, diese sei nachhaltig von einer puritanischen Sicht der menschlichen Natur geprägt. Die Verfassung sei das Werk von Menschen, die an die Erbsünde glaubten und entschlossen waren,

für Missetäter keine Tür offen zu lassen, die sie, die Verfassungsväter, möglicherweise verschließen konnten.[19] Der amerikanische
Theologe Reinhold Niebuhr, der Bryce zustimmend zitiert, urteilte
1952 in seinem Buch «The Irony of American History», die zwei großen religiös-moralischen Traditionen, die das frühe Leben Amerikas
geprägt hätten, der Calvinismus Neu-Englands und der Deismus
Virginias, seien zu auffallend ähnlichen Schlußfolgerungen über die
Bedeutung des amerikanischen Nationalcharakters und der Bestimmung der Vereinigten Staaten gelangt. «Ob unsere Nation ihr geis-
tiges Erbe mehr aus der Sicht von Massachusetts oder mehr aus
der Sicht von Virginia deutet, wir begannen unsere Existenz in dem
Bewußtsein, eine herausgehobene Nation (a seperated nation) zu
sein, die Gott benutzte, um einen Neuanfang der Menschheit zu unternehmen.»[20]

Als Jellinek die Menschen- und Bürgerrechte aus der puritanisch-
angelsächsischen Tradition herleitete, wollte er auch erklärtermaßen
den Anspruch Frankreichs zurückweisen, auf diesem Feld die Pio-
niernation zu sein. Tatsächlich war der Einfluß der amerikanischen
Menschenrechtserklärung auf die Erklärung der Menschen- und
Bürgerrechte durch die französische Nationalversammlung am
26. August 1789 sehr stark. Der erste Vorschlag, vor einer Verfassung eine solche Erklärung zu verabschieden, kam am 11. August
von einem Abgeordneten der Nationalversammlung, der auf der
Seite der Vereinigten Staaten im Unabhängigkeitskrieg gekämpft
hatte: dem Marquis de Lafayette. Er ließ sich von den Grundrechtser-
klärungen der nordamerikanischen Einzelstaaten, vor allem von der
Virginias, inspirieren und konnte sich bei der Ausarbeitung seines
eigenen Entwurfs einer Menschenrechtserklärung der aktiven Mitarbeit Thomas Jeffersons erfreuen, der von 1785 bis 1789 Botschafter
der Vereinigten Staaten in Paris war.[21]

Neben auffallenden Übereinstimmungen gab es jedoch auch Unterschiede zwischen den amerikanischen Menschenrechtserklärungen und der französischen. Der Text vom August 1789 betonte die
Gleichheit der Bürger vor dem Gesetz schärfer als die «Virginia Declaration of Rights» und die Grundrechtskataloge anderer Einzel-

staaten der Union. Mehr als diese war die Erklärung der französischen Nationalversammlung auf Genauigkeit und Allgemeingültigkeit angelegt. Die Menschenrechte im Sinne der «Déclaration des droits de l'homme et du citoyen» galten im Prinzip für Menschen aller Rassen und Hautfarben. Folgerichtig hob der Nationalkonvent im Februar 1794 die Sklaverei in den französischen Kolonien auf (was 1802 den Konsul auf Lebenszeit Napoleon Bonaparte nicht daran hinderte, diese Befreiungstat wieder rückgängig zu machen). Hätten die Gründerväter der Vereinigten Staaten, unter ihnen Sklavenbesitzer wie Washington und Jefferson, die Sklaverei verboten, wären ihnen die Südstaaten nicht gefolgt; die Unabhängigkeit der 13 Kolonien hätte nicht erklärt und nicht erkämpft werden können. «1789» ging also einen wichtigen Schritt über «1776» hinaus, aber ebenso gilt, daß die Französische Revolution tief in der Schuld der Amerikanischen steht.

Als der französische Historiker und Staatsdenker Alexis de Tocqueville Anfang der 1830er Jahre die Vereinigten Staaten bereiste, stellte er erstaunt fest, daß sich dort zwei Elemente, zwischen denen andernorts ein scharfer Gegensatz bestand, wechselseitig durchdrungen und auf wunderbare Weise untereinander verbunden hätten: der Geist der Religion und der Geist der Freiheit.[22] Die amerikanischen Erfahrungen und Prägungen wirken ebenso nach wie die ganz andersartigen französischen, die Tocqueville vor Augen hatte, und im weiteren Sinn die kontinentaleuropäischen Erfahrungen und Prägungen. Teile der amerikanischen Gesellschaft neigen noch heute dazu, die politische Freiheit umstandslos aus der Religion abzuleiten und den Anteil zu unterschätzen, den die Aufklärung an Menschenrechten, Rechtsstaat und Demokratie hatte. Europa hingegen erinnert sich kaum noch daran, daß die westlichen Werte und die Ideen der Aufklärung eine Vorgeschichte haben, aus der die christlichen Prägungen so wenig wegzudenken sind wie die antiken.

Beide Perspektiven sind einseitig. Sie bedürfen der Korrektur und der Erinnerung daran, was den «alten» europäischen, und den «neuen» amerikanischen Westen historisch miteinander verbindet. Die Menschenrechtserklärungen des späten 18. Jahrhunderts waren das Ergebnis transatlantischen Zusammenwirkens; zusammen legten sie den Grund für das politische Projekt des Westens – ein Versprechen, das es einzulösen galt und an dem sich zu allererst die Nationen messen lassen mußten, die sich zur Sache der unveräußerlichen Menschenrechte bekannten.

II.

Ich komme zu meiner zweiten These: Die *Verwestlichung des Westens war ein langwieriger Prozeß, dessen Hauptmerkmal die Ungleichzeitigkeit ist*. Das gilt auch für Amerika. Nach der Erklärung der Unabhängigkeit dauerte es gut vier Jahrzehnte, bis der Begriff «Demokratie» allgemein akzeptiert war und nicht länger als Widerspruch zum bewußt gewählten repräsentativen System empfunden wurde. Fast neun Jahrzehnte vergingen, bis nach einem blutigen Bürgerkrieg die Sklaverei in den Südstaaten beseitigt wurde, und danach währte es nochmals hundert Jahre, bis man von einem energischen und schließlich erfolgreichen Kampf gegen die rassische Diskriminierung der Nachfahren der Sklaven sprechen konnte.

Die Amerikanische Revolution war nicht nur die erste moderne, sie war zugleich eine konservative Revolution: Sie klagte Rechte ein, die den Untertanen des Königs von England seit altersher zustanden. Der Gegner, der überwunden werden mußte, damit die Revolution siegen konnte, war ein auswärtiger: das koloniale Mutterland, Großbritannien. In den Worten des Juristen und Politikwissenschaftlers Ernst Fraenkel, eines jener deutsch-jüdischen Remigranten, denen ich unendlich viele Denkanstöße verdanke: «Die amerikanische Revolution ist nicht eine Revolte gegen die Prinzipien des traditionellen englischen Verfassungsrechts, sondern ein Protest gegen deren Verletzung. Weil der Sieg der Demokratie nicht mit der Niederlage einer Klasse verbunden war, hat es in (den) USA niemals ein antidemokratisches Ressentiment gegeben.»[23]

Eine solche Konstellation sollte und konnte sich in Europa nicht wiederholen. Die Französische Revolution von 1789 hinterließ nicht nur eine antirevolutionäre Rechte im Lande selbst, sondern ein antirevolutionäres Ressentiment in großen Teilen Europas. Das lag zunächst am Verlauf der Revolution, am raschen Übergang von der Vorherrschaft der Gemäßigten zur Herrschaft der Radikalen in der Zeit der jakobinischen «terreur». Alexis de Tocqueville hat in der zweiten Hälfte der 1850er Jahre diesen Wandel wie folgt beschrieben: «Zu Beginn wird nur davon gesprochen, wie die Gewalten besser ausgewogen, die Beziehungen besser geregelt werden können, bald aber geht, läuft, jagt man der Idee der reinen Demokratie nach. Zu Anfang wird Montesquieu zitiert und ausgelegt, zum Schluß spricht man nur noch von Rousseau; er ist der einzige Lehrmeister der Revolution in ihrer Blütezeit geworden und wird es bleiben ...»[24]

Den nachwirkenden Einfluß von Montesquieu hat Tocqueville wohl eher überschätzt, den von Rousseau bestimmt nicht. Der Autor des «Contrat social» war ein entschiedener Gegner von Gewaltenteilung, «checks and balances» und «representative government». Das Gemeinwohl ergab sich für ihn nicht wie für Locke, Bolingbroke und die Verfasser der «Federalist Papers» aus der Auseinandersetzung unterschiedlicher Interessen als repräsentatives Produkt des gesellschaftlichen Pluralismus, sondern war eine von der Vernunft vorgegebene Größe, die ein aufgeklärter Vollstrecker der «volonté générale», des allgemeinen Willens, notfalls auch gegen die empirische «volonté de tous», die Summe des Willens der vielen Einzelnen, in Politik umzusetzen hatte.[25] Auf Rousseau konnte sich nicht nur berufen, wer Herrscher von Gottes Gnaden entthronen oder zumindest in ihre Schranken weisen wollte, sondern auch Tyrannen neuen Typs, die entschlossen waren, ganze Nationen, wenn nicht gar die Welt insgesamt, ihrer Vorstellung vom Fortschritt oder vom Ziel der Geschichte zu unterwerfen.

In Frankreich folgten auf das letzte Kapitel des Revolutionszeitalters, das Empire Napoleons, 1814 die Zeit der bourbonischen Restauration, nach 1830 das orleanistische Julikönigtum, nach der Revolution von 1848 das zweite Kaiserreich Napoleons III., und erst nach dessen Niederlage im deutsch-französischen Krieg von 1870/71 die Dritte Republik, die zunächst eher eine «République des Ducs», eine Republik der Herzöge, als eine bürgerliche Demokratie war. In Großbritannien hatte sich die parlamentarische Monarchie rund drei Jahrzehnte nach der Glorious Revolution durchgesetzt. Der politische Wandel im 19. und frühen 20. Jahrhundert bestand im wesentlichen in der Verbreitung der Herrschaftsgrundlagen durch allmähliche Ausweitung des Wahlrechts auf die mittleren und unteren Schichten der Bevölkerung, also durch kontinuierliche Ausdehnung der Partizipationsrechte. Vergleichsweise evolutionär verlief die politische Entwicklung auch dort, wo der gesellschaftliche Rückhalt der privilegierten Stände vergleichsweise schwach war oder im Lauf der Zeit schwächer wurde, wie in Dänemark und Schweden: Die Dynastien paßten sich den Verhältnissen an und gingen den Weg von der absoluten über die konstitutionelle bis zur parlamentarischen Monarchie.

Langwieriger und konfliktreicher war der Weg in die westliche Demokratie in den iberischen Königreichen Spanien und Portugal. Die katholische Kirche, eine zuverlässige Stütze der konservativen Kräfte, verfügte über einen breiten Rückhalt in der überwiegend ländlichen Bevölkerung. Beide Staaten erlebten im 20. Jahrhundert rechtsautoritäre Diktaturen, die sich viele Jahrzehnte an der Macht behaupten konnten, ehe Revolutionen von oben sehr unterschiedlicher Art in den 1970er Jahren einer gründlichen Demokratisierung den Weg ebneten. Italien, das erst spät, durch den Unabhängigkeitskrieg von 1859, ein Nationalstaat wurde, war seit 1861 eine parlamentarische Monarchie. Die regionalen, sozialen und ideologischen Gegensätze waren jedoch so stark, daß das demokratische System nach dem Ersten Weltkrieg darüber zerbrach und von dem faschistischen Regime Mussolinis abgelöst wurde. Gut ein Jahr nach seinem endgültigen Sturz im März 1945 entschied sich Italien in einer Volksabstimmung für die republikanische Staatsform. Die bis heute gültige Verfassung vom Dezember 1947 ist die einer parlamentarischen Demokratie.

In keinem Land des Okzidents stießen die demokratischen Ideen des Westens auf so hartnäckigen Widerstand wie in Deutschland. Ernst Bloch hat 1932, im Jahr vor der sogenannten «Machtergreifung» der Nationalsozialisten, Deutschland das «klassische Land der Ungleichzeitigkeit» genannt. Er übernahm damit einen Begriff des (politisch rechtsstehenden) Kunsthistorikers Wilhelm Pinder, der mit «Ungleichzeitigkeit des Gleichzeitigen» das zeitliche Nebeneinander unterschiedlicher Stilgenerationen bezeichnet hatte. Der Marxist Bloch bediente sich des Begriffs «Ungleichzeitigkeit», um zu erklären, warum es im hochkapitalistischen Deutschland einen «ungleichzeitigen Rückstand» vorindustriell geprägter gesellschaftlicher Gruppen wie Junker, Bauern und Kleinbürger gab, die sowohl antikapitalistisch wie antimarxistisch gesinnt waren. Den Hauptgrund dieser «Ungleichzeitigkeit» sah Bloch darin, daß in Deutschland bis 1918 keine «bürgerliche Revolution» stattgefunden hatte.[26]

Was die politische Entwicklung Deutschlands vom späten 18. bis ins 20. Jahrhundert vor allem kennzeichnete, war in der Tat ein Fall von «Ungleichzeitigkeit des Gleichzeitigen»: die beharrliche Weigerung großer Teile des deutschen Bürgertums, aus der Aufklärung ähnliche politische Folgerungen zu ziehen wie die klassischen Demokratien des Westens. Das ursprüngliche Vertrauen in die Vorzüge einer «Revolution von oben» wandelte sich in der Bismarckzeit allmählich zur inneren Bejahung einer Regierungsgewalt, die *nicht* vom Volk ausging. Das wurde auf krasse Weise im Ersten Weltkrieg deutlich. Deutsche Intellektuelle antworteten auf die «Ideen von 1789» mit den «Ideen von 1914», auf die Parole «Freiheit, Gleichheit, Brüderlichkeit» mit einer Verherrlichung von Ordnung, Zucht und Innerlichkeit. Der angeblich oberflächlichen und materialistischen «Zivilisation» des Westens stellten sie die vermeintlich überlegene, idealistische und gedankentiefe deutsche «Kultur», der pluralistischen Demokratie den starken Staat gegenüber.

Der Höhepunkt der deutschen Auflehnung gegen die politischen Ideen des Westens war die Herrschaft Hitlers. Es bedurfte der Erfahrung der nationalsozialistischen Diktatur, des Zweiten Weltkrieges, des Holocausts und des «Zusammenbruchs» von 1945, um den antiwestlichen Ressentiments der deutschen Eliten und breiten Schichten der Bevölkerung allmählich den Boden zu entziehen. Die Chance, aus den Fehlern von Weimar zu lernen und eine neue, diesmal funktionstüchtige parlamentarische Demokratie aufzubauen, erhielt nach 1945 jedoch nur ein Teil der Deutschen: diejenigen, die in den westlichen Besatzungszonen, der späteren Bundesrepublik Deutschland, lebten. Die anderen, jene, die in der sowjetischen Besatzungszone und späteren Deutschen Demokratischen Republik lebten, mußten bis zur «friedlichen Revolution» von 1989 warten, bis sie in den Genuß politischer Freiheit kamen. Sie nutzten sie, um im Jahr darauf der Bundesrepublik beizutreten.

Die Wiedervereinigung vom 3. Oktober 1990 bedeutete in dreifacher Hinsicht die Lösung der deutschen Frage: *Erstens* klärte die völkerrechtlich verbindliche Anerkennung der deutsch-polnischen Grenze an Oder und Neiße definitiv die Gebietsfrage (womit es zugleich eine Antwort auf ein anderes Jahrhundertproblem, die polnische Frage, gab). *Zweitens* war die alte Doppelforderung von 1848, die nach Einheit und Freiheit, verwirklicht. *Drittens* hatte die Mitgliedschaft des wiedervereinigten Deutschland im Atlantischen Bündnis zur Folge, daß Deutschland kein Problem der europäischen Sicherheit mehr darstellte.

Damit konnte ein großes historisches Projekt, die Wiedervereinigung des Westens, in Angriff genommen werden. Denn nichts geringeres bedeutete die Aufnahme von acht ostmitteleuropäischen Staaten, die bis zur Epochenwende von 1989/90 kommunistisch regiert worden waren, in die Europäische Union. Alle diese Staaten gehören zum alten Okzident: Die Teilung Europas im Gefolge der Abmachungen von Jalta im Februar 1945 war eine Teilung wider die Geschichte gewesen. Folglich konnte jetzt «zusammenwachsen, was zusammengehört»: Willy Brandt hatte, als er dieses berühmte Wort am 10. November 1989, dem Tag nach dem Fall der Berliner Mauer, aussprach, nicht nur an Deutschland, sondern auch an Europa gedacht.[27]

Die neuen Mitglieder der EU in Ostmitteleuropa liegen in einem Raum, der seit dem Mittelalter mit Westeuropa durch viele kulturelle Bindungen und Werte gemeinsamer Rechtstraditionen verbunden ist. Doch es gab auch Trennendes (wobei die Grenzlinie mitten durch Deutschland, nämlich an Elbe und Saale entlang, lief): In Ostmitteleuropa war das städtische Bürgertum schwächer entwickelt als im

Westen; die Landwirtschaft war durch die Gutsherrschaft und über Jahrhunderte hinweg durch eine große Zahl leibeigener Bauern geprägt. Nach dem Ersten Weltkrieg konnte die Demokratie in den meisten Staaten Ostmitteleuropas, ähnlich wie in Deutschland, keine festen Wurzeln schlagen. Die Verwestlichung ist in diesem östlichen Teil des Okzidents noch längst nicht abgeschlossen. Aber auch im Westen Deutschlands dauerte es nach dem Zweiten Weltkrieg noch mehrere Jahrzehnte, bis Jürgen Habermas 1986 rückblickend von der «vorbehaltlosen Öffnung der Bundesrepublik gegenüber der politischen Kultur des Westens» sprechen konnte.[28]

«Vorbehaltlose Öffnung gegenüber der politischen Kultur des Westens»: Das könnte und sollte auch das Kriterium sein, an dem die Europäische Union ihre Mitglieder und alle Staaten mißt, die ihr beitreten wollen. Um sich gegenüber der politischen Kultur des Westens zu öffnen, muß man keinen Teil des historischen Okzidents bilden. (Das war auch bei Griechenland nicht der Fall, das 1981 der Europäischen Union beitrat, und es ist bei Rumänien und Bulgarien nicht der Fall, die der EU seit dem 1. Januar 2007 angehören). Aber Werte und politische Kulturen haben ihre Geschichte, und die sollte kennen und anerkennen, wer sich zu den westlichen Werten bekennt – den Normen, die den Kopenhagener Beitrittskriterien der EU von 1993 zugrunde liegen.

III.

Abschließend einige Erläuterungen zu meiner dritten These: *Die politische Kultur des Westens ist pluralistisch und muß deshalb eine Streitkultur sein.*

Der Begriff «Streitkultur» hat in den achtziger Jahren eine gewisse Bekanntheit erlangt, weil er den Kurztitel eines lebhaft und kontrovers diskutierten Papiers bildete, das zwischen der Akademie der Gesellschaftswissenschaften beim Zentralkomitee der SED und der Grundwertekommission der SPD ausgehandelt und im August 1987 unter der Überschrift «Der Streit der Ideologien und die gemeinsame Sicherheit» veröffentlicht wurde.[29] Über Inhalt und Wirkung dieses Versuchs, einen tiefen ideologischen Konflikt in «zivilen»

Formen auszutragen und so, in gewissem Maß, zu harmonisieren, kann man streiten. Der Begriff «Streitkultur» ist aber nicht schon dadurch erledigt, daß der besagte Text neben parteipolitischer Polemik auch berechtigte Kritik hervorgerufen hat. Eine pluralistische Demokratie ist geradezu existentiell darauf angewiesen, daß politische Meinungsverschiedenheiten friedlich ausgetragen werden. In dem Maß, wie das geschieht, kann man überhaupt erst in einem anspruchsvollen Sinn von politischer Kultur sprechen: Ihr Hauptmerkmal ist die Beachtung der geschriebenen und ungeschriebenen Gesetze, die sicherstellen, daß der politische Kampf nicht umschlägt in latenten und gar offenen Bürgerkrieg.

Die Weimarer Republik hat eine politische Kultur des Streits nur in sehr engen Grenzen hervorgebracht. In der Endphase der ersten deutschen Demokratie spitzten sich die politischen und weltanschaulichen Konflikte so zu, daß die Verhältnisse der ebenso berühmten wie berüchtigten Definition des Politischen recht zu geben schienen, die der Staatsrechtler Carl Schmitt 1927 in seinem Aufsatz «Der Begriff des Politischen» vortrug: «Die spezifisch politische Unterscheidung, auf welche sich die politischen Handlungen und Motive zurückführen lassen, ist die Unterscheidung von *Freund* und *Feind*.»[30]

Es war die vierfache Erfahrung der Weimarer Republik, der nationalsozialistischen Diktatur bis 1938, des amerikanischen Exils bis 1951, dann, bis zu seinem Tod im Jahre 1975, der Bundesrepublik, die Ernst Fraenkel veranlaßte, auf den spekulativen, vom Geist Rousseaus geprägten Dezisionismus (oder Voluntarismus) Carl Schmitts mit einer historisch gesättigten, auf die angelsächsische Praxis gestützten Theorie des politischen Pluralismus zu antworten. «Das Bekenntnis zur pluralistischen Demokratie beruht auf der Erkenntnis, daß eine jede freiheitliche Demokratie sowohl Differenzierung als auch Übereinstimmung, daß sie ‹cleavages› und ‹consensus› bedeutet», schrieb er 1964. Eine pluralistische Demokratie benötige also beides gleichermaßen: einen nichtkontroversen Sektor von Staat und Gesellschaft, einen «generell als gültig akzeptierten Wertekodex», über den man nicht mehr abstimmen müsse, und einen kontroversen Sektor, der immer wieder der Abstimmung bedürfe. «Pluralistisch ist nicht ein Staat, der *nur* pluralistisch, pluralistisch ist ein Staat, der *auch* pluralistisch ist. Pluralismus ist ein dialektischer Begriff ... Pluralismus bedeutet Übereinstimmung und Differenzierung.»[31]

Im Sinne von Fraenkels Überlegungen drängt sich auch eine dialektische Antwort auf die heute vielerörterte Frage auf, ob der Westen (noch) eine transatlantische Wertegemeinschaft bildet: Der Westen *ist* eine Wertegemeinschaft, die sich über die politischen Folgerungen streitet, ja streiten muß, die sich aus den gemeinsamen Werten ergeben. Die westlichen Werte sind das Ergebnis transatlantischer Prägungen und Erfahrungen und, wie alle historischen Erscheinungen, dem Wandel unterworfen. Die Gemeinsamkeiten des Westens fallen besonders dann ins Auge, wenn man ihn mit anderen Gesellschaften und Kulturen vergleicht. Die Staaten der Europäischen Union und die Vereinigten Staaten von Amerika weisen, was ihre politische Kultur angeht, viele Besonderheiten auf. Aber sie tun gut daran, sich ihre kollektiven «Identitäten» nicht dadurch zu beweisen, daß sie sich vom jeweils anderen abheben.

Die Europäische Union und die Vereinigten Staaten bedürfen auch keines Dritten, um sich ihrer Gemeinsamkeiten zu vergewissern. Es ist legitim und notwendig, die Werte und Institutionen des Westens gegen alle Bedrohungen und Angriffe zu verteidigen und überall für sie zu werben. Eine Politik, die darauf abzielt, westliche Werte und Lebensformen gewaltsam zu verbreiten, ist dagegen zum Scheitern verurteilt.

Als die USA nach 1945 zusammen mit Großbritannien und Frankreich dem Westen Deutschlands beim Wiederaufbau einer Demokratie halfen, hatten sie vor allem deshalb Erfolg, weil es freiheitliche, rechtsstaatliche und demokratische Traditionen gab, an die die Deutschen anknüpfen, die sie wiederbeleben konnten. Die amerikanischen Neokonservativen mit dem Präsidenten George W. Bush an der Spitze irrten fundamental, als sie den Irakkrieg von 2003 mit dem Argument zu rechtfertigen versuchten, aus den deutschen Erfahrungen von 1945 lasse sich der Schluß ziehen, daß ein fremdes

Land auch (oder gegebenenfalls *nur*) von außen und mit militärischen Mitteln zur Demokratie umerziehen lasse. Dem Irak fehlten die westlichen Prägungen und Erfahrungen, die in Deutschland das Umlernen begünstigten. An den Folgen der verfehlten Analogie wird der Westen insgesamt noch lange schwer tragen – und der Nahe und Mittlere Osten wohl noch schwerer.

Die Geschichte der politischen Kultur des Westens zeigt, daß Demokratie sehr viel mehr ist als Mehrheitsherrschaft. Eine Demokratie westlicher Prägung setzt das Vorhandensein einer pluralistischen Zivilgesellschaft voraus, die sich einig ist in der Achtung der unveräußerlichen Menschenrechte und der «rule of law», der Herrschaft des Rechts. Als ein «empire of laws and not of men» hatte James Harrington 1656 in seinem «Commonwealth of Oceana» das von ihm erstrebte Gemeinwesen beschrieben – eine Formel, die 1780 als «government of laws, and not of men» in Artikel XXX der Bill of Rights von Massachusetts wiederkehrt.[32] Die Gesetze, die der englische Republikaner und die Verfassungsväter des ältesten der Neuenglandstaaten im Sinn hatten, schlossen geschriebenes und ungeschriebenes Recht ein – wobei zur Tradition des letzteren die «nomoi ágraphoi», die ungeschriebenen Gesetze der griechischen Antike, ebenso gehörten wie die Normen des christlichen und des aufgeklärten Naturrechts.

Daß Mehrheitsherrschaft ohne eine hinreichend große Gemeinsamkeit an Grundwerten das Gegenteil von westlicher Demokratie bewirken kann, zeigt das deutsche Beispiel: Bei den letzten beiden Reichstagswahlen der Weimarer Republik im Jahre 1932 gab es eine negative Mehrheit für die beiden Parteien, die die Demokratie radikal ablehnten und sich für entgegengesetzte Formen von Diktatur aussprachen: Nationalsozialisten und Kommunisten. Es wäre also verfehlt, eine solche Entwicklung nur in nichtwestlichen Gesellschaften für möglich zu halten. Aber nicht nur eine vergleichsweise junge Demokratie wie Deutschland, sondern auch die alten Demokratien haben Grund zur selbstkritischen Betrachtung ihrer Geschichte. Der Westen hat immer wieder eklatant gegen die Werte verstoßen, zu denen er sich bekennt. Von der Duldung der Sklaverei durch die Gründerväter der Vereinigten Staaten war schon die Rede. Aber auch vom Rassismus, Kolonialismus und Imperialismus und ihren Folgen darf der Westen nicht schweigen, wenn er glaubwürdig für seine Werte eintreten will.

Westliche Errungenschaften bis hin zum Rechtsstaat, der Gewaltenteilung und der Demokratie sind schon von zahlreichen nichtwestlichen Gesellschaften übernommen worden, und nichts spricht dagegen, daß diese Art von Verwestlichung oder Teilverwestlichung fortschreitet. Doch der Westen hat längst aufgehört, die Welt zu dominieren. Er vertritt eine Lebensform und eine politische Kultur unter vielen, und wenn man die Nationen zusammenzählt, die sich als «westlich» verstehen, bilden sie zusammen nur eine kleine Minderheit der Weltbevölkerung.

Der Anspruch der unveräußerlichen Menschenrechte aber bleibt ein universaler. Da ihre globale Durchsetzung sich nicht erzwingen läßt, kann der Westen nichts Besseres für sie tun, als sich an seine eigenen Werte zu halten, für sie zu werben und dort, wo es möglich ist, den krassesten Verletzungen des Menschenrechte mit allen Mitteln, einschließlich humanitärer Interventionen, entgegenzutreten. Folglich müßte der Westen insgesamt sich für eine entsprechende Reform der Vereinten Nationen und eine Überarbeitung ihrer Charta, also für eine Weiterentwicklung des Völkerrechts, stark machen. Doch von so viel Gemeinsamkeit, von so viel Einsicht in die Bedeutung und die Bindekraft immaterieller Interessen, ist der Westen weit entfernt.

Aus der Geschichte des Westens läßt sich lernen, und der Westen muß hoffen, daß aus ihr auch in den nichtwestlichen Teilen der Welt gelernt wird. Das Projekt des Westens ist unvollendet, und wird es vermutlich immer bleiben. Aber es läßt sich weiterentwickeln. Wenn der Westen den Gedanken der Wertegemeinschaft nicht nur feierlich beschwört, sondern ernst nimmt, kann er noch viel für die allgemeine Geltung der Werte tun, die wir aus guten historischen Gründen die «westlichen» nennen.

| Abkürzungsverzeichnis

AdR   Akten der Reichskanzlei
AsD   Archiv der sozialen Demokratie
CDU   Christlich-Demokratische Union
CSU   Christlich-Soziale Union
DDP   Deutsche Demokratische Partei
DDR   Deutsche Demokratische Republik
DVP   Deutsche Volkspartei
EU   Europäische Union
FAZ   Frankfurter Allgemeine Zeitung
GULag   Hauptverwaltung des sowjetischen Straflagersystems unter Stalin
HZ   Historische Zeitschrift
JÖM   Jahrbuch der öffentlichen Meinung
KPD   Kommunistische Partei Deutschlands
KZ   Konzentrationslager
MEW   Marx-Engels-Werke
ND   Neudruck/Nachdruck
NSDAP   Nationalsozialistische Deutsche Arbeiterpartei
SA   Sturmabteilungen
SED   Sozialistische Einheitspartei Deutschlands
SPD   Sozialdemokratische Partei Deutschlands
SS   Schutzstaffel
USA   United States of America
USPD   Unabhängige Sozialdemokratische Partei

| Anmerkungen

1 | Revolutionen machen in Preußen nur die Könige

1 Ingo von Münch (Hg.), Dokumente des geteilten Deutschland, Stuttgart 1976, S. 54.
2 Rudolf von Thadden, Fragen an Preußen. Zur Geschichte eines aufgehobenen Staates, München 1981, S. 58 f., 167.
3 Alfred Müller-Armack, Genealogie der Wirtschaftsstile. Die geisteswissenschaftlichen Ursprünge der Staats- und Wirtschaftsformen bis zum Ausgang des 18. Jahrhunderts, Stuttgart 1941, S. 147.
4 Rudolf Stadelmann, Deutschland und die europäischen Revolutionen, in: ders., Deutschland und Westeuropa, Laupheim 1948, S 11–33 (28).
5 Immanuel Kant, Zum ewigen Frieden. Ein philosophischer Entwurf (1795), in: ders., Kleine Schriften zur Geschichtsphilosophie, Ethik und Politik. Hg. v. Karl Vorländer, ND Hamburg 1959, S. 115–169 (154).
6 Fürst Otto von Bismarck, Die gesammelten Werke (Friedrichsruher Ausgabe), Berlin 1924 ff., Bd. 8, S. 149 (Gespräch mit dem Schriftsteller Paul Lindau und dem Bankdirektor Löwenfeld am 8.12.1882).
7 Sozialdemokratischer Parteitag 1927 in Kiel. Protokoll mit dem Bericht der Frauenkonferenz, Kiel 1927 (ND Glashütten 1974), S. 180 f.
8 Schulthess' Europäischer Geschichtskalender, 74. Bd. (1933), München 1934, S. 62.

2 | 1848: Die sperrige Revolution

1 Karl Marx, Zur Kritik der Hegelschen Rechtsphilosophie. Einleitung, in: Karl Marx/Friedrich Engels, Werke [=MEW], Berlin 1959 ff., Bd. 1, S. 378–391 (391, Hervorhebung im Original).
2 Stenographischer Bericht über die Verhandlungen der deutschen Constituierenden Nationalversammlung zu Frankfurt am Main. Hg. auf Beschluß der Nationalversammlung durch die Redactions-Commission und in deren Auftrag von Prof. Franz Wigard, 9 Bde., Leipzig 1848/49, Bd. 6, S. 5823.
3 Karl Marx, Die revolutionäre Bewegung (Neue Rheinische Zeitung, 1.1.1849), in: MEW (Anm. 1), Bd. 6, S. 148–150 (150, Hervorhebung im Original).
4 Rudolf Stadelmann, Deutschland und die westeuropäischen Revolutionen, in: ders., Deutschland und Westeuropa, Laupheim 1948, S. 11–33 (28).
5 Ebd., S. 14.
6 Friedrich Meinecke, Die deutsche Katastrophe. Betrachtungen und Erinnerungen, Wiesbaden 1947³.

3 | Ein Junker als Revolutionär

1 Fürst Otto von Bismarck, Die gesammelten Werke (Friedrichsruher Ausgabe), Berlin 1924 ff., Bd. 10, S. 103 ff.
2 Ebd., S. 139 f.
3 Stenographische Berichte über die Verhandlungen des Reichstages, Bd. 102, S. 733.
4 Ebd., S. 725.
5 Bismarck, Werke (Anm. 1), Bd. 8, S. 459.
6 MEW, Berlin 1959 ff., Bd. 36, S. 238 f. (Engels an Bebel, 18.11.1884).
7 National- Zeitung, 4.12.1866 (Morgenausgabe).
8 Randbemerkung Bismarcks zur «Notiz betreffend das ‹Projet de Déclaration relative à la liberté du commerce dans le bassin du Congo et ses embouchures› vom 18.11.1884. Bundesarchiv Koblenz, Reichskanzlei, R 1001/4169, Blatt 10. Ich verdanke den Hinweis auf diese Äußerung Helmut Böhme.
9 Bismarck und der Staat. Ausgewählte Dokumente, eingeleitet v. Hans Rothfels, Stuttgart o.J. [1953], S. 359 (Bismarck zu Moritz Busch, 26.6.1881).
10 Lothar Wickert, Theodor Mommsen, 4 Bde., Bd. 4, Frankfurt 1980, S. 93.

4 | Ein Attentat als Alibi

1 Arnold Oskar Meyer, Bismarck. Der Mensch und der Staatsmann, Stuttgart 1949, S. 482.
2 Stenographische Berichte des Reichstags, Bd. 48, S. 1503–1510 (1506; 23.5.1878).
3 Ebd., Bd. 20, S. 920 f. (25.5.1871).
4 Karl Kautsky, Der Weg zur Macht. Politische Betrachtungen über das Hineinwachsen in die Revolution, Berlin 1909², S. 44–46 (ursprünglich in: Neue Zeit, Dezember 1893).
5 National-Zeitung, 19.5.1878 (Morgenausgabe).
6 Ebd., 11.6.1878 (Morgenausgabe).
7 Zit. ebd., 20.6.1878 (Morgenausgabe).
8 Norddeutsche Allgemeine Zeitung, 31.7.1878.
9 Neue Preußische Zeitung, 30.7.1878.
10 Die Grenzboten 37 (1878), II, S. 479.
11 Heinrich von Treitschke, Der Sozialismus und der Meuchelmord, in: Preußische Jahrbücher 41 (1878), S. 637–647 (639, 647).
12 Ludwig Bamberger, Politische Schriften, Bd. 5, Berlin 1897, S. 217.
13 Zit. bei Theodor Schieder, Das deutsche Kaiserreich von 1871 als Nationalstaat, Köln 1961, S. 175 (Bennigsen, 26.1.1881).
14 Neue Preußische Zeitung (Kreuz-Zeitung), 7.6.1878.
15 Die Grenzboten 37 (1878), II, S. 46.

5 | Die Revolution als Gegenrevolution

1 Richard Nürnberger, Die Französische Revolution im revolutionären Selbstverständnis des Marxismus, in: Marxismus-Studien 2, Tübingen 1957, S. 61–76 (61).

2 François Furet, Das Ende der Illusion. Der Kommunismus im 20. Jahrhundert (frz. Orig.: Paris 1995), München 1996.

3 Leo Trotzki, Terrorismus und Kommunismus. Karl Kautsky, Von der Demokratie zur Staatssklaverei (Soziales Denken, Bd. 2), Berlin 1990, S. 7–174 (11).

4 Karl Marx, Zur Kritik der Hegelschen Rechtsphilosophie. Einleitung, in: MEW, Berlin 1959 ff., Bd. 1, S. 378–391 (386).

5 Ebd., S. 379, 391, 385 (Hervorhebungen im Original).

6 Karl Marx/Friedrich Engels, Manifest der Kommunistischen Partei, ebd., Bd. 4, S. 459–493 (493).

7 Ebd., Bd. 7, S. 9–107 (89; Hervorhebungen im Original).

8 Karl Marx, Die moralisierende Kritik und die kritisierende Moral, ebd., Bd. 4, S. 331–359 (339).

9 Ebd., Bd. 35, S. 276 (Brief an Johann Philipp Becker vom 10.2.1882).

10 Ebd., Bd. 36, S. 305–307.

11 Friedrich Engels, Die preußische Militärfrage und die deutsche Arbeiterpartei, ebd., Bd. 16, S. 37–78 (77).

12 W.I. Lenin, Staat und Revolution. Die Lehre des Marxismus vom Staat und die Aufgaben des Proletariats in der Revolution (1917), in: ders., Werke, Bd. 25, Berlin 1960, S. 393–507.

13 Karl Kautsky, Von der Demokratie (Anm. 3), S. 175–283 (233).

14 Karl Marx, Der Bürgerkrieg in Frankreich (1871), in: MEW (Anm. 4), Bd. 17, S. 313–365.

15 J.W. Stalin, Zu den Fragen des Leninismus, in: ders., Werke, Bd. 8, Berlin 1952, S. 12–81.

16 Karl Marx, Zur Judenfrage, in: MEW (Anm. 4), Bd. 1, S. 347–377 (364; Hervorhebung im Original).

17 M. Rainer Lepsius, Das Legat zweier Diktaturen für die demokratische Kultur im vereinigten Deutschland, in: Everhard Holtmann u. Heinz Sahner (Hg.), Aufhebung der Bipolarität – Veränderungen im Osten, Rückwirkungen im Westen, Opladen 1995, S. 25–39 (30).

18 Michail Gorbatschow, Schlußwort auf dem Plenum des Zentralkomitees der KPdSU, 28.1.1987, in: ders., Ausgewählte Reden und Aufsätze, Bd. 4: Juli 1986–April 1987, Berlin 1988, S. 394–401 (397).

19 Manfred Hildermeier, Geschichte der Sowjetunion 1917–1991. Entstehung und Niedergang des ersten sozialistischen Staates, München 1998, S. 112.

20 Furet, Ende (Anm. 2), S. 110.

6 | Angst vor dem Bürgerkrieg

1 Theodor Wolff, Der Erfolg der Revolution, in: Berliner Tageblatt, 10.11.1918.
2 Ernst Troeltsch, Spektator-Briefe. Aufsätze über die deutsche Revolution und die Weltpolitik 1918/22, Tübingen 1924, S. 24.
3 Verhandlungen der verfassunggebenden Deutschen Nationalversammlung. Stenographische Berichte, Bd. 326, S. 2 f.
4 Karl Kautsky, Die Diktatur des Proletariats [Wien 1918] in: ders., Die Diktatur des Proletariats. W.I. Lenin, Die proletarische Revolution und der Renegat Kautsky. Karl Kautsky, Terrorismus und Kommunismus (Soziales Denken, Bd. 1), Berlin 1990, S. 7–87 (33).
5 Die Reichstagsfraktion der deutschen Sozialdemokratie 1898 bis 1918. Zweiter Teil, bearb. v. Erich Matthias und Eberhard Pikart, Düsseldorf 1966, S. 442.
6 W.I. Lenin, Der Krieg und die russische Sozialdemokratie, in: ders., Werke, Berlin 1950, Bd. 21, S. 11–21 (20).
7 Kautsky, Dikatur (Anm. 4), S. 37.
8 Rosa Luxemburg, Die Nationalversammlung, in: ders., Gesammelte Werke, Bd. 4, Berlin 1974, S. 407–410 (408).
9 Richard Müller, Der Bürgerkrieg in Deutschland, Berlin 1925, S. 32 f.

7 | Die verdrängte Schuld

1 Stenographischer Bericht über die Verhandlungen des Reichstags, Bd. 306, S. 8 f.
2 Akten der Reichskanzlei (=AdR). Weimarer Republik. Das Kabinett Scheidemann, 13. Februar bis 20. Juni 1919, bearb. v. Hagen Schulze, Boppard 1971, S. 85–91.
3 Karl Kautsky, Wie der Weltkrieg entstand, Berlin 1919, S. 84 f.
4 AdR. Kabinett Scheidemann (Anm. 2), S. 146–149.
5 Kautsky, Weltkrieg (Anm. 3), S. 9.
6 Gerhard A. Ritter (Hg.), Die Zweite Internationale 1918/19. Protokolle, Memoranden, Berichte und Korrespondenzen, 2 Bde., Berlin 1980, Bd. 1, S. 201–208 (Thomas), 234 (Eisner).
7 Ebd., Bd. 2, S. 804 f.
8 Protokoll über die Verhandlungen des Parteitages der Sozialdemokratischen Partei Deutschlands. Abgehalten in Weimar vom 10. bis 15. Juni 1919. Bericht über die 7. Frauenkonferenz, abgehalten in Weimar 15.–16. Juni 1919, Berlin 1919 (ND Glashütten 1973), S. 159 (Wels), 189 f. (Adolf Braun), 242–247 (Bernstein; Hervorhebung im Original), 253–281 (Debatte über Bernsteins Rede), 277 f. (Bernsteins Verteidigungsrede).
9 Ebd., S. 237.
10 Protokoll der Verhandlungen des zweiten Kongresses der Gewerkschaften Deutschlands. Abgehalten zu Nürnberg vom 30. Juni bis 5. Juli 1919. Protokoll der Verhandlungen der Konferenz der Arbeitersekretäre, abgehalten in Nürnberg am 27. Juni 1919, Berlin 1919, S. 368.

11 Correspondenzblatt, 31.5.1919.

12 Ebd.

13 Internationales Institut für Sozialgeschichte, Amsterdam, Nachlaß Karl Kautsky, D V 525.

8 | Ein Fortschritt mit verhängnisvollen Mängeln

1 Verhandlungen der verfassunggebenden Deutschen Nationalversammlung. Stenographischer Bericht, Bd. 329, S. 219.

2 Carl Schmitt, Legalität und Legitimität, Berlin 1932, S. 32, 50.

9 | 1923: Als Weimar fast am Ende war

1 AdR. Weimarer Republik. Die Kabinette Stresemann I und II. 13. August bis 6. Oktober 1923, 6. Oktober bis 30. November 1923, 2 Bde., bearb. v. Karl Dietrich Erdmann u. Martin Vogt, Boppard 1978, Bd. 1, S. 447–451.

2 Archiv der sozialen Demokratie (=AsD), Bonn. Nachlaß Giebel II/246 (Notiz zur Fraktionssitzung der SPD vom 2.10.1923).

3 Ebd. II/247, auszugsweise in: AdR. Kabinette Stresemann (Anm. 1), Bd. 1, S. 485 (Anm.).

4 AsD, Bonn, Nachlaß Keil 4; Nachlaß Giebel II 257–260.

10 | Hindenburg, ein deutsches Verhängnis

1 Max Weber, Wirtschaft und Gesellschaft. Grundriß der verstehenden Soziologie. Studienausgabe, hg. v. Johannes Winkelmann, Köln 1964, 1. Halbbd., S. 184.

2 Gustav Radbruch, Die politischen Parteien im System des deutschen Staatsrechts, in: Anschütz, Gerhard, Thoma, Richard (Hg.), Handbuch des deutschen Staatsrechts, Bd. 1, Tübingen 1930, S. 285–294 (289).

3 Schlagt Hitler!, in: Vorwärts, Nr. 97, 27.2.1932 (Aufruf des Parteivorstands der SPD).

4 Johannes Heckel, Diktatur, Notverordnungsrecht, Verfassungsnotstand mit besonderer Rücksicht auf das Budgetrecht, in: Archiv des öffentlichen Rechts, N.F. 22 (1932), S. 257–338.

11 | Die abwendbare Katastrophe

1 Das Kabinett der Barone, in: Der Abend. Spätausgabe des Vorwärts, Nr. 254, 1.6.1932.

2 AdR. Weimarer Republik. Das Kabinett von Papen. 1. Juni 1932 bis 3. Dezember 1932, 2 Bde., bearb. v. Karl-Heinz Minuth, Boppard 1989, Bd. 1, S. 377–386.

3 Walther Hubatsch, Hindenburg und der Staat. Aus den Papieren des Generalfeldmarschalls und Reichspräsidenten von 1878 bis 1934, Berlin 1966, S. 335–338 (Aufzeichnung von Staatssekretär Otto Meissner vom 11.8.1932).

4 AdR. Kabinett von Papen (Anm. 2), Bd. 1, S. 474–479.

5 AdR. Weimarer Republik. Die Kabinette Marx I und II. 30. November 1923 bis 3. Juni 1924. 3. Juni 1924 bis 15. Januar 1925, 2 Bde., bearb. v. Günter Abramowski, Boppard 1973, Bd. 1, S. 1–37.

6 Thilo Vogelsang, Neue Dokumente zur Geschichte der Reichswehr 1930–1933, in: Vierteljahrshefte für Zeitgeschichte 3 (1954), S. 397–436 (Schleichers Rede: 426–428).

7 AdR. Weimarer Republik. Das Kabinett von Schleicher. 3. Dezember 1932 bis 30. Januar 1933, bearb. v. Anton Golecki, Boppard 1986, S. 316–319.

8 Ebd., S. 313 (Die Geschäftsführenden Präsidialmitglieder des Reichsverbandes der Deutschen Industrie und des Deutschen Industrie- und Handelstages, Ludwig Kastl und Eduard Hamm, an Staatssekretär Meissner, 28.1.1933). Ebd. Anm. zu weiteren Interventionen des Reichsverbandes der Deutschen Industrie.

9 Schleicher zurückgetreten, in: Vorwärts, Nr. 48, 28.1.1933.

10 Ernst Fraenkel, Verfassungsreform und Sozialdemokratie, in: Die Gesellschaft 9 (1932/II), S. 484–500 (491).

11 Max Weber, Wirtschaft und Gesellschaft. Studienausgabe, hg. v. Johannes Winckelmann, Köln 1964, 1. Halbd., S. 27.

12 Johann Gustav Droysen, Historik. Vorlesungen über Enzyklopädie und Methodologie der Geschichte. Hg. v. Rudolf Hübner, Darmstadt 1960⁴, S. 149–187 (§§ 37–44), Zitate: 184 (§§ 42–44).

12 | Umkehr nach dem Untergang

1 Verhandlungen des Reichtags. Stenographische Berichte, Bd. 460, S. 48.

2 Thomas Mann, Deutschland und die Deutschen, in: ders., Gesammelte Werke in dreizehn Bänden, Bd. 11, Frankfurt 1990, S. 1126–1148.

3 Ebd., Bd. 12, S. 1–589.

4 Ian Kershaw, Der Hitler-Mythos. Volksmeinung und Propaganda im Dritten Reich, Stuttgart 1980, S. 137.

5 Friedrich Meinecke, Werke, Bd. 6: Ausgewählter Briefwechsel, Stuttgart 1962, S. 364 (Brief an Siegfried A. Kaehler).

6 Karl Richard Ganzer, Das Reich als europäische Großmacht, Hamburg 1941.

7 Kershaw, Hitler-Mythos (Anm. 3), S. 187 f.

8 Ebd., S. 193.

9 Ingo von Münch (Hg.), Dokumente des geteilten Deutschland, Stuttgart 1976, S. 54.

10 Texte zur Deutschlandpolitik, Reihe III, Bd. 8b, Bonn 1991, S. 717–731 (718).

1 Konrad Adenauer, Reden 1917–1967. Eine Auswahl, hg. von Hans-Peter Schwarz, Stuttgart 1975, S. 233.

2 Dolf Sternberger, Verfassungspatriotismus (Leitartikel in der FAZ vom 23.5.1979), in: ders., Verfassungspatriotismus (Schriften, Bd. 10), Frankfurt/ Main 1990, S. 13–16; ders., Verfassungspatriotismus. Rede bei der 25-Jahr-feier in der «Akademie für Politische Bildung» (1982), ebd., S. 7–31.

3 Adenauer, Teegespräche 1959– 1961, bearb. von Hanns Jürgen Küsters, Berlin 1988, S. 356.

4 Adenauer, Teegespräche 1961–1963, bearb. von Hans Peter Mensing, Berlin 1992, S. 426

5 Konrad Adenauer, «Die Demokratie ist für uns eine Weltanschauung.» Reden und Gespräche (1946–1967), hg. von Felix Becker, Köln 1998, S. 220.

6 Adenauer-Reden (Anm. 1), S. 25–38.

7 Paul Weymar, Konrad Adenauer. Die autorisierte Biographie, München 1955, S. 132.

8 Adenauer, Briefe 1945–1947, bearb. von Hans Peter Mensing, Berlin 1983, S. 123 f.

9 Adenauer-Reden (Anm. 1), S. 31.

10 Kurt Schumacher, Reden – Schriften – Korrespondenzen 1945–1952, hrsg. von Willy Albrecht, Berlin 1983, S. 254.

11 Adenauer-Reden (wie Anm. 1), S. 104.

12 Ingo von Münch (Hg.), Dokumente des geteilten Deutschland, Stuttgart 1976, S. 54.

13 Adenauer-Reden (Anm. 1), S. 85, 101.

14 Hans Buchheim (Hg.), Der Patriotismus Konrad Adenauers. Rhöndorfer Gespräche, Bd. 10, Bonn 1990, S. 38.

15 Kriegsende und Neuanfang am Rhein. Konrad Adenauer in den Berichten des Schweizer Generalkonsuls Franz-Rudolph von Weiß 1944–1945. Hg. von Hanns Jürgen Küsters und Hans Peter Mensing, München 1986, S. 24 f.

16 Hans-Peter Schwarz, Adenauer. Der Aufstieg: 1876–1952, Stuttgart 1986, S. 449.

17 Johann Baptist Gradl, Adenauer und Berlin, in: Konrad Adenauer und seine Zeit. Politik und Persönlichkeit des ersten Bundeskanzlers, Bd. 1: Beiträge von Weg- und Zeitgenossen, hrsg. von Dieter Blumenwitz, Klaus Gotto, Hans Maier, Konrad Repgen und Hans-Peter Schwarz, Stuttgart 1976, S. 340–366; Rudolf Morsey, Adenauer und Berlin. Ein spannungsreiches Verhältnis, in: Dietrich Murswiek u. a. (Hg.), Staat – Souveränität – Verfassung. Festschrift für Helmut Quaritsch zum 70. Geburtstag, Berlin 2000, S. 535–549.

18 Edgar Wolfrum, Geschichtspolitik in der Bundesrepublik Deutschland. Der Weg zur bundesrepublikanischen Erinnerung 1848–1990, Darmstadt 1999, S. 108 ff.

19 Teegespräche 1959–1961 (Anm. 3), S. 283.

20 Konrad Adenauer, Erinnerungen 1953–1955, Stuttgart 1966, S. 304.

21 Heinrich August Winkler, Wollte Adenauer die Wiedervereinigung? (Rezension von Josef Foschepoth [Hg.]), Adenauer und die Deutsche Frage, Göttingen 1988), in: DIE ZEIT, 7.10.1988.

22 Jürgen Habermas, Eine Art Schadensabwicklung, in: «Historikerstreit». Die Dokumentation der Kontroverse um die Einzigartigkeit der nationalsozialistischen Judenvernichtung, München 1987, S. 62–76 (75).

23 Verhandlungen des Deutschen Bundestages. Stenographische Berichte, 12. Wahlperiode, Bd. 157, S. 2755 f.

24 MEW, Berlin 1959 ff., Bd. 1, S. 386.

25 Teegespräche 1961–1963 (Anm. 4), S. 329.

14 | Die Bastille von Berlin

1 Arthur M. Schlesinger, jr., Die tausend Tage Kennedys (amerik. Orig.: Boston 1965), Bern 1965, S. 376.

2 Willy Brandt, Begegnungen und Einsichten. Die Jahre 1960–1975, Hamburg 1976, S. 17.

3 Richard Löwenthal, Vom kalten Krieg zur Ostpolitik, in: ders. u. Hans-Peter Schwarz (Hg.), Die zweite Republik. 25 Jahre Bundesrepublik Deutschland, Stuttgart 1974, S. 604–699 (665).

4 Dokumente zur Deutschlandpolitik, IV. Reihe, Bd. 9 (1963), 2. Halbbd., S. 565–575.

5 Franz Josef Strauß, Entwurf für Europa 1966, S. 50 f., 162 f.

6 Texte zur Deutschlandpolitik 4 (1970), S. 291–296.

7 Gebhard Schweigler, Nationalbewußtsein in der BRD und der DDR, Düsseldorf 1973; Erich Kitzmüller, Heinz Kuby und Lutz Niethammer, Der Wandel der nationalen Frage in der Bundesrepublik Deutschland, in: Aus Politik und Zeitgeschichte. Beilage zur Wochenzeitung «Das Parlament», 1973, Nr. 33, S. 3–33, Nr. 34, S. 3–31.

8 Karl Dietrich Bracher, Die deutsche Diktatur. Entstehung, Struktur, Folgen des Nationalsozialismus, Köln 1979⁶, S. 544 (Nachwort zur 5. Aufl.); ders., Politik und Zeitgeist. Tendenzen der siebziger Jahre, in: ders., Wolfgang Jäger, Werner Link, Republik im Wandel 1969–1974. Die Ära Brandt (= Geschichte der Bundesrepublik Deutschland, Bd. V/1), Stuttgart 1986, S. 285–406 (405 f.).

9 Günter Grass, Lastenausgleich, in: ders., Deutscher Lastenausgleich. Wider das dumpfe Einheitsgebot. Reden und Gespräche, Berlin 1990, S. 7–12; ders., Kurze Rede eines vaterlandslosen Gesellen. Rede in der Evangelischen Akademie in Tutzing [2.2.1990], in: ders., Essays und Reden, III. 1980–1997 (= ders., Werkausgabe, Bd. 16), Göttingen 1997, S. 230–234 (233).

10 Georg Wilhelm Friedrich Hegel, Grundlinien der Philosophie des Rechts. Mit Hegels eigenhändigen Randbemerkungen in seinem Handexemplar der Rechtsphilosophie. Hg. v. Johannes Hoffmeister, Hamburg 1955⁴, Vorrede, S. 14 («Was vernünftig ist, das ist wirklich; und was wirklich ist, das ist vernünftig.»).

15 | Auf ewig in Hitlers Schatten?

1 Ernst Nolte, Vergangenheit, die nicht vergehen will. Eine Rede, die geschrieben, aber nicht gehalten werden konnte, in: «Historikerstreit». Die Dokumentation der Kontroverse um die Einzigartigkeit der nationalsozialistischen Judenvernichtung, München 1987, S. 39–47 (ursprünglich: FAZ, 6.6.1986).

2 In My Lai wurde während des Vietnamkrieges am 16. März 1968 von amerikanischen Soldaten ein Massaker an der Zivilbevölkerung verübt, dem mindestens 347 Menschen zum Opfer fielen. Gunnar Heinsohn, Lexikon der Völkermorde, Reinbek 1998, S. 266 f.

3 Feingefühl, allerseits, in: FAZ, 28.2.1986.

4 Übler als Fledderei, ebd., 24.5.1986.

5 Verführungen einer kollektiven Schuldbesessenheit, ebd., 14.5.1986.

6 Nolte, Vergangenheit (Anm. 1), S: 39–47; ders., Between Myth and Revisionism? The Third Reich in the Perspective of the 1980s, in: H.W. Koch (ed.), Aspects of the Third Reich, New York 1985, S. 17–38.

7 Jürgen Habermas, Eine Art Schadensabwicklung. Die apologetischen Tendenzen in der deutschen Zeitgeschichtsschreibung, in: «Historikerstreit» (Anm. 1), S. 62–76 (ursprünglich in: DIE ZEIT, 11.7.1986); Andreas Hillgruber, Zweierlei Untergang. Die Zerschlagung des Deutschen Reiches und das Ende des europäischen Judentums, Berlin 1986; Michael Stürmer, Geschichte im geschichtslosen Land, in: «Historikerstreit» (Anm. 1), S. 36–38 (ursprünglich in: FAZ, 25.4.1986).

8 Historische Zeitschrift 242 (1986), S. 465 f.

9 Klaus Hildebrand, Krieg und Frieden und Frieden und Krieg: Über das Problem der Legitimität in der Staatengesellschaft 1931–1941, in: HZ 244 (1987), S. 1–26

10 Ders., Deutscher Sonderweg und Drittes Reich, in: Wolfgang Michalka (Hg.), Die nationalsozialistische Machtergreifung, Paderborn 1984, S. 386–394.

11 Joachim Fest, Die geschuldete Erinnerung. Zur Kontroverse über die Unvergleichbarkeit der nationalsozialistischen Massenverbrechen, in: «Historikerstreit» (Anm. 1), S. 100–112 (104 f.; ursprünglich in: FAZ, 29.8.1986)

12 Faust, Erster Teil (Wald und Höhle; Zeilen 3296–3297).

13 Fürst Otto von Bismarck, Gedanken und Erinnerungen, in: ders., Die gesammelten Werke (Friedrichsruher Ausgabe), Berlin 1924 ff., Bd. 1, S. 393 («Die geschichtliche Logik ist noch genauer in ihren Revisionen als unsere Oberrechenkammer»).

16 | Kehrseitenbesichtigung

1 Ernst Nolte, Vergangenheit, die nicht vergehen will. Eine Rede, die geschrieben, aber nicht gehalten werden konnte, in: «Historikerstreit». Die Dokumentation der Kontroverse um die Einzigartigkeit der nationalsozialistischen Judenvernichtung, München 1987, S. 39–47.

2 Jürgen Habermas, Eine Art Schadensabwicklung. Die apologetischen Tendenzen in der deutschen Zeitgeschichtsschreibung, ebd., S. 84–92.

3 Heinrich August Winkler, Auf ewig in Hitlers Schatten? Zum Streitbild um das Geschichtsbild der Deutschen, ebd., S. 256–263.

4 August Wilhelm Schlegel, Fragmente in: Athenäum, Ersten Bandes Zweytes Stück, Berlin 1798, S. 196.

5 Günter Grass, Kurze Rede eines vaterlandslosen Gesellen. Rede in der Evangelischen Akademie in Tutzing [2.2.1990], in: ders., Essays und Reden, III. 1980–1997 (= ders., Werkausgabe, Bd. 16), Göttingen 1997, S. 230–234.

6 1995 wurde in der Bundesrepublik über einen Beitrag der Bundeswehr zum Schutz und zur Unterstützung der «Schnellen Eingreiftruppe» der NATO in Bosnien-Herzegowina gestritten. Am 30.6.1995 stimmte der Deutsche Bundestag mit 386 gegen 258 Stimmen bei 11 Enthaltungen dem Einsatz zu. Mit Ja stimmten außer den Abgeordneten der Koalitionsfraktionen CDU/CSU und FDP 45 Sozialdemokraten und 4 Grüne. Heinrich August Winkler, Der lange Weg nach Westen, Bd. 2: Vom «Dritten Reich» bis zur Wiedervereinigung, München 2005[6], S. 629.

7 Eric Hobsbawm, Das Zeitalter der Extreme. Weltgeschichte des 20. Jahrhunderts (engl. Orig.: London 1994), München 1995; François Furet, Das Ende der Illusion. Der Kommunismus im 20. Jahrhundert (frz. Orig.: Paris 1995), München 1996; Daniel Goldhagen, Hitlers willige Vollstrecker. Ganz gewöhnliche Deutsche und der Holocaust (amerik. Orig.: New York 1996), Berlin 1996.

8 Ernst Nolte, Der europäische Bürgerkrieg 1917–1945. Nationalsozialismus und Bolschewismus, Berlin 1987.

9 Günter Grass, Ein weites Feld, Göttingen 1995 (Urteil der Romanfigur «Fonty»).

18 | Polnische Befreiung und deutsche Vereinigung

1 Jahrbuch der öffentlichen Meinung (=JÖM) 3 (1958 – 1964), S. 323.

2 Egon Bahr, Zu meiner Zeit, München 1996, S. 152 ff.

3 Dokumente zur Deutschlandpolitik, IV. Reihe, Bd. 11 (1965), S. 869 – 897 (896).

4 Ebd., S. 973 – 976 (975).

5 JÖM 5 (1968 – 1973), S. 525.

6 Kurt Klotzbach, Der Weg zur Staatspartei. Programmatik, praktische Politik und Organisation der deutschen Sozialdemokratie 1945 bis 1965, Berlin 1982, S. 569.

7 Willy Brandt, Begegnungen und Einsichten. Die Jahre 1960 – 1975, Hamburg 1976, S. 242.

8 Ebd., S. 243.

9 Karl Dietrich Erdmann, Die Zeit der Weltkriege, 2. Teilband: Deutschland unter der Herrschaft des Nationalsozialismus 1933 – 1939. Der Zweite Weltkrieg. Das Ende des Reiches und die Entstehung der Republik Österreich, der Bun-

desrepublik Deutschland und der Deutschen Demokratischen Republik (=Bruno Gebhardt, Handbuch der deutschen Geschichte, 9. Aufl., Hg. Herbert Grundmann, Bd. 4), Stuttgart 1976, S. 808 f.

10 JÖM 5 (1968–1973), S. 525.

11 Texte zur Deutschlandpolitik 6 (1979/71), S. 263–265.

12 Eugen Rosenstock-Huessy, Die europäischen Revolutionen und der Charakter der Nationen (1. Aufl. unter dem Titel «Die europäischen Revolutionen. Volkscharaktere und Staatenbildung», Jena 1931), Stuttgart 1961³, S. 131 ff.

13 Heinrich August Winkler, Der lange Weg nach Westen, Bd. 2: Deutsche Geschichte vom «Dritten Reich» bis zur Wiedervereinigung, München 2005⁶, S. 358.

14 Ebd., S. 383 f.

15 Egon Bahr, Was wird aus den Deutschen? Fragen und Antworten, Reinbek 1982, S. 22 f.

16 Günter Gaus, Polen und die westliche Allianz oder Ein Plädoyer für die Entspannungspolitik, in: Heinrich Böll u. a. (Hg.), Verantwortlich für Polen?, Reinbek 1982, S. 109–118 (ursprünglich in: DIE ZEIT, 22.1.1982).

17 Entspannungspolitik ohne Kaltschnäuzigkeit (Interview mit Willy Brandt), in: Die Zeit, 5.2.1982.

18 Karsten Voigt, Schrittweiser Ausstieg aus dem Rüstungswettlauf. Nach dem Berliner Parteitag der SPD, in: Die neue Gesellschaft 27 (1980), S. 47 – 51.

19 Heinrich August Winkler, Wohin treibt die SPD? Die Bundesrepublik braucht eine regierungsfähige Opposition, in: DIE ZEIT, 11.11.1983.

20 Archiv der Gegenwart 6 (1990), S. 34305 f.

21 Willy Brandt, «... was zusammengehört». Über Deutschland, Bonn 1993², S. 62.

19 | Erinnerungswelten im Widerstand

1 Hermann Heimpel, Entwurf einer deutschen Geschichte, in: ders., Der Mensch in seiner Gegenwart. Acht historische Essays, Göttingen 1957², S. 162–195 (173).

2 George F. Kennan, Bismarcks europäisches System in der Auflösung. Die französisch-russische Annäherung 1875–1890 (amerik. Orig.: Princeton 1979), Frankfurt 1981, S. 12.

3 Eric Hobsbawm, Das Zeitalter der Extreme. Weltgeschichte des 20. Jahrhunderts (engl. Orig.: London 1994), München 1995.

4 Richard von Weizsäcker, Der 8. Mai 1945 – 40 Jahre danach, in: ders., Von Deutschland aus, Berlin 1985, S. 11–36 (15 f.).

5 Ernst Nolte, Vergangenheit, die nicht vergehen will, in: «Historikerstreit». Die Dokumentation der Kontroverse um die Einzigartigkeit der nationalsozialistischen Judenvernichtung, München 1987, S. 39–47 (45).

6 Jürgen Habermas, Eine Art Schadensabwicklung, ebd., S. 62–76 (75 f.).

7 Oskar Lafontaine, Die Gesellschaft der Zukunft. Reformpolitik in einer veränderten Welt, Hamburg 1988, S. 188 f.

8 Rede Sandra Kalnietes zur Eröffnung der Leipziger Buchmesse, 24. März 2004, in: http://www.dieunion.de/reden/altes_neues_europa.htm.

9 Salomon Korn, Vorsicht vor Antisemitismus aus Osteuropa, in: Leipziger Volkszeitung, 26. 3. 2004.

10 Ijoma Mangold, Salomon Kerns Protest. Der Historikerstreit läßt grüßen, in: Süddeutsche Zeitung, 25. 3. 2004; Matthias Arning, Rückkehr des Totalitären, in: Frankfurter Rundschau, 15. 4. 2004.

11 Vaira Vike-Freiberga, Was Rußland von Deutschland lernen kann, in: Der Tagesspiegel, 6. 5. 2005.

12 Rede Sandra Kalniete (Anm. 8).

13 Christian Semler, Lettische Geschichtspolitik, in: tageszeitung, 26. 3. 2004.

14 Max Weber, Die «Objektivität» sozialwissenschaftlicher Erkenntnis (1904), in: ders., Soziologie. Weltgeschichtliche Analysen. Politik, Stuttgart 1956, S. 186–262 (235); Hervorhebungen im Original.

15 Richard Löwenthal, The Bolshewisation of the Spartacus League, in: David Footman (Hg.), International Communism, London 1960, 'S. 23–71; deutsche Fassung: Rußland und die Bolschewisierung des deutschen Kommunismus, in: Werner Markert (Hg.), Deutsche-russische Beziehungen von Bismarck bis zur Gegenwart, Stuttgart 1964, S. 97–116 (105).

16 Richard Löwenthal, Vom Absterben der Russischen Revolution. Zu Chruschtschows Sturz durch die Parteioligarchie, in: ders., Weltpolitische Betrachtungen. Essays aus zwei Jahrzehnten, Göttingen 1983, S. S. 95–109 (bes. S. 107 ff.).

17 Janusz Reiter, Geteilte Erinnerung im Vereinten Europa, in: Frankfurter Allgemeine Zeitung, 7. 5. 2005.

18 Habermas, Eine Art Schadensabwicklung (Anm. 6), S. 75.

19 Jorge Semprún, Niemand wird mehr sagen können: «Ja, so war es», in: DIE ZEIT, 14. 4. 2005.

20 | Was heißt westliche Wertegemeinschaft?

1 Gerald Stourzh (Hg.), Annäherungen an eine europäischen Geschichtsschreibung, Wien 2002, S. XI.

2 Otto Hintze, Weltgeschichtliche Bedingungen der Repräsentatiwerfassung (1931), in: ders., Staat und Verfassung, Gesammelte Abhandlungen zur allgemeinen Verfassungsgeschichte (Gesammelte Abhandlungen, Bd. 1), Göttingen 1970, S. 84–119 (169).

3 Eugen Rosenstock-Huessy, Die europäischen Revolutionen und der Charakter der Nationen (1. Aufl. unter dem Titel: Die europäischen Revolutionen. Volkscharaktere und Staatenbildung, Jena 1931), Stuttgart 1961, S. 131 ff.

4 Harold J. Berman, Recht und Revolution. Die Bildung der westlichen Rechtstradition (amer. Orig.: Cambridge, Mass. 1983), Frankfurt 1991.

5 Matthäus 22,21; Markus 12,17; Lukas 20, 26.

6 Montesquieu, De l'esprit des lois, in: ders., Œuvres complètes, vol. II, Paris 1951, S. 716–718 (Livre XXIV, ch. 3,4), 750 f. (Livre XXIV, ch. 2). Zitiert nach:

Montesquieu, Vom Geist der Gesetze, 2 Bde. Übersetzt u. hg. v. Ernst Forsthoff, Tübingen 1992², Bd. 2, S. 206 f.

7 Montesquieu, Esprit (Anm. 6), S. 401 (Livre XI, eh. 6).

8 The Federalist. A Commentary of the Constitution of the United States. Being a Collection of Essays written in Support of the Constitution agreed upon September 17, 1787, by the Federal Convention, from the Original Text of Alexander Hamilton, John Jay, James Madison. With an Introduction by Edward Mead Earle, New York o.J.

9 Polybios, Geschichte. Gesamtausgabe in zwei Bänden. Eingel. u. übertragen von Hans Drexler, München 1978², S. 525 ff. (6. Buch); Wilfried Nippel, Mischverfassungstheorie und Verfassungsrealität in Antike und früher Neuzeit, Stuttgart 1980, bes. S. 142 ff.

10 Ders., Die Antike in der amerikanischen und französischen Revolution, in: Popolo e potere nel mondo antico. Atti del convegno internazionale cividale del Friuli, 23–25 settembre 2004, a cura di Gianpaolo Urso, Pisa 2005, S. 259–269.

11 William Blackstone, Commentaries on the Laws of England, 4 Bde., Oxford 1765 (ND: New York 1966), Bd. l, S. 150 f.; Willi Paul Adams, Republikanische Verfassung und bürgerliche Freiheit. Die Verfassungen und politischen Ideen der amerikanischen Revolution, Darmstadt 1973, S. 24 f.

12 Thomas Jefferson, Notes on the State of Virginia. Ed. with an Introduction and Notes by William Peden, Chapel Hill 1955, S. 120. Deutsche Übersetzung hier zitiert nach: Alexander Hamilton, John Jay, James Madison, Die Federalist Papers. Übersetzt, eingeleitet und mit Anmerkungen versehen von Barbara Zehnpfennig, Darmstadt 1993, S. 322–324 (Federalist, No. 48).

13 John Adams, A Defence of the Constitutions of Government of the United States of America against the Attack of M. Turgot in the Letter to Dr. Price, Dated 22. March, 1778. In 3 volumes. Volume 1. Reprint of the 3rd edition Philadelphia 1797, Aalen 1979, S. 1 (Vorwort zur 1. Aufl.: Grosvenor Square, January 1, 1787).

14 James Madison, Writings. Ed. By Jack N. Rakove, New York 1999, S. 504 f.

15 The Annals of America, vol. 2: 1755–1783. Resistance and Revolution. Chicago 1976, S. 432 f., 447–448. Deutsche Übersetzung nach: Ernst Fraenkel, Das amerikanische Regierungssystem. Eine politische Analyse, Köln 1962², Quellenbuch, S. 28–31.

16 Michael Stolleis, Georg Jellineks Beitrag zur Entwicklung der Menschen- und Bürgerrechte, in: Stanley L. Paulson u. Martin Schulte (Hg.), Georg Jellinek. Beiträge zu Leben und Werk, Tübingen 2000, S. 103–116; Wolfgang Schmale, Archäologie der Grund- und Menschenrechte in der Frühen Neuzeit. Ein deutsch-französisches Paradigma, München 1997, S. 29 ff., 247 ff. Zu Francisco de Vitoria: Franciscus de Vitoria, De Indis recenter inventis et de iure belli Hispanorum in barbaros relectiones. Vorlesungen über die kürzlich entdeckten Inder und das Recht der Spanier zum Krieg gegen die Barbaren 1539. Latein. Text nebst deutscher Übersetzung hg. v. Walter Schätzel (Klassiker des Völkerrechts in modernen deutschen Übersetzungen, Bd. 2), Tübingen 1952.

17 Georg Jellinek, Die Erklärung der Menschen- und Bürgerrechte (1895[1]), in: Roman Schnur (Hg.), Zur Geschichte der Erklärung der Menschenrechte, Darmstadt 1964, S. 7–77 (53 f.).

18 Ernst Troeltsch, Die Bedeutung des Protestantismus für die Entstehung der modernen Welt, München 1911, S. 59 ff. (62).

19 James Bryce, The American Commonwealth, 3 Bde., London 1888, Bd. 1, S. 306.

20 Reinhold Niebuhr, The Irony of American History, New York 1952, S. 23 f.

21 Otto Vossler, Studien zur Erklärung der Menschenrechte (1924), in: Schnur (Hg.), Geschichte (Anm. 17), S. 166–201.

22 Alexis de Tocqueville, De la démocratie en Amérique (1835, 1840[1]). Première édition historico-critique revue et augmentée par Edouardo Nolla, 2 Bde., Paris 1990, Bd. 1, S. 35.

23 Fraenkel, Regierungssystem (Anm. 15), Leitfaden, S. 29,45.

24 Alexis de Tocqueville, Aus den Fragmenten zur Fortsetzung des «Ancien Régime und die Revolution», in: ders., Das Zeitalter der Gleichheit. Eine Auswahl aus dem Gesamtwerk. Hg. von Siegfried Landshut, Stuttgart 1954,8.240.

25 Jean Jacques Rousseau, Du contrat social ou Principes du droit politique, in: ders., Œuvres complètes, Bd. III, Paris 1964, S. 371 f. (II,3).

26 Ernst Bloch, Ungleichzeitigkeit und Pflicht in ihrer Dialektik (Mai 1932), in: ders., Erbschaft dieser Zeit (1. Aufl.: Zürich 1935), in: ders., Gesamtausgabe, Bd. 4, Frankfurt 1962, S.104–159 (112 f.); Wilhelm Pinder, Das Problem der Generation in der Kunstgeschichte Europas (1926[1]), Bonn 1928[2], S. 1 ff.(12).

27 Bernd Rother, Gilt das gesprochene Wort? Wann und wo sagte Willy Brandt «Jetzt wächst zusammen, was zusammengehört»?, in: Deutschland-Archiv 33 (2000), S. 90–93.

28 Jürgen Habermas, Eine Art Schadensabwicklung. Die apologetischen Tendenzen in der deutschen Zeitgeschichtsschreibung (ursprünglich in: Die ZEIT, 11.7.1986), in: «Historikerstreit». Die Dokumentation der Kontroverse um die Einzigartigkeit der nationalsozialistischen Judenvernichtung, München 1987, S. 62–76 (75).

29 Der Streit der Ideologien und die gemeinsame Sicherheit. Das gemeinsame Papier der Grundwertekommission der SPD und der Akademie der Gesellschaftswissenschaften beim ZK der SED, in: FAZ, 28.8.1987.

30 Carl Schmitt, Der Begriff des Politischen. Text von 1932 mit einem Vorwort und drei Corollarien. 7. Aufl., 5. Nachdruck der Ausgabe von 1963, Berlin 2002, S. 26 (Hervorhebungen im Original). Zur Herkunft der Freund-Feind-Formel aus Schmitts Lektüre des spanischen «Tacitisten» Baltasar Álamos de Barrientos (1556–1644): ders., Frieden oder Pazifismus? Arbeiten zum Völkerrecht und zur internationalen Politik 1924–1978. Hg., mit einem Vorwort u. mit Anm. versehen von Günter Maschke, Berlin 2005, S. 221 (Anm. 5).

31 Ernst Fraenkel, Strukturdefekte der Demokratie und deren Überwindung (1964), in: ders., Deutschland und die westlichen Demokratien, Stuttgart 1964[1], S. 48–68 (49, 64 f., 68; Hervorhebungen im Original); ausführlicher:

ders., Demokratie und öffentliche Meinung (1963), ebd., S. 131–154 (bes. 142 ff.).

32 James Harrington, The Commonwealth of Oceana and A System of Politics. Ed. by G. A. Pocock, Cambridge 1992, S. 8; Jellinek, Erklärung (Anm. 17), S. 26; Michael Stolleis, Das Auge des Gesetzes. Geschichte einer Metapher, München 2004², S. 45 ff.

| Drucknachweis

1. *Frankfurter Rundschau*, 18.1.2001.
2. *DIE ZEIT*, 22.1.1998.
3. *Berliner Zeitung*, 25./26.7.1998.
4. *Frankfurter Allgemeine Zeitung*, 9.12.1978.
5. *Frankfurter Allgemeine Zeitung*, 7.11.1998.
6. *Berliner Zeitung*, 7./8.11.1998.
7. *DIE ZEIT*, 17.3.1989.
8. *Der Tagesspiegel*, 11.8.1994.
9. *DIE ZEIT*, 25.11.1983.
10. *Berliner Zeitung*, 2.10.1997.
11. Vortrag zum 50jährigen Bestehen des Bundesarchivs, Berlin 4.6.2002, leicht gekürzt in *Frankfurter Rundschau*, 5.6.2002.
12. *DER SPIEGEL*, 31.1.2005.
13. Vortrag, gehalten am 26.4.2001 anläßlich einer Tagung der «Rhöndorfer Gespräche» bei der Stiftung Bundeskanzler-Adenauer-Haus. Abgedruckt in: Anselm Doering-Manteuffel u. Hans-Peter Schwarz (Hg.), Adenauer und die deutsche Geschichte, Bonn 2001, S. 10–18, gekürzt in: *Süddeutsche Zeitung*, 27.4.2001.
14. *Der Tagesspiegel*, 11.8.2001.
15. *Frankfurter Rundschau*, 14.11.1986.
16. *Frankfurter Rundschau*, 29.10.1996.
17. Jüdische Allgemeine, 6.11.2003.
18. Vortrag, gehalten am 11.10.2002 im Willy-Brandt-Zentrum für Deutschland- und Europastudien der Universität Wroclaw (Breslau). Abgedruckt in: Heinrich August Winkler, Polnische Befreiung und deutsche Vereinigung. Der mühsame Weg zur Lösung von zwei Jahrhundertfragen. Willy-Brandt-Vorlesung 2002. Hg. v. d. Friedrich-Ebert-Stiftung Büro Warschau, Warschau 2002.
19. Bernd Kauffmann/Basil Kerski (Hg.), Antisemitismus und Erinnerungskulturen im postkommunistischen Europa, Osnabrück 2006, S. 105–116, gekürzt in: *Frankfurter Rundschau*, 14.7.2005.
20. Abschiedsvorlesung, Humboldt-Universität zu Berlin, 14.2.2007. Vollständiger Text in: *Internationale Politik* 62 (2007), Nr. 4 (April), S. 66–85; gekürzt in: *DIE ZEIT*, 22.2.2007..

| Personenregister

Heinrich August Winkler bei C.H.Beck

Heinrich August Winkler
Streitfragen der deutschen Geschichte
Essays zum 19. und 20. Jahrhundert
1997. 170 Seiten. Gebunden

Heinrich August Winkler
Weimar 1918–1933
Die Geschichte der ersten deutschen Demokratie
4. durchgesehene Auflage. 2005. 709 Seiten.
Broschierte Sonderausgabe

«Es handelt sich zweifellos um die bislang beste Darstellung
zum Scheitern der ersten deutschen Demokratie. Sie ist nicht nur
glänzend geschrieben, sondern besticht auch durch eine Fülle
scharfsinniger Analysen und pointierter Urteile. Kurzum:
ein Standardwerk, das in die Handbibliothek eines jeden
Geschichtsinteressierten gehört.» *Die Zeit*

Heinrich August Winkler
Der lange Weg nach Westen
Band 1: Deutsche Geschichte vom Ende des Alten Reiches bis zum
Untergang der Weimarer Republik
4., durchgesehene Auflage. 2002. 652 Seiten. Leinen

Heinrich August Winkler
Der lange Weg nach Westen
Band 2: Deutsche Geschichte vom «Dritten Reich»
bis zur Wiedervereinigung
4., durchgesehene Auflage. 2001. X, 742 Seiten. Leinen

Verlag C. H. Beck München

Heinrich August Winkler bei C.H.Beck

Heinrich August Winkler
Der lange Weg nach Westen
Band 1-2
4., durchgesehene Auflage. 2001. X, 1.394 Seiten. Leinen

«... aus einem Guss, umfassend informiert, prägnant formuliert.»
Ulrich Herbert, *Neue Zürcher Zeitung*
«... ohne Zweifel ein Standardwerk.»
Klaus Hildebrand, *Frankfurter Allgemeine Zeitung*
«Ein großer Wurf.» Volker Ullrich, *Die Zeit*

Verlag C. H. Beck München